Johannes Fischer

Präsenz und Faktizität

Johannes Fischer

Präsenz und Faktizität

Über Moral und Religion

Mohr Siebeck

Johannes Fischer, geboren 1947; Studium der Mathematik, Soziologie und Theologie; 1982 Promotion; 1988 Habilitation; 1993–98 Professor für Systematische Theologie und Ethik an der Theologischen Fakultät der Universität Basel; 1998–2012 Professor für Theologische Ethik an der Theologischen Fakultät der Universität Zürich.

ISBN 978-3-16-156885-5 / eISBN 978-3-16-156886-2
DOI 10.1628/978-3-16-156886-2

Die Deutsche Nationalbibliothek verzeichnet diese Publikation in der Deutschen Nationalbibliographie; detaillierte bibliographische Daten sind über *http://dnb.dnb.de* abrufbar.

© 2019 Mohr Siebeck Tübingen. www.mohrsiebeck.com

Das Buch wurde von Gulde Druck in Tübingen auf alterungsbeständiges Werkdruckpapier gedruckt und gebunden.

Printed in Germany.

Inhalt

Moral

Religion, Mythos, Spiritualität

Abkürzungen

Einleitung

Auf dem Höhepunkt der Flüchtlingskrise 2015/16 gab es in Deutschland eine kontrovers geführte Debatte darüber, ob es eine moralische Pflicht gibt, Verfolgte und Flüchtlinge weltweit aufzunehmen, und wenn ja, wie weit diese Pflicht reicht, ob es Grenzen für sie gibt und wo diese Grenzen gegebenenfalls liegen. Man bezog sich dabei auf die Moral so, als wäre sie eine verpflichtende Instanz, von deren normativen Vorgaben abhängt, was in dieser Sache zu tun oder nicht zu tun ist. Strittig war nicht, ob es eine solche Instanz gibt, sondern vielmehr, wozu sie verpflichtet oder nicht verpflichtet. Dabei war als selbstverständlich unterstellt, dass den Pflichten, die die Moral auferlegt, Vorrang gebührt vor allen anderen Rücksichten und Belangen, seien es Pflichten nichtmoralischer Art oder Interessen oder sonstige Gründe. In diesem Vorrang lag der Grund dafür, warum die Debatte auf die Moral fokussiert war, also auf die Frage, was in Anbetracht weltweiter Flucht und Migration moralisch geboten und nicht geboten ist.

Lässt sich die Moral überhaupt anders verstehen denn als eine gebietende und verpflichtende Instanz? Ist dieses Verständnis nicht tief in unserer Moralsprache verankert? Wie soll ein Ausdruck wie ‚moralisch geboten‘ anders interpretiert werden können als so, dass es die Moral ist, die hier gebietet, ganz so, wie beim Ausdruck ‚gesetzlich geboten‘ das Gesetz die gebietende Instanz ist? Ist dieses Verständnis der Moral nicht bereits in der Tatsache enthalten, dass – jedenfalls nach herrschender Auffassung – die Sprache der Moral ihre Grundlage in deontischen Ausdrücken hat, also in Ausdrücken wie ‚sollen‘, ‚geboten‘, ‚verboten‘ oder ‚erlaubt‘?

Andererseits lässt sich nicht übersehen, dass der Glaube an eine derartige Instanz quasi religiöse Züge trägt. Mit ihm wird der Moral die Funktion eines säkularen Platzhalters des göttlichen Gesetzgebers zugewiesen, dessen Geboten unbedingter Gehorsam vor allen anderen Rücksichten und Belangen geschuldet ist, und in dieser Funktion wird die Moral in gesellschaftlichen und politischen Debatten in Stellung gebracht. Das erklärt zugleich, warum moralische Kontroversen religiösen Konflikten an Heftigkeit und Unversöhnlichkeit häufig in nichts nachstehen. Geht es bei diesen darum, Gott auf seiner Seite zu haben, so bei jenen, die Moral auf seiner Seite zu haben. Damit lassen sich Andersdenkende oder politische Gegner ins Unrecht setzen. Wem es gelingt, in einer moralischen Frage die Standards für *moral correctness* zu bestimmen, der kann Macht über andere ausüben. Man hat die Moral als eine Art säkulare Ersatzreligion charakterisiert, und das hat einiges für sich.

Doch ist das Verständnis der Moral als gebietende und verpflichtende Instanz tatsächlich alternativlos? Man denke sich zwei Menschen, die sich beide in der Flüchtlingshilfe engagieren, indem sie Patenschaften für Flüchtlinge übernehmen, beim Verkehr mit den Behörden helfen, Deutschunterricht erteilen usw. Beide tun das Gleiche. Was sie unterscheidet, ist ihre Motivation. Der eine tut dies, weil so zu handeln moralisch geboten ist. Der andere tut dies, weil er den betreffenden Menschen helfen will, sich in einem für sie fremden Land zurechtzufinden. Geht es nach dem Verständnis der Moral als gebietende Instanz, dann handelt nur der Erste moralisch. Denn nur auf ihn trifft zu, dass sein Handeln durch die Moral veranlasst ist, d. h. um seiner moralischen Gebotenheit willen erfolgt. Gemessen an diesem Kriterium ist das Handeln des Zweiten kein moralisches Handeln. Denn er tut, was er tut, nicht um der Gebotenheit durch die Moral willen, sondern um der Flüchtlinge willen. Doch kann man deshalb sagen, dass seinem Handeln jegliche moralische Qualität abgeht? Muss man nicht vielmehr urteilen, dass das, was er tut, in einem moralischen Sinne gut und richtig ist? Messen wir nicht dem Handeln des Zweiten sogar einen höheren moralischen Wert zu als dem Handeln des Ersten, weil es diesem, mit welchen Situationen und Lebenslagen von Menschen er auch immer konfrontiert wird, stets nur darum geht, das moralisch Richtige und Gebotene zu tun, während es jenem um die betroffenen Menschen geht?

Dies verweist zurück auf die religiösen Wurzeln dessen, was wir als Moral verinnerlicht haben. Dort findet sich diese Alternative in Gestalt zweier Weisen der Befolgung von Gottes Gebot. Es kann befolgt werden, weil es von Gott geboten ist. Und es kann befolgt werden um des willen, weshalb es von Gott geboten ist, z. B. um des Fremden willen, damit er eine Bleibe findet. Im ersten Fall liegt das Motiv für die Handlung in Gottes Gebot, im zweiten Fall liegt es in der Situation dessen, dem die Handlung gilt. So begriffen, geht es um die Alternative zwischen einer religiösen Gesetzesethik, bei der das Gesetz um seiner selbst willen befolgt wird, und einer Ethik im Sinne des Gebots der Nächstenliebe, der die Tendenz innewohnt, sich hinsichtlich der Motive des Handelns vom Modus des Gebots überhaupt zu emanzipieren. Dass wir geneigt sind, das Handeln des Zweiten moralisch höher zu bewerten als das Handeln des Ersten, dürfte mit diesen christlich-religiösen Wurzeln der Moral und der dort zu findenden Gesetzeskritik in Zusammenhang stehen.

Wie man sich an diesem Beispiel verdeutlichen kann, legt uns die Sprache der Moral keineswegs darauf fest, an eine gebietende Instanz namens Moral zu glauben. Wir können

das Verhalten des Zweiten als ‚moralisch gut' bewerten,
ohne dass dies einen Bezug zu einer derartigen Instanz implizieren würde. Es bezieht sein moralisches Gutsein nicht
daraus, dass es Befolgung des moralisch Gebotenen wäre,
was es ja gerade nicht ist. Vielmehr ist das, was die Bewertung ‚moralisch gut' auf sich zieht, das Verhalten als solches:
der Einsatz dieses Menschen für die Flüchtlinge, für die er
Verantwortung übernommen hat. Dies setzt ein Fragezeichen hinter die Auffassung, dass die Sprache der Moral
ihre Grundlage im deontischen Wertungsmodus hat, und es
wirft die Frage auf, in welchem Verhältnis das Deontische
und das Evaluative innerhalb der Sprache der Moral stehen.
Gibt es zwischen beidem überhaupt eine Verbindung? Sollte
man gar, wie es vorgeschlagen worden ist,[1] Ausdrücke wie
‚moralisch geboten, verboten usw.' als Relikte einer religiösen Vergangenheit ganz aus der Sprache der Moral verbannen, nicht zuletzt um der ersatzreligiösen Inanspruchnahme
der Moral ein Ende zu bereiten? Andererseits: Können wir,
wenn wir uns über moralische Fragen verständigen, auf diese Ausdrücke verzichten?

Mit diesen Fragen befinden wir uns mitten in der Art von
Überlegungen, um die es in den Texten dieses Buches geht.
Es geht um Klärungsversuche, und zwar in Bezug auf
Grundfragen der Moral einerseits und der Religion anderer-
seits. Dementsprechend ist das Buch zweigeteilt. Die Texte
des ersten Teils befassen sich mit der Moral, die des zweiten
Teils mit der Religion, wobei es allerdings, wie sich zeigen
wird, wesentliche Verbindungen und Gemeinsamkeiten zwi-

---

[1] *G. E. M. Anscombe*, Moderne Moralphilosophie, in: Günther Gre-
wendorf/Georg Meggle (Hg.), Seminar: Sprache und Ethik. Zur Entwicklung der Metaethik, Frankfurt a. M.: Suhrkamp, 1974, 217–243.

schen beidem gibt. Diese Verbindungen herauszuarbeiten und sichtbar zu machen, ist das Ziel, das beide Teile vereint.

Was zunächst den ersten Teil betrifft, so liegt hier ein Schwerpunkt auf der Frage, was eigentlich Moral ist. Diesbezüglich macht ein Text „Über das Moralische an der Moral. Der evaluative Charakter moralischer Wertungen und die Problematik deontischer Moralauffassungen" den Anfang. Darin wird die deontische Deutung der Moral einer Kritik unterzogen und die These entwickelt, dass entgegen der vorherrschenden Meinung nicht der deontische, sondern der evaluative Wertungsmodus grundlegend ist für die Moral. Der Bezug zum moralisch Guten gehört hiernach bereits zum Bedeutungsgehalt des Wortes ‚moralisch'. Der Ausdruck ‚moralisch geboten' enthält dementsprechend keine deontische Wertung im Sinne von ‚durch die Moral geboten', sondern er hat den Sinn von ‚im Interesse der Verwirklichung des moralisch Guten geboten', was gleichbedeutend mit einer hypothetischen Tatsachenfeststellung ist: Wenn das moralisch Gute verwirklicht werden soll, dann *muss* die betreffende Handlung vollzogen werden. Das Moralische an der Moral besteht hiernach in dem inneren Bezug all dessen, was zur Moral gehört, zum moralisch Guten. Dies wird im Durchgang durch die Sprache der Moral gezeigt, d. h. über die Erörterung der Ausdrücke ‚moralisch gut', ‚moralisch richtig', ‚moralisch geboten', ‚moralische Normen', ‚moralische Pflichten' und ‚moralische Werte'. Die Problematik deontischer Moralauffassungen besteht darin, dass sie nicht angeben können, was eigentlich eine Norm zu einer moralischen Norm macht, weil sie über keinen (zureichenden) Begriff des moralisch Guten verfügen. So ist eine Norm nicht schon dadurch eine moralische Norm, dass alle von ihrer allgemeinen Befolgung Betroffenen ihr zwanglos zustimmen können.

Der Text zielt auf eine Überwindung des deontischen Missverständnisses der Moral und der damit verbundenen ersatzreligiösen Inanspruchnahme von Moral. Erst dann ist das vollendet, was eigentlich die Moral der Moderne kennzeichnet, nämlich ihre vollkommene Emanzipation von der Religion. Auch dies steckt in gewissem Sinne bereits im Wort ‚moralisch‘. Wenn wir von einem Verhalten sagen, dass es gut ist, dann treffen wir eine Wertung. Wenn wir hingegen von einem Verhalten sagen, dass es moralisch gut ist, dann fällen wir ein Urteil über die Bewertung des Verhaltens, nämlich dass es allgemein als gut bewertet zu werden verdient. Dies verweist auf die Perspektive einer *moral community*, die sich über die Bewertung von Verhalten als gut oder schlecht verständigt und dabei die Funktion einer Letztinstanz für die Entscheidung darüber wahrnimmt, was gut und was schlecht ist, eine Funktion, die in religiöser Perspektive allein Gott und seinem Gebot zukommt. Daher findet man dieses Verständnis von Moral weder in der Bibel noch in der religiösen Tradition, und es schließt jede religiöse Moralbegründung aus. In ihm spiegelt sich die Tatsache wider, dass die Moral in der Moderne zu einem Instrument der gesellschaftlichen Selbststeuerung geworden ist, nämlich der Selbststeuerung über Verständigung bezüglich der Zuteilung oder des Entzugs von Wertschätzung und Achtung. Auf der Ebene des ethischen Denkens nimmt diese Selbststeuerung über Moral die Gestalt einer integrativen Ethik an, und zwar nicht im Sinne dessen, was gewöhnlich darunter verstanden wird, nämlich eine Kombination von Pflichtenethik und Güterethik,[2] sondern im Sinne einer Ethik, die das moralisch Gute und das erstrebenswert Gute in der Weise

---

[2] *Hans Krämer*, Integrative Ethik, Frankfurt a. M.: Suhrkamp, 1995.

miteinander verknüpft, dass ein Verhalten als moralisch gut bewertet wird, wenn es auf die Realisierung erstrebenswerter Güter gerichtet ist. Tatsächlich ist im gesellschaftlichen Bewusstsein diese Art des ethischen Denkens längst allgemein geworden. Man denke etwa an die Umweltmoral.

Der zweite Text „Der konkrete und der generalisierte Andere. Über das Verhältnis von Moral und Politik" schließt direkt an diese Überlegungen an. Es geht um eine Unterscheidung, deren Missachtung eine Verwischung der Grenze zwischen Moral und Politik zur Folge hat, wie sich insbesondere in der Debatte über die Aufnahme von Flüchtlingen gezeigt hat. Wenn es um moralische Pflichten geht, die wir *gegenüber* anderen haben: Bestehen solche Pflichten auch gegenüber dem generalisierten Anderen, d. h. gegenüber dem Anderen als Angehörigen einer Klasse wie der Klasse aller Notleidenden oder aller Flüchtlinge? Oder sind solche Pflichten auf den konkreten Anderen beschränkt, d. h. auf den Anderen nicht als Fall eines Allgemeinen oder Anwendungsfall einer Regel, sondern als ein Individuum? Es ist die These dieses Textes, dass das Zweite gilt. Der generalisierte Andere fällt nicht in den Bereich des moralischen Handelns, sondern in den Bereich des politischen und rechtlichen Handelns. Wird dies nicht beachtet, dann hat dies einerseits moralische Überforderung und andererseits die Moralisierung des Politischen zur Folge. Vom Staat wird dann erwartet, dass er sich wie ein moralischer Akteur verhält, was nicht seine Aufgabe ist. Dass die Unterscheidung zwischen dem konkreten und dem generalisierten Anderen innerhalb der Ethik kaum Beachtung findet, dürfte mit der deontischen Moralauffassung in Zusammenhang stehen, für die der Begriff der Norm grundlegend ist. Moralisches Handeln ist hiernach immer regelbasiertes Handeln, und so kennt diese Moralauffassung nur den generalisierten Anderen.

In diesen beiden ersten Texten wird eine Grundalternative deutlich, vor die sich die Moraltheorie gestellt sieht und auf die sie eine Antwort geben muss: Bezieht das moralische Handeln seine Gründe aus moralischen Urteilen oder Normen, die festlegen, wie in einer Situation zu handeln ist? Oder sind es die Situationen selbst, wie sie in ihrer Präsenz erlebt werden, welche Grund geben für ein bestimmtes Handeln, das dann in der Außenperspektive eines Beobachters das Urteil ‚moralisch gut‘ oder ‚moralisch richtig‘ auf sich zieht? Wie gesagt, verweist diese Alternative zurück auf die religiösen Wurzeln der Moral, nämlich in Gestalt von zwei Auffassungen von Gottes Gebot. Um diese Alternative geht es auch im dritten Text „Moralische Dilemmata und die Grenzen der Moral“, der sich mit der Frage befasst, ob es für moralische Dilemmata eine moralische Lösung geben kann. Die Antwort hängt zum wesentlichen Teil davon ab, wie moralische Dilemmata aufgefasst werden: ob als etwas, in das wir durch moralische Urteile oder Normen verstrickt sind, die uns für eine gegebene Situation eine Mehrzahl von Pflichten auferlegen, denen wir in dieser Situation nicht gleichzeitig nachkommen können, so dass wir in Befolgung der einen Pflicht gegen die andere verstoßen müssen; oder ob als etwas, in das wir durch eine gegebene Situation verstrickt sind, indem von ihr die Nötigung ausgeht, etwas zu tun, und gleichzeitig die Nötigung, etwas anderes zu tun, ohne dass wir in der Lage sind, beides zu tun. Die Auffassung, dass es für moralische Dilemmata stets eine einwandfreie moralische Lösung gibt, begreift moralische Dilemmata im ersten Sinne. Sie konstruiert diese Lösung auf der Ebene moralischer Urteile bzw. Normen, indem z. B. aus einem übergeordneten Prinzip wie dem utilitaristischen Prinzip ein Vorrang der einen Pflicht vor der anderen abgeleitet wird, womit das Dilemma verschwindet.

Was aber, wenn moralische Dilemmata gar nicht in konfligierenden Urteilen und Normen, sondern in den betreffenden Situationen selbst begründet sind? Dann lassen sie sich nicht zum Verschwinden bringen, und es gibt keine moralische Lösung. Man muss auf eigene Verantwortung eine Entscheidung treffen, ohne durch moralische Grundsätze gedeckt zu sein.

Den Abschluss des ersten Teils dieses Buches bilden zwei Texte, die sich mit der Beziehung befassen, die zwischen der Moral und jenen Regeln besteht, auf denen die menschliche Vergesellschaftung beruht. Gemeinsamer Ausgangspunkt ist der Gedanke, dass die soziale Welt im Unterschied zur natürlichen Welt normativ verfasst ist und ihre Grundlage in geschuldeter Anerkennung und Achtung hat. Die Anerkennung entscheidet über soziale Zugehörigkeit und sozialen Status, die Achtung besteht in der Einhaltung der Pflichten, die in Bezug auf soziale Zugehörigkeit und sozialen Status bestehen. Aufgrund der Tatsache, dass nicht die faktische, sondern die geschuldete Anerkennung und Achtung maßgebend ist, haben alle Begriffe, die soziale Zugehörigkeit oder sozialen Status bezeichnen, eine normative Bedeutungskomponente. Kollege zu sein, heißt, jemand zu sein, dem aufgrund eines bestimmten Arbeitsverhältnisses die Anerkennung und Achtung als Kollege geschuldet ist. Mensch im Sinne der Zugehörigkeit zur menschlichen Gemeinschaft zu sein, heißt, ein Wesen zu sein, dem aufgrund biologischer menschlicher Eigenschaften die Anerkennung und Achtung als ein Mensch geschuldet ist. Aufgrund dieses normativen Bedeutungsgehalts ist die Menschenwürde im sozialen Begriff des Menschen enthalten. Denn Menschenwürde zu haben, heißt ja nichts anderes als ebendies: ein Wesen zu sein, dem die Anerkennung und Achtung als ein Mensch geschuldet ist. Weil die Menschenwürde nicht auf faktischer, sondern auf geschuldeter Anerkennung und Achtung beruht, kann sie niemandem genommen werden durch faktische Nichtanerkennung und Nichtachtung, und sie ist in diesem Sinne „unantastbar". Der erste der beiden Texte, „Menschenwürde und Menschenrechte", expliziert dieses Verständnis der Menschenwürde, fragt nach deren moralischer Dimension und geht dem Zusammenhang nach, der zwischen Menschenwürde und Menschenrechten besteht. Es handelt sich bei diesem Text ursprünglich um einen Vortrag, den der Verfasser in englischer Sprache bei einer Veranstaltung der Konferenz europäischer Kirchen (KEK) gehalten hat.

Wie das Beispiel des Kollegen verdeutlicht, beruht die menschliche Vergesellschaftung auf einer kaum überschaubaren Menge von ungeschriebenen oder geschriebenen Regeln, die festlegen, wem aufgrund welcher Bedingungen und Eigenschaften welche Anerkennung und Achtung geschuldet ist. Diese sozialen Regeln variieren von Kultur zu Kultur. Sie müssen sowohl von moralischen Normen als auch von rechtlich fixierten Normen unterschieden werden. In dieser Verfasstheit der sozialen Welt ist das Phänomen der Gerechtigkeit begründet, das in allen Kulturen von fundamentaler Bedeutung für ein gedeihliches Zusammenleben ist. Damit befasst sich der zweite Text „Warum Gerechtigkeit? Über die normative Verfasstheit der sozialen Welt in Auseinandersetzung mit Amartya Sens Theorie der Gerechtigkeit". Gerechtigkeit in einem sozialen (nicht moralischen) Sinne ist innerhalb einer Gruppe, eines Gemeinwesens oder sozialen Zusammenhangs dann gegeben, wenn allen, die daran teilhaben, diejenige Anerkennung und Achtung zuteil wird, die ihnen aufgrund geltender sozialer Regeln geschuldet ist.

Nun können allerdings geltende soziale Regeln moralisch fragwürdig sein oder Folgen zeitigen, die moralisch fragwürdig sind, nicht zuletzt aufgrund blinder Flecken, die sie haben und die dazu führen, dass moralisch relevante Tatsachen von ihnen nicht erfasst und geregelt werden. Was gemäß diesen Regeln gerecht ist, kann moralisch skandalös sein, z. B. was die Benachteiligung bestimmter Menschengruppen betrifft. Es ist diese Diskrepanz zwischen den geltenden Regeln der Gerechtigkeit und dem moralisch Richtigen und Gebotenen, auf die die moralisch motivierte Gesellschaftskritik reagiert. Sie kann zur Veränderung dieser Regeln führen, so dass diese dann auch in einem moralischen Sinne richtig sind. Diesbezüglich kann man auch von moralischer Gerechtigkeit sprechen, doch muss man sich dabei präsent halten, dass Gerechtigkeit kein genuin moralisches Konzept ist. Wäre es anders, würde man das Phänomen in Kulturen, die Moral im uns geläufigen Sinne nicht kennen, nicht antreffen. Nicht zuletzt zeigt sich dies an den Beispielen, die in der Gerechtigkeitsdebatte diskutiert werden. Dass beim Aufschneiden einer Geburtstagstorte auf gleich große Stücke geachtet wird, beruht nicht auf einer moralischen Norm. Es beruht vielmehr auf einer sozialen Regel, nämlich darauf, dass den geladenen Gästen, da sie hinsichtlich der ihnen geschuldeten Anerkennung als Gäste gleich sind, auch die gleiche Achtung geschuldet ist. Alles in allem ist die Moral in zwei Hinsichten von Bedeutung für die Gerechtigkeit, nämlich erstens in Gestalt der Prüfung sozialer Regeln der Gerechtigkeit auf ihre moralische Richtigkeit und zweitens in Gestalt der moralischen Norm, sowohl im eigenen Handeln als auch auf der Ebene von Institutionen für die Verwirklichung von Gerechtigkeit einzutreten als etwas, das strukturell in der Verfasstheit sozialer Beziehungen (und nicht in der Moral) angelegt ist und das für ein gedeihliches Zusammenleben von fundamentaler Bedeutung ist. Im Sinne eines integrativen ethischen Ansatzes geht es hier um die moralische Norm, für das Gut der Gerechtigkeit Sorge zu tragen. Genau genommen handelt es sich hierbei um eine Meta-Norm, die die Befolgung der an sich ja schon verpflichtenden sozialen Regeln der Gerechtigkeit zusätzlich zur moralischen Pflicht macht, darin vergleichbar der moralischen Metanorm, ein Versprechen zu halten, die die Befolgung der mit einem Versprechen übernommenen sozialen Pflicht zur moralischen Pflicht macht.

Die Texte des zweiten Teils des Buches befassen sich, wie gesagt, mit der Religion. Ihnen liegt die Einschätzung zugrunde, dass trotz des großen öffentlichen Interesses, das die Religion heute in Anbetracht von Islamismus und religiösem Fundamentalismus und des Spannungsverhältnisses zwischen derartigen Phänomenen und der Idee einer liberalen Demokratie findet, es weithin an einem klaren Verständnis davon fehlt, was eigentlich Religion ist. Das hat Folgen, die bis in die Kirchen reichen in Gestalt von spiritueller Austrocknung und Leere. Dass Religion weder eine kognitive Überzeugung bezüglich transzendenter Tatsachen noch eine Orientierung an Werten ist, sondern dass sie zuerst und vor allem eine bestimmte Form von *Praxis* ist, das scheint heute alles andere als selbstverständlich zu sein.

Der erste Text „Was ist Religion? Über die Präsenz des Ewigen im Zeitlichen und das Verhältnis von religiöser und säkularer Wirklichkeitsauffassung" geht das Thema in einer grundsätzlichen Perspektive an. Er beginnt mit einer kritischen Auseinandersetzung mit Ronald Dworkins Auffassung von Religion, wie sie in dem posthum erschienenen Buch „Religion ohne Gott" entwickelt wird. Dworkins Auffassung liegt eine bestimmte Ontologie zugrunde, nach der die Wirklichkeit sich aus Tatsachen und Werten zusammensetzt. Auch die theistischen Religionen sind in diesem Sinne zweigeteilt, nämlich in einen Teil, in dem Antworten auf

Tatsachenfragen wie z. B. nach der Entstehung der Welt gegeben werden, und einen Teil, in dem es um Werte geht. Dworkins zentrale These ist, dass die Religion ihren eigentlichen Kern im Glauben an die objektive Werthaftigkeit der Wirklichkeit hat, weshalb auch Atheisten religiös sein können und Fragen, die religiöse Tatsachen betreffen, die Scharmützel nicht wert sind, die über sie geführt werden.

Über die Kritik dieser Ontologie wird die These entwickelt, dass es nicht die Welt der Tatsachen, sondern dass es die in ihrer Präsenz erlebte und erlittene Wirklichkeit ist, in der sich das menschliche Leben vollzieht und in der sich sein Wohl und Wehe entscheidet. Mit dieser Wirklichkeit hat es die Religion zu tun. Dementsprechend geht es im religiösen Denken und Verstehen nicht darum, Tatsachen aus anderen Tatsachen zu erklären, sondern darum, Präsenz aus Präsenz zu verstehen, nämlich die erlebte Präsenz dessen, was in Raum und Zeit geschieht, aus der Präsenz von etwas anderem, durch die sie hervorgerufen wird und die in ihr präsent ist. Es kann sich bei diesem anderen nicht wiederum um etwas in Raum und Zeit handeln. Denn in diesem Fall hätte man es lediglich mit einem anderen raumzeitlichen Geschehen zu tun, das als solches nicht in dem ersten Geschehen präsent sein kann. Es muss sich daher um etwas jenseits von Raum und Zeit handeln. Von dieser Art ist das, was in Mythos und Religion ‚das Ewige‘ heißt. Es ist nicht einfach das Jenseits der Zeit, sondern vielmehr dasjenige, was von jenseits der Zeit her durch seine Präsenz in der Zeit das Zeitliche bestimmt. Hierauf beziehen sich religiöse Glaubensaussagen: auf das Ewige, das in den zeitlichen Präsenzerfahrungen verborgen gegenwärtig ist und von dem in jedem Augenblick die menschliche Lebenswirklichkeit bestimmt und getragen wird. Religiöse Glaubensaussagen können daher nicht ärger missverstanden werden, als wenn sie statt auf das Ewige auf die zeitliche Welt bezogen werden, so wie das in der Debatte über Schöpfungsglauben und Naturwissenschaft der Fall ist. Im Übrigen lässt sich zeigen, dass die Erklärung von Präsenz aus Präsenz eine ähnliche formale Struktur hat wie die kausale Erklärung von Tatsachen aus Tatsachen und dass sie nicht weniger rational ist als diese.

Es ist nach dem Gesagten klar, dass Tatsachenfragen wie die Frage, ob Gott existiert, die Wirklichkeit gerade verfehlen, nach der sie fragen. Hier liegt der Irrtum einer Religionskritik, die den Gottesglauben deshalb für irrational hält, weil Gott nicht existiert, d. h. nicht der Welt der Tatsachen zugehört. Dass Gott ewig ist, bedeutet, dass seine Wirklichkeit nur in Gestalt ihrer Präsenz erkannt werden kann. Die Erkenntnis von Präsenz aber hat die Besonderheit, dass sich mit ihr der Ort des Erkennenden verändert, nämlich im Sinne der Lokalisierung im Raum der Präsenz des Erkannten. Bei jeder Begegnung mit einem anderen Menschen machen wir diese Erfahrung. Die Erkenntnis von Gottes Wirklichkeit ist daher nur im Präsenzraum des Heiligen selbst möglich, und sie kann von keinem anderen Ort außerhalb gewonnen werden, insbesondere nicht vom Standpunkt bzw. Präsenzraum menschlicher Intersubjektivität und Verständigung über Gott. In diesem Sinne beruht die Erkenntnis Gottes auf Offenbarung. Mit einer Formulierung von Dworkin, die bei ihm auf die Wertsphäre bezogen ist, kann man dies auch so ausdrücken, dass die Religion „autark und selbstbeglaubigend" ist. Doch wie gelangen Menschen in den Präsenzraum des Heiligen? Hier liegt die Bedeutung von Ritualen und religiösen Praktiken, die genau diese Funktion haben, in den Präsenzraum des Heiligen zu vermitteln. Religion ist daher zuerst und vor allem *Praxis*. Man kann sie nicht ärger missverstehen, als wenn man annimmt, sie sei eine kognitive Überzeugung hinsichtlich der Existenz metaphysischer Tatsachen.

Ausführlich befasst sich der Text mit dem Verhältnis von Religion und wissenschaftlichem Weltbild. Dies mündet in die These, dass kein Widerspruch darin liegt, in dem durch religiöse Praxis erschlossenen Horizont mit Gottes realer Präsenz in der menschlichen Lebenswirklichkeit zu rechnen und andererseits hinsichtlich der Welt der Tatsachen am wissenschaftlichen Weltbild zu partizipieren. Daher setzt sich der Text am Ende kritisch mit den vor allem in der protestantischen Theologie seit der Aufklärung unternommenen Versuchen auseinander, die Religion in das wissenschaftliche Weltbild einzupassen und sie mit diesem kompatibel zu machen, sei es, indem man sie, weil für Gott im wissenschaftlichen Weltbild kein Platz ist, in die Subjektivität und das menschliche Bewusstsein verlegt, sei es, indem man umgekehrt Gott einen Platz im wissenschaftlichen Weltbild dadurch zu sichern sucht, dass man religiöse Glaubensaussagen gemäß wissenschaftstheoretischer Standards zu bewähren unternimmt. Man muss dergleichen als einen Irrweg betrachten, der zwar scharfsinnige religionsphilosophische und theologische Entwürfe hervorgebracht hat, der aber letztlich auf einem Missverständnis der Religion beruht, da diese es mit Präsenz und nicht, wie das wissenschaftliche Weltbild, mit Faktizität zu tun hat.

Bei dem zweiten Text „Weltgestaltung als ethische Aufgabe. Über die Bedeutung der Reformation für die Entstehung des ethischen Denkens der Moderne" handelt es sich ursprünglich um einen Vortrag aus Anlass des Reformationsjubiläums im Jahr 2017. Darin wird die These vertreten, dass der Reformation eine zentrale Bedeutung für den Übergang von der antiken zur modernen Ethik zukommt und dass sie mit ihrer als Reaktion auf die spätmittelalterliche

Bußpraxis formulierten Rechtfertigungslehre entscheidende Weichen sowohl für die deontische Zuspitzung des modernen ethischen Denkens als auch für ein bestimmtes, für die Moderne charakteristisches Verständnis des menschlichen Handelns im Sinne seiner instrumentellen Ausrichtung auf den Nutzen des anderen gestellt hat.

Auch der Text „Über die spirituelle Dimension der Medizin" wurde ursprünglich als Vortrag ausgearbeitet und gehalten. Er befasst sich mit der Frage, ob Spiritualität ein Thema ist, mit dem sich auch die Medizin befassen sollte, und zwar sowohl als Wissenschaft als auch als Praxis. Die Antwort hängt davon ab, wie Krankheit zu verstehen ist. Ist sie lediglich ein medizinisch diagnostizierbarer physischer oder psychischer Zustand? Dann ist die spirituelle Bedürftigkeit des Kranken eine Folge seiner Krankheit, aber nicht Teil seiner Krankheit. Oder hat Krankheit als solche eine spirituelle Dimension? Der Text argumentiert dafür, dass Krankheit nicht nur ein Zustand ist, sondern dass sie etwas ist, das Präsenzcharakter hat und das das Leben des Kranken durch seine Präsenz in Beschlag nimmt. Auch Gesundheit ist deshalb nicht einfach ein Zustand, etwa im Sinne der Gesundheitsdefinition der WHO, wonach Gesundheit „ein Zustand des vollständigen körperlichen, geistigen und sozialen Wohlbefindens und nicht nur das Fehlen von Krankheit und Gebrechen" ist. Sie ist vielmehr *Abwesenheit* von Krankheit im präzisen Sinne von Nichtpräsenz. Aufgrund dieses Präsenzcharakters hat Krankheit eine spirituelle Dimension, die einen entsprechenden Umgang mit ihr erfordert. Dies wird in Umrissen für die pflegerische und ärztliche Praxis skizziert.

Der letzte Text handelt nicht eigentlich von Religion, sondern vom Mythos, genauer: von der Wiederkehr mythischer Denkfiguren in heutigen intellektuellen Diskursen. Er wurde aus einem ganz bestimmten Grund in dieses Buch aufgenommen. In vielen der Texte dieses Buches ist der Grundgedanke leitend, dass sich das menschliche Leben in ständig wechselnden Präsenzräumen bewegt und dass dies von eminenter epistemischer Bedeutung ist. Die Präsenzräume der menschlichen Intersubjektivität, in denen wissenschaftliche Diskurse geführt werden, sind etwas anderes als die Präsenzraume des Heiligen, in denen religiös von Gott geredet wird. Daher ist es wichtig, die Art der Präsenzräume und der zugehörigen Themen, Gegenstände, Sprachformen und Rationalitäten zu unterscheiden und nicht das eine ins andere zu ziehen, in das es nicht gehört, wie z. B. Gott oder die Schöpfung in die Perspektive der Wissenschaft. Was geschieht, wenn dies nicht beachtet wird, soll der Text „Bioethik oder ‚Biomacht‘? Über intellektuelle Mythifizierung" illustrieren. Er setzt sich kritisch mit einer Position auseinander, die mit diskursivem, wissenschaftlichem Anspruch behauptet, dass wir als Nutznießer der modernen Medizin einer alles beherrschenden und alles durchdringenden „Biomacht" ausgeliefert sind und dass wir dieser nur dadurch entkommen können, dass wir uns der modernen Medizin konsequent verweigern. Was hier als Biomacht vorgestellt wird, das weist in seinem anonymen und alles durchdringenden Charakter durch und durch mythische Züge auf. Mythische Mächte sind freilich nur in der Weise ihrer Präsenz gegeben und nicht als Tatsachen, die sich wissenschaftlich feststellen ließen. Aufgrund ihres Präsenzcharakters kann man ihnen dadurch entkommen, dass man in anderen Präsenzräumen Zuflucht sucht. Dazu gehören auch die Präsenzräume menschlicher Intersubjektivität, von denen aus in diskursiver Verständigung der Mythos der Kritik unterzogen wird und die Wirklichkeit dadurch, dass sie auf Faktizität reduziert wird, entmythologisiert wird. Man muss sich dann vor den mythischen Mächten nicht mehr ängstigen aus dem simplen Grund, weil es sie nicht gibt. Doch genau dies wird durch die Biomacht-These infrage gestellt. Sie behauptet die Existenz der Biomacht als eine Tatsache, und zwar mit diskursivem Anspruch. Anders als bei Präsenzphänomenen gibt es bei Tatsachen kein Entkommen. Daher manövriert diese Art von Denken in eine vollkommene Ohnmachtsposition. Noch die Kritik an der Biomacht-These ist Ausdruck einer durch die Biomacht hervorgerufenen Verblendung. So bleibt am Ende nur die Verweigerung. Es gibt andere Beispiele für diese Art des totalisierenden Denkens, d. h. der intellektuellen Mythifizierung von Phänomenen zu alles beherrschenden und durchdringenden Mächten, wie ‚das System‘, ‚das Kapital‘, ‚die Globalisierung‘ usw. Dagegen hilft nur, die Irrationalität dieser Art des Denkens aufzuzeigen, das etwas als Tatsache behauptet, das gar nicht als Tatsache aufgewiesen werden kann, weshalb derlei „Mächte“ Ausgeburten eines reinen Glaubens bzw. Fürwahr-Haltens sind. Fast scheint es so, als gäbe es in gewissen intellektuellen Milieus in Anbetracht der Entzauberung der Welt durch die Wissenschaft eine neue Faszination des Mythischen und so etwas wie ein Bedürfnis nach Wiederverzauberung.

„Präsenz und Faktizität“ heißt dieses Buch im Obertitel. Damit sind nicht nur zwei Gegebenheitsweisen von Wirklichkeit angesprochen, deren Unterscheidung für das Verständnis sowohl der Moral als auch der Religion essenziell ist. Der Titel soll zugleich auf eine eigentümliche Diskrepanz verweisen, die die Existenz des Menschen der Gegenwart kennzeichnet. Einerseits vollzieht sich dessen Leben innerhalb der als Präsenz erlebten Wirklichkeit. Andererseits besteht unter dem Einfluss des wissenschaftlichen Weltbilds für dessen Denken die Wirklichkeit aus Tatsachen, wobei

Werte Orientierung geben für den Umgang mit diesen Tatsachen. In dieser Diskrepanz liegt die Gefahr, dass es für den Präsenzcharakter der Wirklichkeit, obgleich er in jedem Augenblick erfahren wird, keine adäquate Reflexion und sprachliche Artikulation gibt, ja dass er überhaupt in die Latenz abgedrängt wird. Krankheit ist dann eben nur ein physischer oder psychischer Zustand. Solidarität mit anderen Menschen hat dann eben ihren Grund nicht in dem, was diese in seiner Präsenz erleiden, sondern in Werten, die für den Umgang mit der Tatsache ihres Leidens Orientierung bieten. Die Folge ist eine Verarmung und Desensibilisierung der Wahrnehmung und der Sprache. Man mag sich dies im Kontrast an der Sprachkraft religiöser Traditionen verdeutlichen im Hinblick auf die Artikulation elementarer Präsenzerfahrungen, die das menschliche Leben ausmachen. Hierin zeigt sich die Eigenart von Religion als ein hochreflektierter Umgang mit Wirklichkeitspräsenz. Diese Sprache lässt sich nicht in das säkulare Weltbild übersetzen. So bleibt dort ein Vakuum, das spirituelle Suchbewegungen zu füllen suchen. So viel lässt sich immerhin voraussagen, dass die Fragen, auf die Religionen eine Antwort zu geben versuchen, nicht verschwinden werden, da sich das menschliche Leben immer im Horizont von Wirklichkeitspräsenz vollziehen wird.

Moral

Über das Moralische an der Moral

Der evaluative Charakter moralischer Wertungen und die Problematik deontischer Moralauffassungen[1]

In ethischen Abhandlungen trifft man in der Regel auf eine Auffassung von Moral, wonach diese im Wesentlichen auf den deontischen Wertungsmodus beschränkt ist. Wenn es um Moral geht, dann geht es um das Richtige und Falsche, Gebotene und Verbotene. Demgegenüber hat das moralisch Gute in dieser Moralauffassung keine eigenständige Bedeutung. Wenn vom Guten die Rede ist, dann in einem nicht-moralischen Sinne, wie er in der Rede von einem guten Leben anklingt. Im deutschsprachigen Raum hat in dieser Beziehung Jürgen Habermas mit seinem Aufsatz über den pragmatischen, ethischen und moralischen Gebrauch der praktischen Vernunft einen nicht unerheblichen Einfluss ausgeübt.[2] Danach hat die Moral es mit dem universalisierbar Richtigen, d. h. mit den für alle geltenden Normen des Zusammenlebens zu tun, während der Begriff des Guten sich auf einen Typus von Wertentscheidungen bezieht, der

---

[1] Dieser Text ist eine überarbeitete und erweiterte Fassung eines Aufsatzes, der unter dem Titel „Das moralisch Richtige und das moralisch Gute. Über zwei gegensätzliche Auffassungen von Moral" in der Zeitschrift für Evangelische Ethik (ZEE) in Heft 1/2017, 9–25, veröffentlicht wurde.

[2] *Jürgen Habermas*, Vom pragmatischen, ethischen und moralischen Gebrauch der praktischen Vernunft, in: ders., Erläuterungen zur Diskursethik, Frankfurt a. M.: Suhrkamp, 1991, 100–118.

die Frage betrifft, „welches Leben man führen möchte"
bzw. „welche Person man ist und zugleich sein möchte".[3]
Die verbreitete Rede vom Vorrang des Richtigen vor dem
Guten bezieht sich auf diese Einteilung. Gemeint ist, dass
die individuellen Entscheidungen, welche die Gestaltung des
eigenen Lebens betreffen, sich im Rahmen der für alle geltenden Normen halten müssen.

Die folgenden Überlegungen setzen sich kritisch mit
dieser Moralauffassung auseinander. Lässt sich ohne den Begriff des moralisch Guten überhaupt verstehen, was Moral
ist? Das beginnt bereits bei der Frage, was eigentlich zum
Ausdruck gebracht wird, wenn von einer Handlung nicht
bloß gesagt wird, dass sie *richtig* ist, sondern gesagt wird, dass
sie *moralisch richtig* ist. In dieser Wortverbindung hat das
Wort ‚moralisch' ersichtlich eine evaluative Bedeutungskomponente, was sich daran zeigt, dass das Tun dessen, der
dem moralisch Richtigen oder Gebotenen zuwiderhandelt,
nicht bloß als falsch, sondern auch als schlecht, und zwar in
einem moralischen Sinne schlecht, beurteilt wird. Bereits im
Wort ‚moralisch' ist offenbar ein Bezug zum moralisch
Guten enthalten. Das legt den Schluss nahe, dass eine Handlung *moralisch* richtig ist, wenn sie unter dem Gesichtspunkt
der Verwirklichung des moralisch *Guten* richtig ist. Sollte
sich dies erhärten lassen, dann ist nicht das moralische Richtigkeitsurteil, sondern die evaluative moralische Wertung
grundlegend für die Moral. Wir müssen dann zuerst wissen,
worin das moralisch Gute besteht, bevor wir wissen können,
worin das moralisch Richtige besteht.

Die fundamentale Bedeutung des moralisch Guten für die
Moral zeigt sich des Weiteren an der moralischen Motivation. Warum sind Menschen bereit, nach Unglücksfällen oder

---

[3] *Habermas*, aaO. 103.

Katastrophen große Summen zu spenden? Tun sie dies, um Richtiges zu tun, oder tun sie es, um Gutes zu tun? Ist der Aspekt der Wertschätzung, der in dem Wort ‚gut' enthalten ist und der sowohl die Wertschätzung durch andere als auch die Selbst-Wertschätzung betrifft, nicht ein wesentlicher Antrieb für moralisches Verhalten? Schließlich ist zu fragen, ob nicht auch bei der Frage, „welches Leben man führen möchte" bzw. „welche Person man ist und zugleich sein möchte", bei der es um die eigene Identität geht, Vorstellungen vom moralisch Guten eine entscheidende Rolle spielen.

Es geht im Folgenden nicht lediglich darum, einen logischen oder epistemischen Vorrang der evaluativen moralischen Wertung vor der deontischen zu behaupten. Ich werde vielmehr für die These argumentieren, dass es überhaupt nur eine einzige Art von moralisch wertenden Urteilen gibt, nämlich evaluative Urteile bezüglich des moralisch Guten und Schlechten. Mit dem Wort ‚richtig' in Urteilen von der Form ‚Diese Handlung ist moralisch richtig' wird demgegenüber keine deontische Wertung, sondern eine deskriptive Tatsachenfeststellung getroffen in Bezug auf den Beitrag der Handlung zum moralisch Guten. Ganz so, wie man eine Tatsachenfeststellung und keine deontische Wertung trifft, wenn man von einem Weg sagt, dass er richtig ist, d. h. zu dem angestrebten Ziel führt.

Wenn sich dies erhärten lässt, dann stellt sich umso mehr die Frage, woher die gegenteilige Moralauffassung, welche die Moral auf den deontischen Wertungsmodus reduziert, ihre vordergründige Plausibilität bezieht. Diesbezüglich werde ich eine These von Elizabeth Anscombe diskutieren, wonach diese Moralauffassung auf die christlichen Wurzeln dessen, was in unserer Kultur unter ‚Moral' verstanden wird, zurückzuführen ist und wonach es sich bei ihr um nichts anderes als um die säkularisierte Form einer religiösen Gesetzesethik handelt. Die Alternative im Moralverständnis, um die es letztlich geht, lässt sich auf die folgende Frage zuspitzen: Hat der Ausdruck ‚moralisch geboten‘ die Bedeutung ‚um der Verwirklichung des moralisch Guten willen geboten‘? Oder hat er die Bedeutung ‚durch die Moral geboten‘? Im zweiten Fall erlangt die Moral den Status einer autoritativ-verpflichtenden Instanz, gewissermaßen als das säkulare Pendant des göttlichen Gesetzgebers. Kants „Achtung vor dem Sittengesetz" spiegelt dieses Moralverständnis wider. Wird die Moral in dieser Weise begriffen, dann in der Tat ist der deontische Wertungsmodus für sie fundamental.

Es geht bei alledem nicht nur um eine Frage der Moraltheorie, sondern auch um das Verständnis der gesellschaftlichen Rolle und Funktion der Moral. Sie ist neben dem Recht ein wirkmächtiges Instrument der Selbststeuerung westlicher Gesellschaften. Wird der Normbegriff als konstitutiv für die Moral erachtet, dann ist es folgerichtig, Selbststeuerung als Selbstgesetzgebung in Bezug auf moralische Normen aufzufassen. Doch kann man sich moralische Normen selbst geben? Die bloße Tatsache, dass man sich konsensuell auf Normen verständigt, die das Zusammenleben regeln sollen, macht aus diesen noch keine moralischen Normen. Moralisch ist eine Norm nicht schon deshalb, weil sie allgemeingültig ist oder die Zustimmung aller Betroffenen findet. Was also ist es, das moralische Normen von Normen anderer Art unterscheidet? Welche Information wird durch das Adjektiv ‚moralisch‘ vermittelt? Die im Folgenden vertretene These ist, dass das Moralische an moralischen Normen in ihrem Bezug zum moralisch Guten besteht. Moralische Normen sind im Unterschied zu Normen anderer Art durch den mit ihnen erhobenen Anspruch charakterisiert, zu einem Handeln anzuleiten, das auf die Verwirklichung des moralisch Guten und die Vermeidung des moralisch Schlechten gerichtet ist. Nicht im Normendiskurs erfolgt daher die Verständigung auf eine gemeinsame Moral, sondern vielmehr im Diskurs darüber, welches Verhalten allgemeine Billigung als gut und welches allgemeine Missbilligung als schlecht verdient. Die gesellschaftliche Selbststeuerung mittels Moral erfolgt, so begriffen, über die Gewährung und den Entzug von Wertschätzung und Achtung.

Für die Begründung der These von der konstitutiven Bedeutung des moralisch Guten für die Moral ist der Nachweis erfordert, dass die Sprache der Moral und hier vor allem Ausdrücke, die gemeinhin als deontisch bezeichnet werden, wie ‚moralisch geboten‘, ‚moralische Norm‘, ‚moralische Pflicht‘ usw., ihren Sinn vom moralisch Guten her beziehen. Dies zu zeigen, ist die Absicht der folgenden Ausführungen. Sie sind in folgende Kapitel untergliedert: 1. Das moralisch Gute und die Bedeutung des Wortes ‚moralisch‘; 2. Das moralisch Richtige und Gebotene; 3. Die sittliche Substanz der Moral; 4. Moralische Normen, Pflichten und Rechte; 5. Moralische Werte; 6. Die religiösen Wurzeln der Moral; 7. Das moralisch Gute und das ‚gute Leben‘: Die integrative Ethik des gesunden Menschenverstandes.

1. Das moralisch Gute und die Bedeutung des Wortes ‚moralisch‘

Ich beginne mit der Frage, worauf genau sich evaluative moralische Wertungen beziehen, und greife dazu Überlegungen auf, die ich bereits an anderer Stelle entwickelt habe.[4] Innerhalb der Moraltheorie und Ethik gibt es einen breiten

---

[4] *Johannes Fischer*, Die religiöse Dimension der Moral, in: ThLZ 137 (2012), 387–406.

Konsens, dass mit deontischen moralischen Wertungen
Handlungen bewertet werden. Evaluative moralische Wertungen beziehen sich demgegenüber auf Handlungsmotive
sowie handlungsrelevante Einstellungen und Charakterzüge.[5]
Im Hintergrund dieser Zuordnung steht eine bestimmte
Auffassung von Moral. Danach hat diese es exklusiv mit
dem menschlichen Handeln zu tun. Es gibt daneben keinen
zweiten Basisbegriff, auf den sich evaluative moralische
Wertungen beziehen würden. Was auch immer zur Moral zu
rechnen ist, es steht in einer Beziehung zum menschlichen
Handeln.[6] Da aber Handlungen Gegenstand deontischer
Wertungen sind, bleibt als Gegenstand evaluativer moralischer Wertungen nur dasjenige übrig, was zu Handlungen
motiviert oder disponiert. Folgerichtig ergibt sich aus dieser
Auffassung die These eines epistemischen Primats des
moralisch Richtigen gegenüber dem moralisch Guten.[7] Wir
müssen zuerst wissen, welche Handlungsweisen in welchen
Typen von Situationen moralisch *richtig* sind, bevor wir
wissen können, welche Motive, Einstellungen oder Charakterzüge moralisch *gut* sind, denn sie sind nur dann gut, wenn
sie zum moralisch richtigen Handeln motivieren bzw. disponieren. Für die Ethik hat dies die Folge, dass der deontische
Wertungsmodus in den Fokus des ethischen Nachdenkens
rückt. Es geht um Fragen des richtigen Handelns, um Pflichten und Rechte oder um Fragen der Gerechtigkeit.

---

[5] *William K. Frankena*, Analytische Ethik. Eine Einführung, 5. Auflage, München: Deutscher Taschenbuch-Verlag, 1994, 27; 77. *Friedo
Ricken*, Allgemeine Ethik, 4. Auflage, Stuttgart: Kohlhammer, 2003,
88f. *Dieter Birnbacher*, Analytische Einführung in die Ethik, Berlin/New
York: De Gruyter, 2003, 279ff.

[6] *Birnbacher*, aaO. 12ff.

[7] *Birnbacher*, aaO. 282.

Doch ist es wahr, dass sich evaluative moralische Wertungen auf Motive, Einstellungen und Charakterzüge beziehen? Bei dieser Zuordnung wird das moralisch Gute ganz in das Innere des Handelnden verlegt. Tritt das moralisch Gute nicht aber auch als eine äußere Realität in Erscheinung? Kann es nicht auch in einer Handlung aufscheinen, z. B. in einer lebensrettenden Tat? Vielleicht ist man versucht, diesem Einwand dadurch Rechnung zu tragen, dass man annimmt, dass das moralische Gutsein von Motiven auf die äußeren Handlungen ausstrahlen und sich so als deren Gutsein manifestieren kann. Doch zieht dies den Einwand auf sich, dass dies dann auch für moralisch falsche Handlungen gelten müsste. Kann eine moralisch falsche Handlung moralisch gut sein, weil sie aus einem moralisch guten Motiv heraus erfolgt ist? Kann jemand, der die aktive Sterbehilfe für moralisch falsch hält, sie dennoch in einem konkreten Fall für moralisch gut halten, weil sie aus einem edlen Motiv heraus vollzogen wurde? Wohl kaum. Wir bewerten moralisch falsche Handlungen nicht als moralisch gut. Für die Bewertung ‚moralisch gut‘ muss offensichtlich beides zusammenkommen, die moralische Richtigkeit der Handlung und ein entsprechendes Motiv. Das bedeutet aber, dass der Gegenstand evaluativer moralischer Wertungen weder Handlungen noch Motive sind, sondern etwas aus beidem Zusammengesetztes, nämlich ein *Handeln aus einem Motiv* einer bestimmten Art.

Man gelangt zum selben Ergebnis, wenn man den Begriff des Motivs genauer betrachtet. Motiv ist etwas nur mit Bezug auf eine Handlung. Das bedeutet, dass ein Motiv gar nicht separat von der Handlung evaluativ bewertet werden kann, für die es Motiv ist. Was das Wort ‚Motiv‘ bezeichnet, ist nichts anderes als eine Antwort auf eine Warum-Frage: „Warum hat er seinen Freund erschlagen?" „Er war eifersüchtig." Die letztere Äußerung nennt uns das Motiv. Sie tut dies allerdings nur, wenn sie als Antwort auf die gestellte Frage begriffen wird. Abgesehen davon handelt es sich um die Beschreibung eines Gefühlszustands, aber nicht um die Angabe eines Motivs. Wenn wir daher das, was uns diese Antwort zu verstehen gibt, evaluativ als moralisch schlecht bewerten, dann bewerten wir nicht die Eifersucht, sondern *dass er seinen Freund aus Eifersucht erschlagen hat*. Es wird also bei der evaluativen moralischen Bewertung nicht ein Motiv, sondern das Handeln aus diesem Motiv bewertet.

Das bedeutet nun aber, dass der Begriff des Handelns nicht ausreicht, um den Bereich dessen abzudecken, womit die Moral es zu tun hat. Vielmehr bedarf es eines zweiten Basisbegriffs der Moral, der sich auf das bezieht, was Gegenstand evaluativer moralischer Wertungen ist. Umgangssprachlich verwenden wir hierfür in der Regel das Wort 'Verhalten', z. B. in der Rede von eifersüchtigem, großzügigem oder hilfsbereitem Verhalten. Während die Rede von Handlungen eine Trennung macht zwischen der Handlung und ihrem Motiv, ist bei der Rede von eifersüchtigem Verhalten das, was bei der Rede von Handlungen Motiv ist, nämlich hier die Eifersucht, essenzieller Bestandteil des Verhaltens. Dies unterscheidet Handlungen als Gegenstand von Richtigkeitsurteilen von Verhalten als Gegenstand evaluativer Wertungen.

Wie aber soll man sich das Verhältnis zwischen Handeln und Verhalten näherhin vorstellen? Geht es um zwei verschiedene Arten von Vollzügen derart, dass wir einerseits handeln und uns andererseits auch noch verhalten können? Man muss sich hier vergegenwärtigen, was eine Handlung ist.[8] Aufschlussreich ist diesbezüglich die Frage, wie uns

---

[8] Das im Folgenden skizzierte Verständnis des Handelns findet sich ausführlich entwickelt und dargestellt in meinem Aufsatz „Freiheit des

Handlungen *gegeben* sind. Ob ein Verhalten, das wir an einem anderen Menschen beobachten, eine Handlung oder z. B. nur eine unwillkürliche Körperbewegung ist, das lässt sich ersichtlich mit letzter Bestimmtheit nur klären, indem wir den Betreffenden *fragen*. Das bedeutet, dass uns Handlungen in der *Verständigung über sie* gegeben sind. Hierin liegt die entscheidende Differenz zwischen Handlungen und bloßen Ereignissen wie etwa Naturereignissen, bei denen es eine intersubjektive Verständigungsmöglichkeit nicht gibt.

Die konstitutive Bedeutung der Verständigung für das Phänomen des Handelns manifestiert sich vor allem darin, dass es für Handlungen *Gründe* und *Motive* gibt. Gründe und Motive sind, wie gesagt, nichts anderes als Antworten auf Warum-Fragen. Wir können den Grund einer Handlung nicht anders in Erfahrung bringen als dadurch, dass wir den Betreffenden fragen, und der Grund ist dasjenige, was uns seine Antwort zu verstehen gibt. In der Tatsache, dass Handlungen Gründe und Motive haben, spiegelt sich die Frage-Antwort-Struktur unseres Verstehens am Leitfaden der Warum-Frage wider.

Aus alledem wird deutlich, dass es sich bei dem, was wir als Handlungen thematisieren, um *Verständigungskonstrukte* handelt. Das meint: Handlungen sind nicht einfach empirische Tatsachen in der Welt, die unabhängig von unserer Verständigung über sie gegeben sind. Sie sind vielmehr etwas, das erst in der Verständigung über sie konstituiert wird. In der Verständigung über Handlungen und deren Gründe und Motive wird eine Struktur über unser Verhalten

---

Handelns – Unfreiheit des Willens. Menschliches Verhalten in philosophischer und psychologischer Perspektive", in: Brigitte Boothe/Andreas Cremonini/Georg Kohler, Psychische Regulierung, kollektive Praxis und der Raum der Gründe. Ein Problemaufriss, Würzburg: Königshausen & Neumann, 2012, 33–54.

gelegt, die dieses im Augenblick seines Vollzugs nicht hat. Augenfällig ist dies an spontanem Verhalten. Wer auf der Straße einem Bekannten spontan zuwinkt, der tut dies nicht intentional ,aus einem Grund' im Sinne einer Antwort auf eine vorausgehende Warum-Frage. Denn in diesem Fall wäre das Winken nicht spontan. Aber er kann, wenn man ihn fragt, einen Grund dafür nennen: „Das ist ein guter Bekannter von mir."

Nicht zuletzt ist die *Handlungsfreiheit* an die Perspektive der Verständigung über Handlungen geknüpft. Mit Kant lässt sich Freiheit als das Vermögen bestimmen, eine Reihe von Begebenheiten von selbst anfangen zu können. Frei handelt mithin, wer der *Urheber* seines Handelns und seiner Folgen ist. Als Urheber seines Handelns aber betrachten wir den, der sein Handeln hinreichend aus *Gründen* verständlich machen kann, so dass nicht – wie bei unverständlichem Verhalten z. B. aufgrund psychischer Störungen – hinter ihn zurück nach verhaltensbestimmenden *Ursachen* gefragt werden muss. Handlungsfreiheit manifestiert sich somit in den plausiblen Gründen von Handlungen. In aller Verständigung mit einem anderen über die Gründe seines Handelns ist solche Freiheit unterstellt, und zwar allein dadurch, dass wir uns *mit ihm* verständigen und ihn nach Gründen fragen, statt uns – wie bei psychischen Störungen – *über ihn* zu verständigen und sein Verhalten aus Ursachen zu erklären.

Sind nun Handlungen Verständigungskonstrukte, dann wirft dies die Frage auf, wie dasjenige, was in solcher Verständigung in Handlung, Grund und Motiv zertrennt wird, *jenseits der Verständigung über Handlungen* in Erscheinung tritt, z. B. für einen außenstehenden Betrachter, der den betreffenden Vorgang erlebt. Hierauf bezieht sich der Begriff des *Verhaltens* und mit ihm die evaluative moralische Wertung. Es geht hier also um eine andere Perspektive auf den betreffenden Vorgang, als sie in der Verständigung über Handlungen eingenommen wird. In dieser Perspektive ist ungetrennt, was in der Verständigung über Handlungen zertrennt wird. Man kann sich den Unterschied der Perspektiven an der Wahrnehmung von Emotionen verdeutlichen. In der Verständigung über Handlungen werden Emotionen als Handlungsmotive thematisch, und dabei werden sie als etwas vorgestellt, das im Inneren des Handelnden als des Ursprungs der Handlung lokalisiert ist und von dorther sein Handeln bestimmt. Demgegenüber treten in liebevollem oder mitfühlendem *Verhalten* Emotionen *nach außen* in Erscheinung und wirken sich *atmosphärisch* auf andere aus.[9] Wird die Moral auf das Handeln reduziert, dann bleibt diese Dimension des zwischenmenschlichen Umgangs ausgeblendet, und in Lehrbüchern der Ethik spielt sie so gut wie keine Rolle. Doch zweifellos kommt ihr eine eminente Bedeutung für das menschliche Zusammenleben zu. Über sie baut sich das Vertrauen auf, auf das Menschen im Umgang miteinander angewiesen sind. Das menschliche Leben wäre arm, wenn es diese Dimension nicht gäbe.

Schließlich manifestiert sich der Unterschied zwischen Handeln und Verhalten in folgendem Unterschied zwischen moralischen Richtigkeitsurteilen und evaluativen moralischen Wertungen. Bei moralischen Richtigkeitsurteilen wird aufgrund der Trennung zwischen der Handlung und ihrem Grund in Gestalt der betreffenden Situation die Handlung *relativ zur Situation* beurteilt: *So* zu handeln ist in einer *solchen*

---

[9] *Hermann Schmitz*, Gefühle als Atmosphären und das affektive Betroffensein von ihnen, in: Hinrich Fink-Eitel/Georg Lohmann (Hg.), Zur Philosophie der Gefühle, Frankfurt a. M.: Suhrkamp, 1993, 33–56. *Johannes Fischer*, Die religiöse Dimension der Moral, aaO. 392.

Situation moralisch richtig (und in einer anderen falsch). Die evaluative moralische Wertung, bei der die Dinge ungetrennt vor Augen sind, bewertet demgegenüber das *Ganze* eines *Verhaltens in einer gegebenen Situation*: Sich *so* in einer *solchen* Situation zu verhalten, ist moralisch gut. Auch hier mag man zur Veranschaulichung an eine lebensrettende Tat denken, z. B. daran, dass jemand unter Lebensgefahr einen Menschen vor dem Ertrinken rettet.

Nun ist mit den bisherigen Überlegungen lediglich geklärt, worauf sich der Ausdruck ‚moralisch gut‘ bezieht, d. h., *was* mit diesem Ausdruck bewertet wird, nämlich *Verhalten*. Zu klären bleibt die Frage nach seinem Sinn. Was wird zum Ausdruck gebracht, wenn von einem Verhalten nicht bloß gesagt wird, dass es gut ist, sondern gesagt wird, dass es moralisch gut ist? Man kann das Verhalten dessen, der unter Lebensgefahr einen Menschen vor dem Ertrinken rettet, ja auch einfach nur ‚gut‘ nennen, ohne damit einen moralischen Sinn zu verbinden: Sich so in einer solchen Situation zu verhalten, ist gut. *Was* dabei als gut bewertet wird, ist *dieses bestimmte* Verhalten in *dieser bestimmten* Situation. Andererseits wird es als gut bewertet, weil es *ein solches* Verhalten in *einer solchen* Situation ist, d. h., weil mit ihm ein *Verhaltensmuster* aktualisiert wird, in dem das eigentlich Gute liegt. Anders als dies etwa durch die Rede von „Werten“ und die Unterscheidung zwischen „Tatsachen und Werten“ nahegelegt wird, sind hier das Gute und das Wirkliche keine voneinander geschiedenen Bereiche, sondern das Gute zeigt sich im Wirklichen eines Verhaltens. Sprachlich findet diese Verschränkung des Guten mit dem Wirklichen ihren Ausdruck in den sogenannten *thick moral concepts* wie ‚rücksichtsvoll‘, ‚freundlich‘, ‚liebevoll‘, ‚gütig‘, ‚hilfsbereit‘ usw., die allesamt Verhaltensmuster bezeichnen, bei deren Aktualisierung in realem Verhalten Gutes erfahren wird.

Zu fragen ist allerdings, ob es sich hierbei tatsächlich um *moral concepts* handelt oder ob nicht zwischen dem *Guten*, wie es sich in solchen Verhaltensmustern zeigt, und dem *moralisch Guten* unterschieden werden muss. Was das Verständnis des Letzteren betrifft, so gibt hier eine in der Metaethik verbreitete These einen Hinweis, nämlich dass zu den Kennzeichen moralischer Urteile der *Anspruch auf Allgemeingültigkeit* gehört.[10] Zwar lässt sich diese These schwerlich halten. Wird doch mit *Urteilen* lediglich ein Anspruch auf *Wahrheit* erhoben. Der Anspruch auf *intersubjektive Geltung* bzw. *Allgemeingültigkeit* ist ein Charakteristikum von *Behauptungen*. Dennoch enthält die These ein Wahrheitsmoment: Die Moral hat es offensichtlich mit so etwas wie einem Anspruch auf Allgemeingültigkeit zu tun. Nur ist dies kein Kennzeichen von moralischen Urteilen, sondern es ist vielmehr das, was mit der Wertung ,*moralisch* gut' zum Ausdruck gebracht wird. Wird von einem Verhalten gesagt, dass es moralisch gut ist, dann wird damit gesagt, dass es *allgemein als gut bewertet zu werden verdient*. Mit dem Wort ,moralisch' im Ausdruck ,moralisch gut' wird die Perspektive einer *moral community* eingeführt, die sich darüber verständigt, wie Verhalten bewertet werden sollte. Der Unterschied zwischen der Aussage ,Sich so in einer solchen Situation zu verhalten, ist *gut*' und der Aussage ,Sich so in einer solchen Situation zu verhalten, ist *moralisch gut*' liegt, so begriffen, darin, dass die erste Aussage das betreffende Verhalten *bewertet*, während die zweite ein *Urteil über die Bewertung* des betreffenden Verhaltens fällt, *nämlich dass es allgemein als gut bewertet zu werden verdient*. Wenn das Verhalten eines Menschen als moralisch gut bewertet wird, dann bringt der Sprecher damit nicht bloß seine persönliche Wertschätzung zum Ausdruck, sondern er sagt viel-

---

[10] *Birnbacher*, aaO. 24ff.

mehr, dass die *moral community* diesem Menschen verpflichtet ist, nämlich ihm für sein Verhalten Wertschätzung zu zollen. Hierin liegt es begründet, dass die Moral eine wesentliche Quelle für das Selbstwertgefühl von Menschen ist. Moralisch gutes Verhalten wird nicht bloß faktisch wertgeschätzt, sondern ihm ist allgemeine Wertschätzung *geschuldet*. Hieraus speist sich zu einem wesentlichen Teil die moralische Motivation.

In der Metaethik wird die Frage diskutiert, ob ein Satz von der Form ‚Dieses Verhalten ist gut‘ als ein *Urteil* aufzufassen ist, mit dem eine *Erkenntnis* artikuliert wird, oder ob mit ihm einer *gefühlsmäßigen Einstellung* Ausdruck gegeben wird, die der Sprecher zu dem infrage stehenden Verhalten hat. Die erste Variante wird als Kognitivismus, die zweite als Nonkognitivismus bzw. Emotivismus bezeichnet. Folgt man der hier vertretenen Auffassung des Ausdrucks ‚moralisch gut‘, dann ist diese Kontroverse für das Verständnis der Moral irrelevant. Denn unabhängig davon, wie man Sätze der Form ‚Dieses Verhalten ist gut‘ deutet, handelt es sich bei der Feststellung ‚Dieses Verhalten ist moralisch gut‘ in jedem Fall um ein Urteil, nämlich um das Urteil, dass das betreffende Verhalten als gut bewertet zu werden verdient. Im Fall einer emotivistischen Position wird mit diesem Urteil zum Ausdruck gebracht, dass die in dem Wort ‚gut‘ sich äußernde gefühlsmäßige Einstellung dem betreffenden Verhalten *angemessen*, mithin die Bewertung ‚gut‘ *adäquat* ist. Wenn Emotionen auch nicht wahr oder falsch sein können, so können sie doch ihrem Gegenstand angemessen oder unangemessen sein. Daher drückt dieser Satz ganz im Sinne des Kognitivismus eine Erkenntnis aus.

Oben war von der Einheit des Guten und des Wirklichen die Rede, wie sie sich in freundlichem, großzügigem oder liebevollem Verhalten zeigt. Dies verhält sich anders beim moralisch Guten. Moralisch gut zu sein, ist keine Eigenschaft von Verhalten. Denn nach dem soeben Gesagten wird mit dem Ausdruck ‚moralisch gut' gar nichts über das Verhalten ausgesagt, sondern vielmehr etwas über die Bewertung des Verhaltens durch die *moral community*. Dass ein Verhalten moralisch gut ist, d. h. als gut bewertet zu werden verdient, das impliziert natürlich, dass es gut ist. Aber die Bewertungsperspektive einer *moral community*, die in dem Ausdruck ‚moralisch gut' enthalten ist, ist nichts, was dem Verhalten selbst eignet bzw. sich an diesem selbst zeigt. Daher kann moralisches Gutsein nirgendwo in der Wirklichkeit angetroffen werden. Dort findet sich nur Gutes in Gestalt eines entsprechenden Verhaltens. Um diese Art des Guten einerseits vom moralisch Guten und andererseits vom sogenannten außermoralisch Guten wie Gesundheit oder Glück abgrenzen zu können, soll es im Folgenden als *sittlich Gutes* bezeichnet werden. Die Ausdrücke ‚moralisch gut' und ‚sittlich gut' sind dabei in dem Sinne aufeinander bezogen, dass die Aussage, dass etwas moralisch gut ist, gleichbedeutend ist mit der Aussage, dass es allgemeine Wertschätzung als sittlich gut verdient.

Die Unterscheidung zwischen dem sittlich Guten und dem moralisch Guten ist für das Verständnis der Moral von erheblicher Bedeutung. Die Moral setzt ein bestimmtes soziales bzw. kulturelles Setting voraus in Gestalt einer *moral community*, die über ihre Verständigung festlegt, welches Verhalten als gut und welches als schlecht zu bewerten ist, welches Wertschätzung und welches Tadel verdient, und die auf diese Weise das Verhalten ihrer Mitglieder steuert, und zwar über die Gewährung oder den Entzug von Wertschätzung und Achtung. Man muss sich hierzu vergegenwärtigen, dass es auch andere kulturelle Formen der Normierung sozialen Verhaltens gibt. So ist in einer religiös geprägten Gesellschaft Gottes Wille und Gebot maßgebend dafür, was als gut und was als schlecht zu gelten hat. Daher findet man z. B. in der Bibel keine Moral im hier in Rede stehenden Sinne. Es gibt dort das sittlich Gute, aber nicht das moralisch Gute. Nirgendwo in der Bibel findet man den Ausdruck ‚moralisch gut‘ oder irgendeinen Ausdruck, der diesem äquivalent wäre. Entgegen einer verbreiteten Meinung ist die Moral daher nichts Universales, die Menschen aller Zeiten und Zonen Verbindendes. Sie ist vielmehr ein Phänomen der Moderne, das seine Entstehung der aufgeklärten Kritik religiöser Weltbilder verdankt. Damit wird der Boden dafür bereitet, dass sich die Gesellschaft als *moral community* konstituiert, d. h. als Letztinstanz für die Entscheidung der Frage, welches Verhalten gut oder schlecht ist. Dass die Moral ein Instrument der Selbststeuerung moderner Gesellschaften ist, was das Verhalten ihrer Mitglieder betrifft, das hat nicht zuletzt die Implikation, dass sie ein Feld ist, auf dem um Einfluss und Macht gerungen und Druck auf das Verhalten anderer ausgeübt wird. Wem es gelingt, die Standards für *moral correctness* zu bestimmen, der kann Macht über andere ausüben.

Man kann sich den Umbruch, der sich in der Moderne mit der Moralisierung des Ethischen vollzieht, an der tiefen Krise verdeutlichen, in die die theologische Ethik gestürzt worden ist. Damit, dass Ethik zur Moralreflexion wird, gerät auch die theologische Ethik unter den Druck, sich in dieser Weise zu begreifen. Doch wird damit unklar, worin noch das Theologische einer solchen Ethik besteht. Denn nicht nur bedarf die Moral keiner theologischen Begründung, sondern sie schließt eine solche geradezu aus. Ist doch überall da, wo man sich moralisch orientiert, nicht Gottes Wille und Gebot, sondern die Verständigung einer *moral community* Letztinstanz dafür, was als gut oder schlecht zu gelten hat.

Für die Einsicht, dass umweltschonendes Verhalten moralisch gut ist, d. h. allgemeine Wertschätzung verdient, bedarf es keiner schöpfungstheologischen Begründungen. Das ergibt sich allein aus den Gründen der Vernunft. Theologische Ethik, die diesen Namen verdient, kann es daher nur in dezidierter Abgrenzung von der Moral geben. Ein Beispiel hierfür ist im protestantischen Bereich die Ethik Dietrich Bonhoeffers. Wer sich mit christlicher Ethik befasse, so schreibt er, der müsse zuerst die beiden Fragen, die ihn überhaupt zur Beschäftigung mit dem ethischen Thema geführt haben, hinter sich lassen, nämlich die Fragen „Wie werde ich gut?" und „Wie tue ich Gutes?".[11] Damit weist Bonhoeffer die Wertschätzungsperspektive der Moral zurück. Stattdessen gelte es, „die ganz andere, von jenen beiden unendlich verschiedene Frage nach dem Willen Gottes zu stellen".[12] Eine derartige theologisch-ethische Konzeption hat freilich das Problem, dass ihr in der Gegenwart die Plausibilität abhandenkommt in Anbetracht der tiefgreifenden, bis weit in die Kirchen reichenden Moralisierung des Ethischen. So ist in der heutigen theologischen Ethik zu beobachten, dass eher moralische Stellungnahmen zu moralischen Fragen dominieren, denen bisweilen ein theologischer Anhang beigefügt ist, der allerdings für die Begründung der eingenommenen moralischen Position gänzlich entbehrlich ist. Und auch dies drängt sich als Eindruck auf, dass die Kirchen heute gegen die Versuchung nicht gefeit sind, angesichts von Mitgliederschwund und öffentlichem Bedeutungsverlust auf Gewinne in Gestalt allgemeiner Wertschätzung zu spekulieren, die mit einer Profilierung auf dem Gebiet des Moralischen erzielt werden können. Kirchen stehen dann für moralische Werte.

---

[11] *Dietrich Bonhoeffer*, Ethik, München: Chr. Kaiser, 1992, 31.
[12] Ebd.

2. Das moralisch Richtige und Gebotene

Es war von zwei Perspektiven die Rede, um die es bei der Unterscheidung zwischen Handeln und Verhalten geht. Für die weiteren Überlegungen ist es hilfreich, sich noch zwei weitere Perspektiven präsent zu halten, also zwischen insgesamt vier Perspektiven zu unterscheiden. Erstens ist das die Perspektive der handelnden bzw. sich verhaltenden Person. Sie hat die Situation vor Augen, auf die sie mit ihrem Handeln bzw. Verhalten reagiert. Hiervon zu unterscheiden ist zweitens die Perspektive der Verständigung mit der handelnden Person über ihr Handeln am Leitfaden der Warum-Frage. Dabei geht es um die Handlung und ihre Gründe und Motive. Dies ist die Perspektive, in der die Konstitution von Handlungen als Verständigungskonstrukten erfolgt. Eine dritte Perspektive ist diejenige von *Handlungsbeurteilern*, die eine Handlung in Relation zu der gegebenen Situation als *richtig* oder *falsch* beurteilen. Hier geht es nicht um die Gründe und Motive der Handlung, sondern darum, ob so zu handeln in dieser Situation richtig oder falsch ist, also ob die Handlung der Situation adäquat ist oder nicht. Die vierte Perspektive ist schließlich diejenige von *Verhaltensbeurteilern*, die das Ganze des Verhaltens einer Person in einer gegebenen Situation in den Blick nehmen und es als *sittlich* bzw. *moralisch gut* oder *schlecht* bewerten. Als bedeutsam wird sich hier die Tatsache erweisen, dass diese vierte Perspektive nicht die Perspektive des Handelnden selbst ist. Dieser hat, wie gesagt, die Situation vor Augen, aber er hat nicht sein Verhalten in dieser Situation vor Augen. Letzteres fällt vielmehr in die Außenperspektive von Betrachtern. Wir sind mit dem sittlich bzw. moralisch Guten oder Schlechten unseres eigenen Verhaltens ursprünglich über die Fremdperspektive der anderen verbunden.

Nun kommt in dieser Perspektivenunterscheidung zwar die Beurteilung der Handlung als richtig oder falsch vor, nicht aber ihre Beurteilung als *moralisch richtig* oder *moralisch falsch*. In welche Perspektive fallen moralische Richtigkeitsurteile? Um diese Frage zu beantworten, muss noch einmal auf das zurückgekommen werden, was einleitend über diese Art von Urteilen ausgeführt wurde. Im Ausdruck ‚moralisch richtig‘ wird das Wort ‚richtig‘ mit einer evaluativen Wertung verbunden, die im Wort ‚moralisch‘ enthalten ist. Letzteres zeigt sich daran, dass ein Handeln, das gegen das moralisch Richtige oder Gebotene gerichtet ist, nicht nur als falsch, sondern auch als moralisch schlecht bewertet wird. So steckt bereits im Wort ‚moralisch‘ der Bezug zum moralisch Guten, und eine Handlung scheint *moralisch* richtig zu sein, wenn sie im Hinblick auf das moralisch *Gute* richtig ist.

Dass es sich in der Tat so verhält, wird klar, wenn man sich vergegenwärtigt, dass das moralisch Gute in dem *Ganzen eines Verhaltens relativ zu einer gegebenen Situation* besteht: Sich so in einer solchen Situation zu verhalten, ist moralisch gut. Zu diesem Ganzen gehört auch das entsprechende Handeln – d. h. das, was in der Verständigung darüber als Handeln thematisiert wird –, und hierin ist die Beziehung zwischen einer Handlung und dem moralisch Guten begründet, die durch die Wortverbindung ‚moralisch richtig‘ ausgedrückt wird: *Eine* Handlung *ist in einer gegebenen Situation moralisch richtig, wenn sie ihren Teil zu einem* Verhalten *beiträgt, das in der gegebenen Situation moralisch gut ist*. Handlungen können diesbezüglich immer nur einen Teil beitragen. So ist zum Ganzen eines moralisch guten Verhaltens auch eine entsprechende Handlungsmotivation erfordert. Ein bloß auf den eigenen Vorteil bedachtes Handeln ist, als Verhalten betrachtet, nicht moralisch gut, mag auch die Handlung als solche *moralisch richtig* sein, d. h. ihren Teil zu dem beitragen, was in der gegebenen Situation ein moralisch gutes Verhalten wäre bzw. für ein moralisch gutes Verhalten erfordert ist. (Um Missverständnisse zu vermeiden, ist es in diesem Zusammenhang nicht unwichtig, zwischen der Rede von *moralisch richtigem Handeln* und der geläufigen Rede von *moralischem Handeln* zu unterscheiden. Bei Letzterer schwingt die Bewertung ‚gut‘ mit. Gemeint ist ein Handeln aus Gründen und Motiven, in Verbindung mit denen es, als Verhalten betrachtet, moralisch gut ist.)

Wenn nun aber mit der Beurteilung einer Handlung als ‚moralisch richtig‘ zum Ausdruck gebracht wird, dass die Handlung unter dem Gesichtspunkt der Verwirklichung des moralisch Guten richtig ist, und wenn andererseits das moralisch Gute in Gestalt eines bestimmten situationsangemessenen Verhaltens in die vierte der oben unterschiedenen Perspektiven fällt, dann muss auch die Beurteilung von Handlungen als ‚moralisch richtig‘ in diese vierte Perspektive fallen. Um Handlungen als moralisch richtig oder moralisch falsch beurteilen zu können, müssen wir Vorstellungen vom moralisch Guten in Gestalt eines *Verhaltens* haben, das der gegebenen Situation angemessen ist.

Damit rückt die zentrale These dieser Überlegungen ins Blickfeld. Es gibt auf dem Gebiet der Moral nicht zwei Arten von wertenden Urteilen, nämlich deontische einerseits und evaluative andererseits, sondern es gibt nur eine einzige Art von wertenden Urteilen, nämlich evaluative. Bei der Beurteilung einer Handlung als ‚moralisch richtig‘ drückt das Wort ‚richtig‘ keine Wertung aus, sondern eine Tatsachenfeststellung, die die Beziehung der Handlung zum moralisch Guten in Gestalt eines der Situation entsprechenden Verhaltens betrifft. Mit dem Urteil ‚moralisch richtig‘ wird konstatiert, dass die Handlung ihren Teil zur Realisierung eines Verhaltens beiträgt, das in der gegebenen Situation moralisch gut ist bzw. gut wäre. In der Beurteilung einer Handlung als ‚moralisch richtig‘ ist, so begriffen, ein hypothetisches bzw. konditionales Urteil enthalten: Die Handlung ist richtig, wenn und insofern der Maßstab das ‚Moralische‘ in Gestalt des moralisch Guten ist. Handlungen können unter verschiedenen Gesichtspunkten richtig oder falsch sein. Mit der Wortverbindung ‚moralisch richtig‘ wird zum Ausdruck gebracht, dass hier der Gesichtspunkt die Realisierung des moralisch Guten ist und dass unter diesem Gesichtspunkt die Handlung richtig ist. Anders ausgedrückt: *Wenn* das Ziel die Realisierung des moralisch Guten ist, *dann* ist die Handlung richtig.

In ganz derselben Weise sind die Ausdrücke ‚moralisch falsch‘, ‚moralisch geboten‘ und ‚moralisch verboten‘ aufzufassen. Mit ihnen werden keine deontischen Wertungen getroffen, sondern Feststellungen hinsichtlich der Beziehung, in der die betreffende Handlung zum moralisch Guten bzw. Schlechten steht. So ist eine Handlung moralisch falsch, wenn sie nichts zu demjenigen Verhalten beiträgt, das in der gegebenen Situation moralisch gut ist; also wenn mit ihr das moralisch Gute verfehlt wird. Eine Handlung ist moralisch geboten (moralisch verboten), wenn sie unter der Zielsetzung der Realisierung des moralisch Guten bzw. der Vermeidung des moralisch Schlechten geboten (verboten) ist, d. h. wenn im Blick auf dieses Ziel ihr Vollzug (ihre Unterlassung) zwingend erfordert ist. Auch hierin ist ein hypothetisches Urteil enthalten: Wenn das moralisch Gute realisiert bzw. das moralisch Schlechte vermieden werden soll, dann *muss* die Handlung vollzogen (unterlassen) werden. Dieses ‚Muss‘ ist von derselben Art wie in dem Satz ‚Wenn du um 12 Uhr in Bern sein willst, dann *musst* du in Zürich den Zug um 11 Uhr nehmen‘. Ersichtlich handelt es sich hier um etwas anderes als um eine deontische Wertung.

Aus alledem ergibt sich ein epistemischer Primat des moralisch Guten vor dem moralisch Richtigen: Wir müssen zuerst wissen, welches Verhalten in welchen Situationen moralisch gut oder schlecht ist, bevor wir wissen können, welche Handlungen moralisch richtig, falsch, geboten oder verboten sind, denn sie sind all dies nur aufgrund ihrer Beziehung zum moralisch Guten oder Schlechten.

Zwei Überlegungen seien noch angefügt. Die erste betrifft eine in der Metaethik verbreitete These, wonach die moralische Qualität einer Handlung von nichtmoralischen Faktoren in Gestalt wertneutraler Tatsachen abhängt wie den Folgen der Handlung oder der Gesinnung des Handelnden. Es hat sich eingebürgert, die Beziehung zwischen der moralischen Qualität der Handlung und den nichtmoralischen Faktoren, von denen sie abhängt, ohne doch logisch daraus ableitbar zu sein, mit dem Ausdruck ‚*Supervenienz*‘ zu bezeichnen. Diese Beziehung hat etwas Rätselhaftes. Denn wie kann moralische Qualität mit nichtmoralischen Tatsachen gegeben sein? Folgt man der hier vertretenen Auffassung, dann stellt sich dieses Problem nicht. Dann nämlich hängt die moralische Qualität einer Handlung nicht von wertneutralen Tatsachen ab, sondern von ihrer Beziehung zum moralisch Guten in Gestalt eines bestimmten Verhaltens. Was andererseits das moralische Gutsein von Verhalten betrifft, so ist nach dem Gesagten die Feststellung, dass ein Verhalten *moralisch gut* ist, gleichbedeutend mit dem *Urteil*, dass es allgemein als *sittlich gut* bewertet zu werden verdient. Hier, bei der Verständigung darüber, ob ein Verhalten als sittlich gut bewertet zu werden verdient, können Tatsachen wie die Folgen des Verhaltens zweifellos eine wesentliche Rolle spielen. Doch wenn ein Verhalten – das ja *qua* Verhalten immer auch die Gründe und Motive des korrespondierenden Handelns mit umfasst – in Anbetracht seiner Folgen als sittlich schlecht bewertet wird, dann nicht unmittelbar aufgrund des Schlechtseins der Folgen, sondern *weil es diese Folgen nicht vermeidet*, d. h., weil die Folgen nicht zum Grund und Motiv werden, das betreffende Handeln zu unterlassen. Das Verhalten ist mit anderen Worten schlecht, weil es das erforderte Entsprechungsverhältnis zur gegebenen Situation vermissen lässt. Das sittliche Schlechtsein des Verhaltens ist daher nicht mit dem nichtsittlichen Schlechtsein der Folgen gegeben, sondern das Verhalten ist *als Verhalten in sich* sittlich schlecht. Was wir bei dem Urteil ‚schlecht‘ vor Augen haben, das sind nicht bloß die Folgen, sondern das ist das Verhalten insgesamt in seinem Verfehlen der Situation.

Auch die zweite Überlegung betrifft die Bewertung von Handlungen. Gegen die These, dass evaluative Wertungen sich weder auf Handlungen noch auf Handlungsmotive, sondern vielmehr auf Verhalten beziehen, könnte eingewendet werden, dass es doch offensichtlich Handlungen gibt, die wir *als solche* evaluativ als schlecht oder verwerflich bewerten. Ein Beispiel ist die Folterung von Menschen. Dagegen ist zurückzufragen, ob wir bei der Bewertung der Folterung eines Menschen als verwerflich tatsächlich nur eine Handlung vor Augen haben oder nicht vielmehr ein Verhalten, d. h. etwas, das auch den Aspekt der Gründe und Motive umfasst, und sei es nur im negativen Sinne ihres Fehlens, nämlich des Fehlens jeglicher Hemmung. Wird mit der Bewertung ‚verwerflich‘ nicht wesentlich die Fähigkeit bewertet, so etwas einem Menschen überhaupt antun zu können? Worauf dieses Beispiel aufmerksam macht, ist die Tatsache, dass es Verhaltensweisen gibt, die wir immer und unter allen Umständen, d. h. unabhängig von den jeweiligen Situationen, als moralisch schlecht und verwerflich bewerten.

3. Die sittliche Substanz der Moral

Wenn nun das moralisch Gute grundlegend ist für die Moral: Lässt sich noch Genaueres darüber sagen, worin moralisch gutes Verhalten besteht? Wie gesagt, wird mit der Feststellung, dass ein Verhalten *moralisch gut* ist, zum Ausdruck gebracht, dass es als *sittlich gut* bewertet zu werden verdient. Insofern geht es bei der Frage, worin moralisch gutes Verhalten besteht, eigentlich um die Frage, worin sittlich gutes Verhalten besteht. Legt man die Formel ‚Sich *so* in einer *solchen* Situation zu verhalten, ist gut' zugrunde, dann ist entscheidend für das sittliche Gutsein eines Verhaltens, dass es in einem Entsprechungsverhältnis zu der betreffenden Situation steht. Der Begriff des Verhaltens umfasst nach dem Gesagten dasjenige, was in der Verständigung über Handlungen zerlegt wird in die Handlung, ihren Grund und ihr Motiv. Für das sittliche Gutsein eines Verhaltens müssen alle drei Elemente in Entsprechung zu der betreffenden Situation stehen: Die Handlung muss der Situation gemäß sein, und die Situation muss sowohl der Grund als auch das Motiv für die Handlung sein. Um sich dies an einem Beispiel zu veranschaulichen, denke man sich jemanden, der sich seines alleinstehenden Nachbarn annimmt, der erkrankt ist. Er besucht ihn, kauft für ihn ein und versorgt ihn mit allem Lebensnotwendigen. Er tut mit alledem das, was in dieser Situation erfordert ist. Insofern steht die *Handlung* in Entsprechung zur Situation. Auf die Frage, warum er seinem erkrankten Nachbarn hilft, gibt er zur Antwort: „Er ist aufgrund seiner Erkrankung auf Hilfe angewiesen." Diese Antwort enthält eine zweifache Information, entsprechend dem versteckten Doppelsinn der Frage, die sich einerseits auf das *Was* und andererseits auf das *Warum* seines Tuns

beziehen kann (‚Warum *hilfst* du ihm?‘; ‚*Warum* hilfst du
ihm?‘): *Was* er tut, ist das, was die Situation erfordert; und er
tut es, *weil* die Situation es erfordert (und nicht z. B. aus
Eigeninteresse und Vorteilsstreben). Die erste Information
bezieht sich auf den *Grund* für sein Handeln, die zweite be-
zicht sich auf sein *Motiv*.

Man kann dementsprechend das, was er tut, auch mit der
Wendung umschreiben, dass er das in der gegebenen
Situation *Richtige um des Richtigen willen* tut. Er tut das in der
gegebenen Situation Richtige, insofern er das tut, was die
Situation erfordert. Und er tut es, *weil* die Situation es erfordert. Das ‚weil‘ bezieht sich dabei sowohl auf den Grund
als auch auf das Motiv seines Handelns. Die Wendung ‚das
Richtige um des Richtigen willen tun‘ bringt solchermaßen
handlungsbezogen die Eigenart des sittlich Guten zum Ausdruck, welche in der Wendung ‚Sich so in einer solchen
Situation zu verhalten, ist gut‘ *verhaltensbezogen* zum Ausdruck
gebracht wird.

Die Tatsache, dass mit der Bewertung ‚moralisch gut‘
sittlich gutes Verhalten bewertet wird, ist vor allem im Blick
auf die moralische Motivation in Gestalt der Wertschätzung,
mit der moralisch gutes Verhalten belohnt wird, von Bedeutung. Denn sie hat die Implikation, dass ein Verhalten nur
dann moralisch gut ist, wenn es gerade nicht selbstinter-
essiert auf die Wertschätzung durch andere gerichtet und
hierdurch motiviert ist, sondern wenn mit ihm *einer gegebenen
Situation entsprochen* wird, was in handlungsbezogener Aus-
drucksweise heißt: wenn der *Grund* und das *Motiv* der korrespondierenden Handlung in der betreffenden Situation liegen
und mithin das Richtige um des Richtigen willen und nicht
aus selbstsüchtigen Motiven getan wird. Hier scheint sich
eine Schere aufzutun zwischen moralischer Motivation einerseits und den Gründen und Motiven des entsprechenden

Handelns andererseits. Wie hat man sich das Verhältnis zwischen beidem vorzustellen?

Es war soeben davon die Rede, dass die Situation des erkrankten Nachbarn ein entsprechendes Handeln „erfordert". In der Literatur finden sich unterschiedliche Ausdrücke, um den Sachverhalt sprachlich einzufangen, dass von Situationen ein Impuls oder eine Nötigung zu einem entsprechenden Handeln bzw. Verhalten ausgehen kann. Man spricht von „Anspruch" (*claim*), „Anmutung", „Appell" oder von „ethischer Forderung" (Løgstrup[13]). Dieser Sachverhalt bedarf der Erklärung, zumal er innerhalb der Ethik kontrovers diskutiert wird, nämlich zwischen Anhängern und Gegnern der Situationsethik. Erstere rechnen damit, dass in der Tat von der erlebten Präsenz von Situationen ein Anspruch ausgehen kann, der Grund und Motiv für ein entsprechendes Handeln ist. Letztere wenden dagegen ein, dass da, wo die Situationsethiker die Gründe und Motive des Handelns in den betreffenden Handlungssituationen zu finden meinen, in Wahrheit Regeln oder deontische Urteile leitend sind, die die Handelnden verinnerlicht haben und in denen die eigentlichen Gründe und Motive des Handelns liegen. Wie ist diese Frage zu entscheiden?

Folgt man der Linie des bisherigen Gedankengangs, dann spricht vieles für die folgende Antwort. Ausgangspunkt ist die Unterscheidung zwischen dem sittlich Guten und dem moralisch Guten. Während moralisches Gutsein nirgendwo in der Wirklichkeit angetroffen werden kann, tritt das sittlich Gute in wirklichem Verhalten in Erscheinung, z. B. in hilfsbereitem Verhalten wie in dem gegebenen Beispiel. Wie an früherer Stelle ausgeführt wurde, geht es dabei, genauer

---

[13] *Knud Eilert Løgstrup*, Die ethische Forderung, 2. Auflage, Tübingen: Mohr Siebeck, 1968.

gesagt, um *Verhaltensmuster*, die in konkretem Verhalten aktualisiert werden: Sich *so* in einer *solchen* Situation zu verhalten, ist gut. Es war bereits davon die Rede, dass solche Muster auf unterschiedliche Weise geprägt werden können. In einer religiös geprägten Gesellschaft kommt hierfür Gottes Wille und Gebot entscheidende Bedeutung zu. Unter nachaufklärerischen Bedingungen hat die Verständigung einer *moral community* über die Bewertung des Verhaltens ihrer Mitglieder diese Funktion übernommen. Die solchermaßen generierten Muster sittlich guten und schlechten Verhaltens werden von den Mitgliedern der betreffenden sei es religiösen oder moralischen Gemeinschaft verinnerlicht und in konkretem Verhalten wiedererkannt, was entsprechende Verhaltensbewertungen zur Folge hat.

Dies macht die eigentümliche Struktur dessen aus, was wir als Moral verinnerlicht haben: Einerseits ist es die Perspektive der *moral community* auf das Verhalten ihrer Mitglieder, über die mittels Billigung und Missbilligung die Muster von sittlich gutem und schlechtem Verhalten geprägt werden, welche grundlegend sind für die sittliche und moralische Orientierung. Andererseits findet nur ein solches Verhalten Wertschätzung als moralisch gut, bei dem diese Muster so verinnerlicht worden sind, dass es ganz und ungeteilt an der jeweiligen Situation orientiert ist und gerade nicht an der Billigung oder Missbilligung durch Dritte. Diese Abkoppelung von der Wertschätzung Dritter zugunsten der Orientierung an der jeweiligen Handlungssituation bedeutet freilich nicht, dass Wertschätzung und Anerkennung für das individuelle moralische Verhalten überhaupt keine Rolle spielen. Nach dem Gesagten liegt hierin das Antriebspotenzial der Moral. Denkbar und möglich ist daher diese Abkoppelung nur in der Weise, dass die Außenperspektive anderer auf das eigene Verhalten verinnerlicht wird und an die Stelle

der Wertschätzung durch andere die *Selbstachtung* tritt. Über
diese Verinnerlichung baut sich das Selbst eines moralischen
Subjekts auf. Der drohende Verlust der Selbstachtung ist so
begriffen das stärkste Motiv für moralisches Verhalten. (Für
den religiös Gläubigen liegt demgegenüber das stärkste
Motiv für sittliches Verhalten im drohenden Verlust der Gemeinschaft mit Gott.)

   Für einen *Handelnden*, der als solcher die betreffende
Situation vor Augen hat und nicht, wie ein moralisch
Urteilender, sein Verhalten in dieser Situation, bedeutet das
Gesagte, dass das, was aus der Perspektive eines moralisch
Urteilenden in Situationen dieser Art für ein situationsentsprechendes und somit *sittlich gutes* Verhalten erfordert ist,
ihm als ein *Erfordernis* oder *„Anspruch" der Situation* in Bezug
auf sein *Handeln* entgegentritt. Die Situation aktiviert in ihm
verinnerlichte *Muster* in Bezug darauf, was in Situationen
dieser Art zu geschehen hat. Wohlgemerkt handelt es sich
dabei um Muster *sittlich* guten Verhaltens und somit bei dem
„Anspruch" der Situation um einen sittlichen, nicht moralischen Impuls (Løgstrup spricht deshalb bewusst von *„ethischer Forderung"*, die er von Moral unterscheidet). Es ist dieser
sittliche Anspruch, der sich in der Antwort niederschlägt, die
jener, der seinem erkrankten Nachbarn beisteht, auf die
Frage gibt, warum er dies tut. Er sagt nicht wie ein moralisch
Urteilender: „Es ist moralisch geboten, in einer solchen
Situation zu helfen." Zumindest würde das befremdlich
klingen, da die Frage ja an ihn als *Handelnden* gerichtet ist, als
der er nicht die Perspektive des moralisch Urteilenden
einnimmt. Seine Antwort besteht vielmehr im Verweis auf
das, was die Situation erfordert: „Mein Nachbar ist auf Hilfe
angewiesen."

   Das ist es, was die Situationsethik im Blick hat. Wenn
etwas an ihr zu kritisieren ist, dann nicht, dass sie damit

rechnet, dass von der erlebten Präsenz von Situationen, mit denen wir konfrontiert sind, ein sittlicher Anspruch an unser Handeln ausgehen kann. Zu kritisieren ist vielmehr, dass dieser Anspruch in der Regel nicht hinterfragt wird, womit der Anschein entsteht, als sei er naturgegeben oder vom Himmel gefallen, jedenfalls keiner weiteren Erklärung bedürftig. Damit bleibt seine Herkunft aus der evaluativen Bewertungspraxis einer *moral community* im Dunkeln. Wie gesagt, resultiert das, was situationsethisch als *Anspruch* der Situation an das Handeln thematisiert wird, letztlich aus einer Perspektivendifferenz zwischen der Perspektive evaluativer Bewertung von Verhalten und der Perspektive des Handelnden. Während in der Perspektive evaluativer Bewertung die Handlung etwas ist, das für ein situationsentsprechendes und somit *gutes Verhalten* erfordert ist, erscheint sie in der Handlungssituation als etwas, das unmittelbar durch die *Situation* erfordert ist. Allerdings kann auch für den Handelnden selbst dieser Zusammenhang zwischen Anspruch der Situation und evaluativer Bewertung bedrängend zu Bewusstsein kommen, wenn richtig ist, was oben über die Verinnerlichung der Außenperspektive Dritter auf das eigene Verhalten gesagt wurde. Ein Sich-Verweigern oder Zuwiderhandeln in Bezug auf den Anspruch einer Situation kann für den Handelnden zu einer Frage der *Selbstachtung* werden. Hieran zeigt sich der enge Zusammenhang, der zwischen dem Anspruch einer Situation, wie ihn die Situationsethik im Blick hat, und der evaluativen Bewertungspraxis besteht.

4. Moralische Normen, Pflichten und Rechte

Nun wirft die Rede von Ansprüchen, Appellen, ethischen Forderungen usw., die von Situationen ausgehen können, noch einmal die Frage nach dem Stellenwert des Deontischen auf. Diesbezüglich ist es sinnvoll, drei Dinge auseinanderzuhalten. Das *Erste* sind die Anmutungen oder nötigenden Impulse, die von Situationen ausgehen können. Sie sind, um es mit einem Ausdruck von Knud Løgstrup zu sagen, „stumm"[14], d. h. sprachlich noch unartikuliert. Wie gesagt, spricht viel dafür, dass solche Impulse aus verinnerlichten Mustern des sittlich Guten und Schlechten resultieren, die in der Konfrontation mit konkreten Situationen aktiviert werden und die vorgeben, was in der betreffenden Situation zu geschehen oder zu unterbleiben hat. Das *Zweite* sind die sprachlichen Artikulationen solcher Impulse: „Man kann doch einen Menschen in einer solchen Situation nicht sich selbst überlassen!"; „Das kann man einem Menschen doch nicht antun!"; „Hier muss man doch helfen!"; „Hier gibt es doch eine Pflicht zu helfen!" usw. Mit solchen Ausrufezeichen-Sätzen wird ein ‚müssen' artikuliert, nämlich dass in der betreffenden Situation etwas Bestimmtes *geschehen oder unterbleiben muss*. Es ist dasselbe ‚müssen', das in der Beurteilung einer Handlung als moralisch geboten enthalten ist, nur dass es dort, in der Perspektive des moralisch Urteilenden, hypothetischen Charakter hat – ‚*Wenn* das moralisch Gute realisiert bzw. das moralisch Schlechte vermieden werden soll, dann *muss* die Handlung vollzogen (unterlassen) werden' –, während es hier, in der Perspektive dessen, der mit einer konkreten Situation konfrontiert ist und *dessen Wahrnehmung der Situation durch verinnerlichte Muster des sittlich*

---

[14] *Løgstrup*, Die ethische Forderung, aaO. 23.

Guten bzw. Schlechten gesteuert ist, *kategorischen* Charakter annimmt. Dieses ‚Müssen' sollte nicht mit einem Imperativ,
einer Sollensvorschrift oder einer Empfehlung verwechselt
werden. Letztere haben ihren Ort innerhalb der intersubjektiven Verständigung und sind *an Handelnde adressiert*: Öffne
die Tür! Kinder sollen zur Selbstverantwortlichkeit erzogen
werden. Kinder sollten ihre Eltern unterstützen, wenn diese
nicht mehr für sich selbst sorgen können. Im Unterschied
zu solchen *präskriptiven Sätzen* ist jenes kategorische ‚Müssen'
unadressiert. Es artikuliert, dass die betreffende Situation
etwas *erfordert* bzw. dass etwas geschehen oder unterbleiben
muss, aber es tut dies nicht in der Form präskriptiver Sätze,
die sich an Handelnde wenden. Daher muss zu den beiden
bislang unterschiedenen Dingen noch etwas *Drittes* hinzu-
genommen werden, nämlich die Transformation des kategorischen ‚Müssen' in kategorische präskriptive Sätze. Erst
hiermit ist die Stufe der *moralischen Normen* erreicht. Zu
unterscheiden ist also zwischen dem nötigenden Impuls, der
aufgrund verinnerlichter Muster des sittlich Guten von konkreten Situationen ausgehen kann, der sprachlichen Artikulation dieses Impulses und der Transformation dieser Artikulation ins Präskriptive in Gestalt moralischer Normen.[15]

Diese Transformation ist etwas, das durch die *moral community* geschieht. Sie ist es, die moralische Normen festlegt,
an die ihre Mitglieder sich halten sollen, und die über die
Einhaltung dieser Normen wacht, indem sie Normübertre-
tungen durch Missbilligung und Entzug von Achtung sank-
tioniert – auch dies ein Punkt, der eine moralische Norm
von dem sittlichen Anspruch bzw. nötigenden Impuls einer

---

[15] In ganz ähnlicher Weise unterscheidet auch Løgstrup zwischen
der situativ sich meldenden „ethischen Forderung" und moralischen
Normen. *Løgstrup*, aaO. 60f.

Situation unterscheidet. Im Unterschied zu einem solchen Impuls beruht daher eine moralische Norm auf einer (bewussten oder unbewussten) sozialen Übereinkunft. Ihr moralischer Charakter bemisst sich dabei nicht schon an ihrem Inhalt, der bis in seine Formulierung mit dem Inhalt einer rechtlichen Norm identisch sein kann. Er ist vielmehr mit dem *Anspruch* gegeben, der mit einer moralischen Norm *qua moralischer* Norm verbunden ist, nämlich dass die Handlung, die sie vorschreibt, moralisch richtig ist, also dasjenige realisiert, was dem sittlichen Impuls oder Anspruch der betreffenden Situationen gemäß ist. Wo immer dies der Fall ist, kann man davon sprechen, dass eine Norm in einem moralischen Sinne *gültig* ist. Die (faktische) *soziale Geltung* moralischer Normen innerhalb einer *moral community* beruht auf der Überzeugung ihrer Mitglieder, dass die Normen *moralisch gültig* sind. Werden moralische Normen strittig, dann dreht sich der Streit um die Frage ihrer moralischen Gültigkeit, und ihre soziale Geltung wird von der Antwort auf diese Frage abhängig gemacht.

So begriffen, beziehen auch moralische Normen ihren moralischen Charakter vom moralisch Guten her, nämlich über ihren Anspruch, moralisch Richtiges verbindlich zu machen. Nun ist aber nach dem Gesagten zum moralisch Guten erfordert, dass das betreffende Verhalten sittlich gut ist, d. h., dass das korrespondierende Handeln seine Gründe und Motive aus der gegebenen Situation bezieht und somit nicht etwa aus moralischen Normen. Entscheidend ist, dass das Richtige um des Richtigen willen getan wird und nicht deshalb, weil es durch eine mit Sanktionen verbundene Norm vorgeschrieben wird. Anders als die Impulse und Nötigungen, die von gegebenen Situationen ausgehen, kommen daher moralische Normen nicht als Gründe für moralisches Handeln in Betracht. Wer die Gründe seines Handelns von moralischen Normen her bezieht, der handelt gerade nicht moralisch, sondern außengesteuert durch die Vorschriften einer *moral community*. So wie im Beispiel dessen, der seinem erkrankten Nachbarn beisteht, der wahre Grund seines Handelns verfehlt würde, wenn er auf die Frage, warum er dies tut, mit einem moralischen *Urteil* – ‚Es ist moralisch geboten, in einer solchen Situation so zu handeln‘ – antworten würde, so würde er verfehlt, wenn die Antwort in einer moralischen Norm – ‚Man soll Menschen in einer solchen Situation beistehen‘ – bestehen würde. In einer solchen Antwort würde sich ein konventioneller Charakter verraten, der sich an dem orientiert, was jeweils normativ in Geltung steht, nicht aber an dem, was eine gegebene Situation erfordert.

Worin liegt dann aber der Sinn moralischer Normen? Diesbezüglich lassen sich drei Funktionen unterscheiden. Erstens haben moralische Normen eine orientierende Funktion. Sie lenken den Blick auf das, worauf es in einer gegebenen Situation in moralischer Hinsicht ankommt, und leiten so zu einem Handeln an, das seine Gründe und Motive aus der betreffenden Situation bezieht. Das hat Implikationen auch für die Begründung moralischer Normen. Denn wenn der Sinn einer moralischen Norm in solcher Anleitung zu einem situationsentsprechenden Handeln liegt, dann muss auch ihre Begründung von der Art von Situationen her erfolgen, für die sie eine bestimmte Handlungsweise vorschreibt, und zwar indem einsichtig gemacht wird, dass Situationen dieser Art Grund geben für ein solches Handeln. Diese Art der Begründung unterscheidet sich fundamental von einem anderen Begründungstypus, bei dem moralische Normen deduktiv aus übergeordneten Normen und Prinzipien wie z. B. dem utilitaristischen Prinzip abgeleitet werden. Dieser Typus leitet nicht zu moralischem Handeln an, wenn richtig ist, dass dieses seine Gründe und Motive aus der jeweiligen Situation bezieht. Hier wird vielmehr aus Prinzip gehandelt.

Zweitens haben moralische Normen die Funktion, dem Handeln Grenzen zu ziehen, und zwar indem sie als *Rechtfertigungsinstanzen* fungieren, vor denen Handlungen gerechtfertigt werden müssen. Wie gesagt, sind moralische Normen keine Begründungsinstanzen für moralisches Handeln. Aber das Handeln muss vor moralischen Normen gerechtfertigt werden können. So begriffen, lassen moralische Normen dem Handelnden die Freiheit, sich hinsichtlich der Gründe und Motive seines Handelns an der jeweiligen Situation zu orientieren. Aber sie etablieren eine Rechtfertigungspflicht, wenn der Handelnde geltende moralische Normen verletzt, und sie übernehmen solchermaßen eine Schutzfunktion für bestimmte Güter, die die *moral community* für wesentlich erachtet. Diese Unterscheidung zwischen ,begründen' und ,rechtfertigen' ist insbesondere für das Verständnis der Rolle moralischer Normen bei moralischen Dilemmata relevant.[16]

Drittens haben moralische Normen die soziale Funktion, da, wo es an sittlicher Einsicht und Motivation mangelt und Menschen sich in ihrem Handeln durch andere Gründe und Motive leiten lassen, mittels der Sanktion des Entzugs von Achtung zu einem Handeln anzuhalten, das dem moralisch Richtigen und Gebotenen gemäß ist, ohne doch damit selbst moralisches Handeln zu sein. Denn solches Handeln ist dann an sanktionsbewehrten Normen statt an den betreffenden Situationen orientiert. In dieser Funktion kompensieren moralische Normen Schwächen und Defizite der sittlichen Einsicht und Motivation.

---

[16] Vgl. hierzu den Text „Moralische Dilemmata und die Grenzen der Moral" (siehe unten S. 115–125).

Diese Überlegungen machen deutlich, dass moralische Normen zwar eine überaus wichtige Rolle in der Moral spielen, dass aber in einer begriffssystematischen Perspektive dem Begriff der moralischen Norm lediglich eine sekundäre Bedeutung für die Moral zukommt. Konstitutiv für die Moral ist der Begriff des moralisch Guten, und Normen sind *moralische* Normen nur aufgrund der Beziehung, in der sie zum moralisch Guten stehen.

Damit ist nun allerdings ein Punkt erreicht, an dem sich in der Moraltheorie die Geister scheiden. Ist doch dort die Auffassung verbreitet, dass gerade der Begriff der Norm *konstitutiv* für die Moral ist. Hiernach *besteht* die Moral in moralischen Normen, und moralisches Handeln ist normengeleitetes Handeln. Ihre vordergründige Plausibilität bezieht diese Auffassung aus einem Verständnis der Wirklichkeit, wonach diese in die distinkten Bereiche von Tatsachen und Werten, d. h. in sprachlicher Hinsicht: von Deskriptionen und Präskriptionen, unterteilt ist. Die Moral fällt dabei auf die Seite der Präskriptionen. Der Gedanke, dass die empirische Welt selbst moralisch imprägniert ist in Gestalt der sittlichen Impulse und Ansprüche, die von konkreten Situationen ausgehen, hat hier keinen Platz. Dementsprechend bemisst sich hier die moralische Richtigkeit einer Handlung nicht an der Situation, in der gehandelt wird, sondern vielmehr daran, ob die Handlung gültigen moralischen Normen gemäß ist, die für Situationen der gegebenen Art ein bestimmtes Handeln vorschreiben.

Mit dieser normenzentrierten Auffassung der Moral handelt man sich nun allerdings ein offensichtliches Problem ein. Wie gesagt, ist nach dieser Auffassung eine Handlung moralisch richtig, wenn sie moralisch gültigen Normen gemäß ist. Dann kann aber nicht umgekehrt die moralische Gültigkeit von Normen daran festgemacht werden, dass das

Handeln, zu dem sie anleiten, moralisch richtig ist. Das wäre
zirkulär. Woran bemisst sich dann aber die moralische
Gültigkeit von Normen, wenn als Maßstab hierfür wiederum
nur Normen infrage kommen und es kein moralisches
Kriterium jenseits von Normen gibt?

Man kann sich das Problem an einer ethischen Konzeption verdeutlichen, die großen Einfluss auf das ethische
Denken der Gegenwart ausgeübt hat, nämlich an der diskursethischen Konzeption von Jürgen Habermas. „Sollsätze
sind die zentralen Elemente der Sprache, in denen sich die
Moral zu Wort meldet",[17] so lautet die Prämisse dieser Konzeption. Nicht in der *evaluativen Bewertungspraxis* einer *moral
community* liegt dieser Konzeption zufolge der Ursprung der
Moral*, sondern in der *intersubjektiven Verständigung* darüber,
nach welchen *Normen* wir zusammenleben wollen und wie
Handlungskonflikte im gemeinsamen Interesse aller geregelt
werden können. Normen werden dabei von Habermas in
der Weise aufgefasst, dass mit ihnen ein „Geltungsanspruch" erhoben wird, mit dem die Verpflichtung zu einer
argumentativen Begründung übernommen wird. Die Diskursethik setzt sich zum Ziel, die Bedingungen und Regeln
zu explizieren, auf die sich diejenigen einlassen, die in
Begründungsdiskurse für moralische Normen eintreten.
Entscheidende Bedeutung kommt dabei zwei Aspekten zu,
deren erster den Inhalt moralischer Normen und deren
zweiter ihren unterstellten Geltungsanspruch betrifft. Zum
einen machen moralische Normen das Handeln, das sie
verbindlich machen, *allgemein* verbindlich, und zum anderen
beanspruchen sie *allgemeine Geltung*. Der letztere Anspruch

---

[17] *Jürgen Habermas*, Erläuterungen zur Diskursethik, in: ders., Erläuterungen zur Diskursethik, Frankfurt a. M.: Suhrkamp, 1991, 119–226,
143.

wird von Habermas im Sinne des ins Intersubjektive gewendeten kantischen Gedankens der *Selbstgesetzgebung* interpretiert. So begriffen, bezieht sich der mit einer moralischen Norm erhobene Geltungsanspruch darauf, dass alle, die von ihr betroffen sind, ihr zwanglos zustimmen könnten. Nimmt man beide Aspekte zusammen, dann ergibt sich die von Habermas so genannte „Argumentationsregel U" bzw. das „Moralprinzip":

jede gültige Norm muß der Bedingung genügen, daß die voraussichtlichen Folgen und Nebenwirkungen, die sich aus ihrer *allgemeinen* Befolgung für die Befriedigung der Interessen *eines jeden* voraussichtlich ergeben, *von allen* Betroffenen zwanglos akzeptiert (und den Auswirkungen der bekannten alternativen Regelungsmöglichkeiten vorgezogen) werden könnten.[18]

Abgesehen davon, dass die Moral hier auf Normen reduziert wird, besteht das zentrale Problem dieser Moralauffassung in der Unterstellung, dass mit moralischen Normen ein Anspruch auf allgemeine Geltung verknüpft ist. So wie Habermas in seiner Wahrheitstheorie nicht unterscheidet zwischen dem Anspruch auf *Wahrheit*, der mit einem *Urteil* verbunden ist, und dem Anspruch auf *intersubjektive Geltung*, der mit einer *Behauptung* erhoben wird, sondern beides identifiziert – „Wahrheit ist ein Geltungsanspruch, den wir mit Aussagen verbinden, indem wir sie behaupten"[19] –, so unterscheidet er in seiner Moraltheorie nicht zwischen dem mit einer moralischen Norm verbundenen *Anspruch auf moralische Gültigkeit*, d. h. darauf, dass *die Handlung*, die sie vorschreibt, moralisch richtig ist, und einem *Anspruch auf allgemeine Geltung der Norm*.

---

[18] AaO. 134.

[19] *Jürgen Habermas*, Wahrheitstheorien, in: Helmut Fahrenbach (Hg.), Wirklichkeit und Reflexion. Walter Schulz zum 60. Geburtstag, Pfullingen: Neske, 1973, 211–265, 212.

Vielmehr unterstellt er, dass mit moralischen Normen ein
Anspruch auf Allgemeingültigkeit erhoben wird. Geltung ist
relativ, nämlich Geltung *für jemanden*. Wahrheit ist demgegenüber nichtrelativ. Mit dem Urteil, dass es moralisch geboten
ist, Flüchtlinge im Mittelmeer vor dem Ertrinken zu retten,
wird ein Anspruch auf Wahrheit erhoben, aber kein Anspruch auf Wahrheit *für jemanden* oder gar *für jedermann*. Allerdings kann ein moralisches Urteil *für jemanden* als wahr *gelten*
und für einen anderen nicht. Ähnlich verhält es sich mit dem
Anspruch moralischer Normen auf moralische Gültigkeit.
Mit der moralischen Norm ‚Menschen, die vom Tod durch
Ertrinken bedroht sind, sollen gerettet werden' ist ein
Anspruch auf moralische Gültigkeit verbunden, aber kein
Anspruch auf moralische Gültigkeit *für jemanden* oder *für
jedermann*. Aber natürlich kann eine Norm für den einen als
moralisch gültig *gelten* und für einen anderen nicht. Mit alledem ist gesagt, dass wir moralische Urteile für wahr und
moralische Normen für gültig halten können, ohne den
Anspruch zu erheben, dass auch andere sie für wahr bzw.
gültig halten müssen. Mit einer Behauptung hingegen bringt
sich der Behauptende in die Pflicht, den Beweis für die
beanspruchte *Geltung für andere* anzutreten, indem er Gründe
für die Richtigkeit seiner Behauptung nennt, die auch andere
anzuerkennen genötigt sind. Dass es auf dem Gebiet der
Moral solche Gründe gibt, ist eher zu bezweifeln. So gibt es
in der empirischen Moralforschung, aber auch in Teilen der
Moralphilosophie einen breiten Konsens, dass die Moral
eine wesentliche Grundlage in den menschlichen Emotionen
hat. Zu einer emotional fundierten Einsicht aber kann man
niemanden mit Argumenten nötigen.

Indem das von Habermas vorgeschlagene Normen-
begründungsverfahren in Gestalt der Argumentationsregel
U auf die Begründung der *intersubjektiven Geltung* von Nor-

men zielt, zielt es auf eine Geltung, die mit moralischen Normen gar nicht beansprucht wird. Insofern läuft es ins Leere. Geht es nach dieser Moralauffassung, dann haben wir bei der Beurteilung einer moralischen Norm nicht deren moralische Gültigkeit, d. h. die moralische Richtigkeit der vorgeschriebenen Handlung, sondern vielmehr die allgemeine Geltung der Norm zu prüfen, indem wir sie dem Test der Argumentationsregel U unterziehen, also fragen, ob die Folgen und Nebenfolgen ihrer allgemeinen Befolgung von allen Betroffenen im Lichte ihrer Interessen zwanglos akzeptiert werden könnten. Besteht sie diesen Test, dann ist die Norm gültig. Dahinter steht das Projekt einer rein formalen Begründung der Moral ohne Bezugnahme auf inhaltliche Vorstellungen von moralischer Richtigkeit. Dieses Begründungsprogramm wirft freilich die Frage auf, ob und inwiefern damit überhaupt *Moral* begründet wird. Können doch der Argumentationsregel U z. B. auch die Normen genügen, die sich eine Wohngemeinschaft im Interesse eines geordneten und konfliktfreien Zusammenlebens selbst gibt. Doch betrachten wir derartige Normen ersichtlich nicht als moralische Normen. Inwiefern also ist das, was gemäß der Argumentationsregel U *gültig* ist, auch in einem *moralischen Sinne gültig*? Hier wiederholt sich ein Problem, das bereits für die kantische Ethik kennzeichnend ist. Die Verallgemeinerbarkeit einer Maxime im Sinne des Kategorischen Imperativs sagt nichts über die moralische Richtigkeit oder Falschheit der betreffenden Handlung aus. Wie jede Konzeption, die meint, die Moral auf Normen reduzieren zu können, verfügt auch die Konzeption von Habermas über keinen Begriff der moralischen Richtigkeit von Handlungen und der moralischen Gültigkeit von Normen. Denn ein solcher Begriff würde, wie gesagt, ein umfassenderes Verständnis von Moral erfordern, das nicht auf Normen beschränkt ist,

sondern Kriterien des moralisch Richtigen jenseits des
Normativen kennt, an denen sich die moralische Gültigkeit
von Normen messen lässt, will man sich hier nicht in einen
Zirkel verstricken. Nach der hier vertretenen Auffassung hat
moralische Richtigkeit und Gültigkeit ihr letztinstanzliches
Kriterium im moralisch Guten.

Im Hintergrund von Habermas' Programm steht der Gedanke einer reflexiv gewordenen Moderne, die überkommene Vorstellungen von Moral kritisch auf den Prüfstand stellt.
Folgt man der hier vertretenen Auffassung, wonach für die
Moral der evaluative Wertungsmodus grundlegend ist, dann
müsste sich allerdings diese kritische Prüfung auf die überkommenen Vorstellungen vom Guten und Schlechten, d. h.
auf die evaluative Bewertung von Verhalten durch die moralische Gemeinschaft beziehen. Bei dieser Prüfung geht es
um Fragen der Art, ob denn das, was als gut bewertet wird,
tatsächlich als gut bewertet zu werden verdient, z. B. wenn
man es im Lichte der Folgen betrachtet, die das betreffende
Verhalten unter realen Bedingungen hat. Das ist dann allerdings ein material orientierter Diskurs über Vorstellungen
vom Guten und Schlechten und kein formales Begründungsprogramm für die intersubjektive Geltung von Normen. Letztlich ist es ein verkürzter Begriff von Reflexivität,
der dem diskursethischen Programm zugrunde liegt. Dieses
zielt darauf ab, überkommene Vorstellungen von Moral auf
den Prüfstand zu stellen, indem gefragt wird, ob für sie ein
Anspruch auf allgemeine Geltung erhoben werden kann.
Aber es wird nicht der Moralbegriff auf den Prüfstand
gestellt, der dabei in Anschlag gebracht wird, wonach die
Moral in Normen besteht, für die ein Anspruch auf allgemeine Geltung erhoben wird. Leitend ist nicht das Interesse
zu verstehen, was Moral ist und wie sie in unser Leben eingebettet ist, sondern vielmehr das aufklärerische Interesse,

ein philosophisch postuliertes Verständnis von Moral und von Moralbegründung allgemein zu etablieren.

Nun tauchte oben, als es um die Artikulation des nötigenden Impulses ging, der von einer Situation ausgeht, auch der Begriff der *Pflicht* auf: ‚Hier gibt es eine Pflicht zu helfen!‘ Wichtig an diesem Satz ist das Ausrufezeichen, das ihn von einem Urteil unterscheidet und das auf die sittliche Nötigung durch die Situation verweist, die mit diesem Satz artikuliert wird. Der Blick ist bei diesem Satz ganz auf die Situation gerichtet, von der die Nötigung ausgeht. Es macht Sinn, in Bezug auf das, was mit ihm artikuliert wird, von einer *sittlichen Pflicht* zu sprechen. Wer aus sittlicher Pflicht handelt, der handelt aufgrund der sittlichen Nötigung durch die betreffende Situation. Demgegenüber wird bei der Rede von einer *moralischen Pflicht* eine andere Perspektive eingenommen, nämlich die Perspektive des moralischen Urteils. Bezogen auf die an früherer Stelle unterschiedenen vier Perspektiven geht es hier um die vierte Perspektive, in der sowohl die Bewertung von Verhalten als moralisch gut als auch die Beurteilung von Handlungen als moralisch richtig lokalisiert ist. Das Urteil, dass eine Handlung moralische Pflicht ist, ist gleichbedeutend mit dem Urteil, dass die Handlung *moralisch geboten* ist, d. h., dass sie, soll das moralisch Gute realisiert und das moralisch Schlechte abgewendet werden, *vollzogen werden muss*. Nach dem früher Gesagten handelt es sich hierbei um kein deontisch wertendes Urteil, sondern um eine Tatsachenfeststellung, die die Beziehung der Handlung zum moralisch Guten und Schlechten betrifft. Zu erinnern ist auch hier daran, dass das moralisch Gute in *sittlich gutem* Verhalten besteht, bei dem das Handeln seine Gründe und Motive aus der betreffenden Situation bezieht. Insofern würde das moralisch Gute gerade verfehlt, würde das Handeln seine Gründe und Motive aus derartigen

Pflichturteilen beziehen. Dass ein Handeln moralische Pflicht ist, also vollzogen werden muss, damit Gutes realisiert und Schlechtes abgewendet wird, das lässt sich einem anderen gegenüber auf keine andere Weise begründen als so, dass man ihm die betreffende Situation vor Augen stellt, um ihn solchermaßen *sehend* zu machen für die *sittliche Pflicht*, um die es geht. Nur so kann auch er zu einem Handeln befähigt werden, mit dem einer gegebenen Situation entsprochen wird.

Auch für das Verständnis sittlicher und moralischer Pflichten kommt viel auf die Einsicht an, dass das, was den Handelnden auf die Situation, die er vor sich hat, reagieren lässt, nicht die Situation in ihrer absoluten Singularität ist, sondern vielmehr verinnerlichte *Muster* des sittlich Guten, die er in der Situation wiedererkennt und die ihn darauf einstellen, was in Situationen dieser Art zu geschehen hat. Der nötigende Impuls, unter dem er steht, also seine sittliche Pflicht, bezieht sich nicht unmittelbar auf *diesen* Menschen in *dieser* Situation, sondern vielmehr auf *einen* Menschen in einer *solchen* Situation, den er in *diesem* Menschen vor sich hat. Anders gesagt: Sittliche und moralische Pflichten beziehen sich nicht auf einzelne Individuen, auch nicht auf Klassen von Individuen bzw. Exemplare solcher Klassen – alle Menschen, alle Bedürftigen –, sondern auf *unbestimmte Individuen* – *ein* Mensch in einer *solchen* Situation –, die in konkreten Individuen begegnen und verkörpert sind, in der Sprache der christlichen Überlieferung: auf *den Nächsten* in der Person des Anderen. Dies unterscheidet sittliche und moralische Pflichten von juridischen Pflichten, die sich auf Klassen von Individuen beziehen.[20]

---

[20] Vgl. hierzu den Text „Der konkrete und der generalisierte Andere. Über das Verhältnis von Moral und Politik" (siehe unten S. 99–114).

Man kann sich diesen Unterschied an den Begriffen der Menschenwürde und der Menschenrechte verdeutlichen. Menschenwürde zu haben, heißt, ein Wesen zu sein, dem die Anerkennung und Achtung als Mensch geschuldet ist.[21] Als moralische Pflicht begriffen, bedeutet dies, dass, soll das moralisch Gute realisiert und moralisch Schlechtes abgewendet werden, ein Mensch als Mensch anerkannt und geachtet werden muss. In Bezug auf *diesen* Menschen gilt das, weil er *ein* Mensch ist. Diese moralische Pflicht ist eine *vollkommene Pflicht*, insofern genau definiert ist, in Bezug auf wen sie besteht, nämlich in Bezug auf *einen* Menschen, und was sie beinhaltet, nämlich Anerkennung und Achtung als Mensch. Daher kann sich ein Mensch auf diese moralische Pflicht berufen und als *ein Mensch* daraus einen gültigen moralischen Anspruch bzw. ein moralisches Recht ableiten, nämlich als Mensch anerkannt und geachtet zu werden. Wird ihm dies verweigert, dann geschieht moralisch Schlechtes. Unter der Fragestellung, was Anerkennung und Achtung als Mensch auf dem Hintergrund geschichtlicher Erfahrungen konkret bedeuten, kann dieses moralische Recht in viele einzelne moralische Rechte ausbuchstabiert werden. Werden nun diese moralischen Rechte als juridische Rechte kodifiziert, dann werden aus den Rechten *eines* Menschen einklagbare Rechte *jedes* Menschen. In dieser Weise sind die Menschenwürde als moralisches Konzept und die Menschenrechte als moralische und juridische Konzepte miteinander verknüpft. Die Überlegung zeigt im Übrigen, dass und wie auch der Begriff der moralischen Rechte unter der allumfassenden Klammer des moralisch Guten steht. Dass etwas ein moralisches Recht ist, bedeutet, dass es ein gültiger Anspruch ist, den ein

---

[21] Vgl. hierzu den Text „Menschenwürde und Menschenrechte" (siehe unten S. 127–150).

Mensch unter der Voraussetzung hat, dass im menschlichen Zusammenleben moralisch Gutes realisiert und moralisch Schlechtes vermieden werden soll. Gegenüber Menschen, die diese Voraussetzung nicht teilen – zu denken ist etwa an religiös fanatisierte Menschen –, lassen sich weder moralische Pflichten noch moralische Rechte geltend machen.

Im Blick auf die Ausgangsfrage dieses Abschnitts ergibt sich aus dem Gesagten, dass das Deontische in der Tat eine wichtige Rolle in der Moral spielt, nämlich in Gestalt moralischer Normen. Die zentrale These dieser Überlegungen bleibt davon freilich unberührt, nämlich dass es in der Moral keine deontisch wertenden *Urteile* gibt. Wie gesagt, handelt es sich bei Feststellungen, die von Ausdrücken wie ‚moralisch richtig‘, ‚moralisch geboten‘, moralische Pflicht usw. Gebrauch machen, um deskriptive Tatsachenfeststellungen. Oben wurde gesagt, dass sich die moralische Gültigkeit moralischer Normen daran bemisst, ob die Handlung, die sie vorschreiben, moralisch richtig ist. Das bedeutet, dass die moralische Gültigkeit moralischer Normen ihr Kriterium in deskriptiven Tatsachenfeststellungen hat. Damit hat sich zugleich eine Entscheidung ergeben im Blick auf eine Frage, die in der Metaethik kontrovers diskutiert wird, nämlich was in sprachlicher Hinsicht basal für die Moral ist, ob Präskriptionen (Normen, Regeln, Sollensvorschriften) oder Urteile. Basal sind Urteile, nämlich einerseits evaluative Urteile bezüglich des moralisch Guten und andererseits deskriptive Urteile bezüglich des moralisch Richtigen und Gebotenen. Moralische Normen haben ihr Gültigkeitskriterium in derartigen Urteilen.

Die Meinung, dass es in der Moral deontisch wertende Urteile gibt, dürfte zu einem nicht unwesentlichen Teil darauf zurückzuführen sein, dass man ein Urteil wie ‚So zu handeln, ist in einer solchen Situation richtig‘, mit dem zum

Ausdruck gebracht wird, dass *die Situation* Grund gibt, so zu handeln, selbst als einen *Handlungsgrund* auffasst. Die betreffende Handlung ist dann zu tun, *weil* sie richtig ist. Das Wort ‚richtig‘ bekommt auf diese Weise eine deontische Bedeutung: Das Richtige ist das *zu Tuende*, d. h. das, was getan werden *soll*. Demselben Missverständnis ist der Satz ‚Es gibt eine Pflicht, in dieser Situation so zu handeln!‘ ausgesetzt. Als Artikulation des nötigenden Impulses, der von einer Situation ausgeht, bringt er zum Ausdruck, dass *die Situation* Grund gibt, so zu handeln. Doch auch hier liegt es nahe, ihn selbst als einen Handlungsgrund aufzufassen, womit er sich in ein deontisch wertendes Urteil verwandelt. Die betreffende Handlung ist dann zu tun, weil es eine Pflicht gibt, so zu handeln. Hier ist dann der Grund für die Handlung die Existenz dieser Pflicht – wie immer man sich diese Existenz vorstellen soll.

5. Moralische Werte

Es war wiederholt die Rede von Verhaltensmustern – z. B. freundliches, hilfsbereites, großzügiges, solidarisches Verhalten –, die in konkretem Verhalten wiedererkannt werden und aufgrund deren dieses als sittlich gut oder schlecht beurteilt wird. Nun sind solche Muster nicht nur für die *Beurteilung* von Verhalten von Bedeutung. Menschen können sich zu ihrem Verhalten ins Verhältnis setzen unter der Fragestellung, wie sie sich verhalten *wollen*, d. h. an welchen Mustern sittlich guten Verhaltens sie ihr eigenes Verhalten orientieren wollen. Damit wird das sittlich Gute als Option für das eigene Verhalten *bewertet*, nämlich als etwas, das es wert ist, dem eigenen Verhalten als Orientierung zu dienen.

Es ist dies die Weise, wie aus ihm *sittliche Werte* hervorgehen. Sittliche Werte sind Muster sittlich guten Verhaltens, in Bezug auf die Menschen eine Bewertung und Wahl treffen im Hinblick darauf, dass sie für ihr eigenes Verhalten bestimmend sein sollen. Die Muster sind nicht schon als solche Werte, sondern sie werden es dadurch, dass sie in dieser Weise angeeignet und zu Orientierungen für das eigene Verhalten werden.

Bei *moralischen Werten* kommt der Aspekt der Allgemeingültigkeit hinzu. So wie die Feststellung, dass ein Verhalten moralisch gut ist, gleichbedeutend mit dem Urteil ist, dass ihm allgemeine Wertschätzung als ein sittlich gutes Verhalten geschuldet ist, so ist die Feststellung, dass etwas ein moralischer Wert ist, gleichbedeutend mit dem Urteil, dass es allgemeine Anerkennung als ein sittlicher Wert verdient, also als etwas, das es wert ist, dem eigenen Verhalten als Orientierung zu dienen, und dass daher die Mitglieder der *moral community* sich in ihrem Verhalten hieran orientieren sollten. Ist für die Orientierung an sittlichen Werten die Frage leitend, an welchen Mustern sittlich guten Verhaltens Menschen ihr Verhalten orientieren *wollen*, so geht es bei moralischen Werten um die Frage, an welchen Mustern sittlich guten Verhaltens Menschen ihr Verhalten orientieren *sollten*. Im Unterschied zu dem *Sollen*, das für moralische Normen charakteristisch ist, spiegelt sich in diesem *Sollten* die Tatsache wider, dass die Aneignung von etwas als Wert für das eigene Verhalten auf einer willentlichen Entscheidung beruht, weshalb sie nicht einfach vorgeschrieben, sondern nur empfohlen werden kann.

Sittlicher Wert ist nichts, was in der Wirklichkeit in einem Verhalten angetroffen werden kann. Darin kann nur sittliches Gutsein z. B. in Gestalt fürsorglichen oder hilfsbereiten Verhaltens angetroffen werden, nicht aber das, was sittlichen

Wert konstituiert, nämlich die *Bewertung* von sittlich Gutem als vorzugswürdig für die eigene Verhaltensorientierung. Analoges gilt für moralischen Wert. Die Rede von Werten impliziert daher eine Trennung zwischen Werten einerseits und der empirischen Wirklichkeit andererseits. Dies spiegelt sich in der geläufigen Rede von ‚Tatsachen und Werten‘. Als Leitorientierungen sind Werte darauf angelegt, in Verhalten verwirklicht zu werden, aber sie sind und bleiben von dieser Verwirklichung verschieden.

Dies charakterisiert nicht nur sittliche und moralische Werte. Die vorstehenden Überlegungen lassen sich in ganz derselben Weise auch für andere Arten von Werten durchspielen. So wird allgemein Glück als etwas Gutes bewertet, und zwar in einem nichtmoralischen Sinne des Wortes ‚gut‘. Glück wird zu einem *subjektiven Wert*, wenn Menschen ihm eine Bedeutung für ihr Leben zumessen, indem sie es zum Ziel ihres Handelns und Verhaltens machen. Im Wertediskurs schließlich geht es um die Frage, ob Glück auch ein *intersubjektiv gültiger* bzw. *allgemeingültiger* Wert ist in dem Sinne, dass es *allgemeine Anerkennung als Wert* verdient und mithin Menschen ihr Leben daran ausrichten sollten, und falls ja, wie dieser Wert im Verhältnis zu anderen Werten zu gewichten ist, zu denen er in Spannung stehen kann. Ein anderes Beispiel: Eine naturbelassene Landschaft kann etwas Schönes, mitunter Erhabenes sein. Sie wird zu einem subjektiven Wert, wenn Menschen ihr eine Bedeutung für ihr Leben zumessen, indem sie solche Landschaften aufsuchen, um sich an ihrer Schönheit zu freuen, oder indem sie sich für ihre Erhaltung einsetzen. Im Wertediskurs geht es um die Frage, ob eine solche Landschaft allgemeine Anerkennung als ein Wert verdient, z. B. mit der Folge, dass politische Anstrengungen für ihre Erhaltung unternommen werden sollten, und wie im Konfliktfall dieser Wert zu gewichten ist

im Verhältnis zu anderen, z. B. ökonomischen Werten wie
Arbeit und Wohlstand für die betreffende Region, etwa
wenn es um die Ansiedlung eines Industrieprojekts geht.

In diesen Beispielen zeigt sich ein gemeinsames Muster.
Die Rede von Werten setzt voraus, dass die Bedeutung, die
die Dinge im Leben von Menschen haben, nicht von
irgendwoher vorbestimmt ist, sondern dass die Menschen
selbst sie den Dingen zumessen. Erst mit der Emanzipation
von religiösen und philosophischen Vorstellungen von einer
kosmischen Ordnung und mit der Individualisierung der
Vorstellungen vom ‚guten Leben' wird so etwas wie die Rede von ‚Werten' überhaupt möglich. Werte sind daher eine
spezifisch moderne Erscheinung, und zwar aus denselben
Gründen, wie die Moral dies ist. Bei Aristoteles ist es dem
Menschen durch seine Natur vorherbestimmt, nach Glück
im Sinne der *Eudaimonia* zu streben und sich dabei einen
tugendhaften Charakter anzueignen. Im Christentum ist es
die Absicht des Schöpfers, die dem Menschen in allem
Geschaffenen begegnet und die den Dingen ihre Bedeutung
für das menschliche Leben verleiht. Dass das menschliche
Zusammenleben durch die Liebe bestimmt sein soll, ist hier
durch Gottes Gebot vorgegeben und beruht nicht auf einer
Wertentscheidung auf Seiten des Menschen. Sowenig man in
der Bibel Moral findet, so wenig findet man dort Werte. Die
Rede von Werten füllt die Leerstelle, die mit dem Verblassen
überkommener Vorstellungen von einer vorgegebenen
Ordnung und Bedeutung der Dinge entstanden ist, und sie
gibt der Individualisierung der Lebensentwürfe sprachlichen
Ausdruck.

Wenn allerdings alle nur ihren subjektiven Wertpräferen-
zen folgen würden, ohne dass es Verständigung darüber
gäbe, wäre die soziale Kohäsion bedroht und Kooperation
nicht mehr möglich. Daher bedarf es im Interesse der Koor-

dinierung der subjektiven Wertentscheidungen der Individuen der Verständigung über *allgemein gültige* Werte, d. h. des *Wertediskurses*. Diese Überlegung macht deutlich, dass moralische Werte nur ein Spezialfall eines umfassenderen Phänomens sind. Das zeigt sich nicht zuletzt in der Ethik der Gegenwart, zu deren Gegenstandsbereich, insoweit es um Werte geht, weniger moralische als vor allem nichtmoralische Werte gehören wie z. B. der Wert des menschlichen Lebens in der Bio- und Medizinethik oder der Wert eines Biotops in der Naturethik.

Der Begriff des *moralischen Werts* führt demgegenüber in der Ethik eher ein Schattendasein. Das dürfte seinen Grund in jener Moralauffassung haben, für die der Normbegriff konstitutiv ist. Hier ist für den Begriff des moralischen Wertes kein Platz. Beispielhaft hierfür ist der einleitend erwähnte Aufsatz von Jürgen Habermas über den pragmatischen, ethischen und moralischen Gebrauch der praktischen Vernunft. Wertentscheidungen, die die Frage betreffen, „welches Leben man führen möchte", werden darin dem ethischen Gebrauch der praktischen Vernunft zugeordnet, bei dem es um Aussagen geht über das, „was gut ist für eine bestimmte Person",[22] nicht aber über das, was allgemein verhaltensbestimmend sein sollte. Daher müssen das Zusammenleben und die Kooperation der Individuen über moralische Normen gewährleistet werden. Nicht die allgemeine Geltung von sittlichen Werten wie Rücksicht, Hilfsbereitschaft, Solidarität usw., sondern die allgemeine Geltung von moralischen Normen ist hiernach für ein gedeihliches Zusammenleben entscheidend. Das zentrale Problem der Ethik ist daher die Normenbegründung.

---

[22] *Habermas*, Vom pragmatischen, ethischen und moralischen Gebrauch der praktischen Vernunft, aaO. 112.

Die Vorstellung von einer dem Menschen vorgegebenen, nicht durch ihn selbst gestifteten sinnhaften Ordnung der Dinge, die durch den Wertbegriff eigentlich abgelöst wird, hat gleichwohl innerhalb der Wertphilosophie eine eminente Rolle gespielt, nämlich in Gestalt der Auffassung, dass Werten ein subjektunabhängiges, objektives Sein zukommt. So begriffen, werden sie durch eine spezifische Art von *Erkenntnis* aufgefunden, und die Orientierung an ihnen beruht auf dieser Erkenntnis ihres Wertcharakters. Dies hat innerhalb der Wertphilosophie zu einer Debatte darüber geführt, ob Werte *sind* oder ob Werte *gelten*. Letzteres impliziert einen Bezug zu Subjekten, für die sie gelten. Doch wenn sie nur gelten: Können sie dann überhaupt so etwas wie ethische Verbindlichkeit fundieren? In gewissem Sinne wiederholt sich diese Debatte in der heutigen angewandten Ethik: *Hat* ein Biotop einen Wert, der allen menschlichen Wertungen vorgegeben ist und der zu seiner Erhaltung verpflichtet, oder *gilt* es lediglich als wertvoll? Wenn Letzteres der Fall ist, inwiefern gibt es dann irgendeine Verpflichtung zu seiner Erhaltung? Solche Fragen können in grundsätzliche Zweifel am Wertedenken überhaupt stürzen. Wird nicht das sittlich Gute in seiner Bedeutung für das menschliche Leben gerade *entwertet*, wenn es diese Bedeutung erst dadurch erlangt, dass Menschen ihm Bedeutung für ihr Leben zumessen, indem sie es in den Rang sittlicher Werte erheben? Wird etwas nicht damit, dass es zu einem Wert erklärt wird, nur noch „als Gegenstand für die Schätzung des Menschen zugelassen" und damit „seiner Würde beraubt", wie Martin Heidegger meinte?[23]

---

[23] Zitiert nach: Historisches Wörterbuch der Philosophie, Bd. 12, 567.

Auf dem Hintergrund der vorstehenden Überlegungen lässt sich auf diese Frage das Folgende antworten: *Erstens* kommt Werten kein subjektunabhängiges, objektives Sein zu. Aus sittlich Gutem in Gestalt bestimmter Verhaltensmuster wird sittlicher Wert, indem Menschen es als Option für ihr eigenes Verhalten bewerten und sich daran orientieren. Dieser Punkt ist wichtig im Blick auf die Rede von einer „Entstehung der Werte".[24] Wären Werte subjektunabhängig gegeben, dann könnte man zwar von einer Entstehung und einem Wandel von *Wertüberzeugungen* sprechen, nicht aber von einer Entstehung von *Werten*. *Zweitens* ist das sittlich Gute, das Menschen solchermaßen bewerten, ihrer Bewertung vorgegeben. Es wird nicht erst dadurch sittlich gut, dass Menschen es in den Rang eines sittlichen Werts erheben. So wie etwas auch nicht erst dadurch schön ist, dass es für Menschen zu einem ästhetischen Wert wird. Aus dieser Vorgegebenheit bezieht die Vorstellung von einem subjektunabhängigen, objektiven Sein von Werten ihre vordergründige Plausibilität. Man unterscheidet dann nicht zwischen sittlich Gutem und sittlichem Wert. Weil das sittlich Gute z. B. in Gestalt von Freundlichkeit, Güte oder Liebe subjektunabhängig gegeben ist, deshalb scheinen auch die entsprechenden sittlichen Werte subjektunabhängig gegeben zu sein. *Drittens* ist nicht nur das sittlich Gute der Bewertung als sittlicher Wert vorgegeben, sondern auch der *Grund*, dessentwegen es als sittlicher Wert angeeignet wird. Dieser Grund liegt in seinem sittlichen Gutsein, d. h. in der Bedeutung, die ihm für das menschliche Leben und Zusammenleben zukommt und die im eigenen Leben erfahren wird. Es verhält sich keineswegs so, dass das sittlich Gute erst

---

[24] *Hans Joas*, Die Entstehung der Werte, Frankfurt a. M.: Suhrkamp, 1997.

dadurch Bedeutung für das eigene Leben gewinnt, dass es
als sittlicher Wert angeeignet wird. Vielmehr gilt das Um-
gekehrte, nämlich dass es als sittlicher Wert angeeignet wird
aufgrund der Bedeutung, die es für das eigene Leben und
das menschliche Leben überhaupt hat. Insofern kann keine
Rede davon sein, dass das sittlich Gute durch seine Aneignung als Wert entwertet wird. Es erfährt hierdurch vielmehr
eine Bestätigung seines sittlichen Gutseins. Auch dies gilt
analog für andere, z. B. ästhetische Werte. *Viertens* macht die
Rede, dass Werte nicht *sind*, sondern *gelten*, Sinn. Liebe ist
nicht an sich ein sittlicher Wert, sondern sie *gilt* demjenigen
als sittlicher Wert, der sich in seinem Verhalten an ihr orientiert. Das bedeutet nun freilich *fünftens* keineswegs, dass die
Rede von Werten in subjektive Beliebigkeit und Wertrelati-
vismus führt. Dass Menschen sich an sittlichen Werten
orientieren, hat, wie gesagt, *Gründe*, die im sittlich Guten
liegen, nämlich in der Bedeutung, die dieses für das menschliche Leben und Zusammenleben hat. Diese Gründe können
auf ihre Verallgemeinerungsfähigkeit hin befragt werden,
d. h. daraufhin, ob sie nicht Gründe auch für andere Menschen sind, sich in dieser Weise zu orientieren. Das aber ist
gleichbedeutend mit der Frage, ob die fraglichen sittlichen
Werte nicht *moralische Werte* sind, also aus ebendiesen Gründen allgemeine Anerkennung als sittliche Werte verdienen.
Wie gesagt, wird solchermaßen aus der Frage, wie Menschen
sich in ihrem Verhalten orientieren *wollen*, die Frage, wie sie
sich orientieren *sollten*. Es verhält sich also keineswegs so,
dass damit, dass Werten ein *Gelten* zuerkannt wird anstelle
eines *Seins*, die Fundierung moralischer oder ethischer Verbindlichkeit unmöglich wird. Und ebenso wenig lässt sich
die Meinung halten, dass Werte nicht verallgemeinerungs-
fähig sind und daher keiner Rechenschaftspflicht unterlie-
gen, weshalb das Zusammenleben allein über die Allgemein-

gültigkeit von Normen gewährleistet werden muss. Ganz im Gegenteil bemisst sich die Antwort auf die Frage, welche moralische Normen eine *moral community* für das Verhalten ihrer Mitglieder als verbindlich erachtet, nicht zuletzt auch daran, an welchen allgemeingültigen Werten sie sich orientiert. Insofern kommt dem Wertediskurs eine fundierende Bedeutung für den Normendiskurs zu.

Hans Joas hat in kritischer Auseinandersetzung mit Max Webers Diagnose der Entzauberung der Welt in der Moderne die These vertreten, dass ganz im Gegenteil die Dimension des Sakralen ihre Bedeutung bis in die Gegenwart behält, und zwar in Bezug auf die Entstehung von Idealen bzw. Werten. Diese vollziehe sich in der „passive[n] Dimension des Ergriffenseins in den Erfahrungen der Selbsttranszendenz", und das schließe „notwendig die Erfahrung von ergreifenden Kräften"[25] ein, die von Joas unter Bezug auf Durkheim als „das Heilige" interpretiert werden. Folgt man den vorstehenden Überlegungen, dann ergibt sich ein anderes Bild. Die Rede von Werten und Idealen ist dann engstens verknüpft mit dem Phänomen der Individualisierung, die dem Einzelnen die Möglichkeit eröffnet, selbst zu bestimmen, woran er sein Leben orientieren will und was für sein Handeln leitend sein soll. Dazu muss das Betreffende natürlich eine Attraktivität für ihn haben, und insofern geht diesem aktiven Moment eine passive Erfahrung voraus, die man mit einem Begriff wie dem des Ergriffenseins beschreiben kann. Im Falle moralischer Werte oder Ideale handelt es sich um ein Ergriffensein durch das sittlich Gute. In religiöser Perspektive findet dieser ergreifende Charakter des sittlich Guten seinen Ausdruck darin, dass Dinge wie Liebe

---

[25] *Hans Joas*, Die Macht des Heiligen. Eine Alternative zur Geschichte von der Entzauberung, Berlin: Suhrkamp, 2017, 414.

oder Güte als Charismen, d. h. als Wirkungen des göttlichen Geistes, begriffen werden. Insofern macht der Bezug zur Sphäre des Sakralen durchaus Sinn. In dieser Sphäre bezieht sich die Freiheit des Menschen darauf, welchen Kraftfeldern er sich aussetzen, d. h. durch welche *pneumata* er sich in seinem Verhalten und Leben bestimmen lassen will, und sein Verhalten ist dann durch diese *pneumata* gewirkt. Das freilich ist etwas diametral anderes, als wenn ein Mensch *sich selbst dazu bestimmt*, sein Handeln an Werten oder Idealen wie Liebe oder Treue auszurichten im Sinne der Bereitschaft zu ihrer Verwirklichung, wie dies dem Gedanken der Individualisierung entspricht. Hier geht es nicht um ein Ergriffenwerden, sondern um ein Ergreifen. Das sittlich Gute wird dabei aufgrund seiner Attraktivität zu einem *Grund* für eine Wahl oder Entscheidung. So gesehen vollzieht sich damit, dass Dinge wie Liebe oder Treue zu Werten oder Idealen werden, gerade ein Prozess der *Entsakralisierung*. Wirkmächtig ist nicht das Heilige, sondern das Individuum, das sein Handeln an Idealen orientiert. Der Unterschied zeigt sich darin, dass in religiöser Perspektive der Geist der Liebe etwas ist, das in der Wirklichkeit erfahren wird. Wie schon gesagt, kann der Wert der Liebe dies deshalb nicht sein, weil er seinen Wertcharakter einem aktiven Moment des Ergreifens bzw. Sich-an-ihm-Orientierens verdankt. Daher kommt es hier zur Spaltung zwischen Ideal und Wirklichkeit. Das Ideal ist etwas, das erst im Handeln verwirklicht werden muss. Was Weber Entzauberung nennt, das hat mit dieser Spaltung zu tun, bei der die Wirklichkeit zur wertneutralen Tatsache wird, die zwar in einer *Wertbeziehung* stehen kann dergestalt, dass von Werten her Licht auf sie fällt, wie Weber im Blick auf den idealtypischen Charakter der sozialwissenschaftlichen Begriffsbildung erläutert, die aber zu keinen *Werturteilen* berechtigt.

6. Die religiösen Wurzeln der Moral

Auf dem Hintergrund der bisherigen Überlegungen zur konstitutiven Bedeutung des moralisch Guten für die Moral ist
es erklärungsbedürftig, dass sich in der modernen Moralphilosophie eine Moralauffassung hat durchsetzen können, für
die der deontische Wertungsmodus grundlegend ist für die
Moral. Erhellend sind diesbezüglich Überlegungen, die Elizabeth Anscombe in den fünfziger Jahren des letzten Jahrhunderts in einem Aufsatz über „Moderne Moralphilosophie"[26] entwickelt hat. Hiernach war es das Christentum, das
die Weichen in Richtung der Moralauffassung der Moderne
gestellt hat.

Das Christentum nämlich leitete seine Begriffe von der Thora her.
… Infolge der jahrhundertelangen Vorherrschaft des Christentums
haben sich die Begriffe der Pflicht, des Erlaubten, der Vergebung
tief in unsere Sprache und in unser Denken eingebettet.[27]

Obgleich diese Begriffe ihre Entstehung einem religiösen
Kontext verdanken, in den sie eingebettet waren, haben sie
doch auch ohne diesen Kontext weiterbestehen können.

Natürlich ist eine solche Gesetzeskonzeption nicht ohne Glauben
an Gott als Gesetzgeber möglich, ein Glaube, der bei Juden, in der
Stoa und im Christentum besteht. Dominiert eine solche Konzeption jedoch für viele Jahrhunderte und wird dann aufgegeben, so ist
es eine natürliche Folge, dass die Begriffe der Verpflichtung, des
durch das Gesetz Gebunden- und Verpflichtetseins zurückbleiben,
obwohl sie ihre Wurzeln verloren haben; und wenn das Wort „sollen" in bestimmten Kontexten mit dem Sinn von „Verpflichtung"
ausgestattet worden ist, wird man es in diesen Kontexten auch

---

[26] *G. E. M. Anscombe*, Moderne Moralphilosophie, in: Günther Gre-
wendorf/Georg Meggle (Hg.), Seminar: Sprache und Ethik. Zur Entwicklung der Metaethik, Frankfurt a. M.: Suhrkamp, 1974, 217–243.
[27] AaO. 223.

weiterhin mit einer besonderen Emphase und einem besonderen Gefühl aussprechen.[28]

In diesem Sinne

fand Hume die Situation vor, dass der Begriff der „Verpflichtung" weiterbestand und der Begriff „sollen" mit jenem eigentümlichen Gewicht ausgestattet schien, das man ihm bei einem Gebrauch im „moralischen" Sinn zuschreibt, während der Glaube an ein göttliches Gesetz schon lange zuvor aufgegeben war; denn substanziell war er vom Protestantismus zur Zeit der Reformation fallengelassen worden.[29]

Ob es tatsächlich der Protestantismus war, der das Ende des Glaubens an ein göttliches Gesetz eingeleitet hat, dürfte eher fraglich sein. In einer Anmerkung gibt Anscombe dazu die folgende Erläuterung: „Der Protestantismus leugnete nicht die Existenz eines göttlichen Gesetzes, aber seine bezeichnendste Lehre bestand darin, daß dieses Gesetz nicht gegeben sei, um befolgt zu werden, sondern um zu zeigen, daß der Mensch – selbst im Zustand der Gnade – unfähig ist, es zu befolgen …"[30] Diese Anmerkung belegt ersichtlich nicht, was mit ihr belegt werden soll, nämlich dass der Protestantismus den Glauben an ein göttliches Gesetz fallen gelassen hat. Ganz im Gegenteil verweist sie zutreffend auf eine zentrale Funktion, die das Gesetz im Protestantismus hat, nämlich die Aufdeckung des Sünderseins des Menschen. Dass nach protestantischer Sicht der Mensch selbst im Zustand der Gnade unfähig ist, das Gesetz zu befolgen, würde eher eine andere Aussage nahelegen, nämlich dass der Protestantismus die *Gesetzeskonzeption der Ethik* fallen gelassen hat, und zwar eben weil das Gesetz unerfüllbar ist. Doch

---

[28] AaO. 224.
[29] Ebd.
[30] AaO. 224; 242f (Anm. 5).

auch dies trifft nicht zu. Die reformatorische Feststellung über die Unerfüllbarkeit des Gesetzes bezieht sich auf das Gesetz in seiner Bedeutung für die Beziehung des Menschen zu Gott: Durch die Werke des Gesetzes kann kein Mensch Gerechtigkeit vor Gott erlangen. Aber damit wird nichts über die Bedeutung des Gesetzes für das Verhältnis des Menschen zu seinen Mitmenschen gesagt. Diesbezüglich ist im Protestantismus der Dekalog fester Bestandteil des Katechismusunterrichts, und er hat ebenso über Jahrhunderte seinen festen Platz in den Gesamtdarstellungen protestantischer Theologie gehabt. Bis in die neuere Zeit gibt es theologische Entwürfe, die die christliche Ethik von Gottes Gebot her konzipieren. Es ist sicherlich kein Zufall, dass Kant als der große philosophische Vertreter einer deontischen Moralauffassung im protestantisch-pietistischen Milieu sozialisiert worden ist. Ganz im Gegensatz zu Anscombes Auffassung hinsichtlich der Reformation lassen sich gute Gründe dafür beibringen, dass gerade die Reformation entscheidende Weichen für die Durchsetzung der Gesetzeskonzeption der Ethik und die Herausbildung des deontisch orientierten ethischen Denkens der Moderne gestellt hat.[31]

Doch wie immer in diesem Zusammenhang die Reformation zu beurteilen ist: Anscombes zentrale These, dass die Sprache der Moral der Moderne mit ihrer strikt deontischen Prägung sowie der besonderen Emphase, die dabei auf dem Verpflichtungsgedanken liegt, auf eine religiöse Herkunft in Gestalt eines göttlichen Gesetzes verweist, hat eine hohe Plausibilität für sich. Der religiöse Rahmen, in den sie ursprünglich eingebettet war, ist freilich in der Moderne

---

[31] Vgl. dazu den Aufsatz „Weltgestaltung als ethische Aufgabe. Über die Bedeutung der Reformation für die Entstehung des ethischen Denkens der Moderne" (siehe unten S. 241–264).

abhandengekommen – aus welchen Gründen auch immer –, und so hat diese Sprache, wie Anscombe es ausdrückt, „ihre Wurzeln verloren". Daher plädiert sie dafür, die Gesetzeskonzeption der Ethik ganz aufzugeben und das deontische moralische Vokabular aus dem ethischen Wortschatz zu streichen. Wie man bei Aristoteles sehen könne,[32] sei Ethik auch ohne eine solche Konzeption möglich. Wie die von ihr empfohlene Reinigung der Sprache der Ethik aussieht, verdeutlicht sie am moralischen ‚falsch', für das sie vorschlägt, es durch einen Ausdruck wie ‚ungerecht' zu ersetzen.[33]

Anscombe hat sich mit dieser Empfehlung nicht durchsetzen können. Es gibt hierfür einen einfachen Grund, der sich an einer Ungereimtheit in Anscombes Diagnose verdeutlichen lässt. Anscombe geht in ihrer Argumentation von der Sprache der Moral aus und zeigt auf, dass dieser der Bezug zu einer gebietenden, verpflichtenden Instanz inhärent ist. Hieraus bezieht die These, dass die Sprache der Moral religiöse Wurzeln in Gestalt einer religiösen Gesetzesethik hat, ihre Plausibilität. Trotz des Wegfalls dieses religiösen Rahmens soll nun aber die Sprache, die in diesen Rahmen eingebunden war, weiterhin bestehen, mithin auch der dieser Sprache inhärente Bezug zu einer gebietenden, verpflichtenden Instanz. Ersichtlich macht es ja auch keinen Sinn zu sagen, dass eine Handlung geboten ist, wenn es nichts gibt, das gebietet, oder dass es eine Pflicht zu einer Handlung gibt, wenn es nichts gibt, das verpflichtet. Wenn dies richtig ist, dann folgt daraus, dass es nach dem Wegfall des göttlichen Gesetzgebers eine andere Instanz geben muss, die an seine Stelle getreten ist und auf die die Sprache der Moral

---

[32] AaO. 227.
[33] AaO. 236ff.

inhärent bezogen ist. Tatsächlich ist in der Moderne die Moral zu dieser Instanz geworden. Dem entspricht das bis heute dominante Verständnis von Moral: Moralische Pflichten sind Pflichten, an die wir durch die Moral gebunden sind, ganz so, wie gesetzliche Pflichten solche sind, an die wir durch das Gesetz gebunden sind. Ebenso wird dem Ausdruck ‚moralisch geboten‘ der Sinn von ‚durch die Moral geboten‘ unterlegt, ganz so, wie der Ausdruck ‚gesetzlich geboten‘ den Sinn von ‚durch das Gesetz geboten‘ hat. Anscombes Diagnose, dass mit dem Wegfall des religiösen Rahmens die Sprache der Moral zwar weiterbesteht, aber gewissermaßen in der Luft hängt, trifft daher nicht zu. An die Stelle des religiösen Rahmens ist ein anderer Rahmen getreten, in dem die Moral – in kantischer Terminologie: „das Sittengesetz“ – die Funktion der gebietenden und verpflichtenden Instanz übernommen hat und in dem die deontische Sprache der Moral stabil verankert ist. Daher besteht nicht das geringste Bedürfnis, diese Sprache zu überwinden und zu Aristoteles zurückzukehren, wie Anscombe es vorschlägt. Trifft diese Erklärung zu, dann heißt dies zugleich, dass die deontische Moralauffassung quasi religiöse Züge trägt. Wie für das Handeln des Gesetzesfrommen verpflichtend ist, was Gott gebietet, so ist für das Handeln des Moralgläubigen verpflichtend, was die Moral gebietet.

Bei aller Sympathie für Anscombes zentrale These hinsichtlich der religiösen Wurzeln der Moral der Moderne muss nun allerdings auch von einer erheblichen Einseitigkeit die Rede sein, die das Bild aufweist, das dabei vom ethischen Denken im Christentum gezeichnet wird. Danach stehen im Fokus dieses Denkens göttliche Gebote, die bestimmte Handlungen oder Unterlassungen zur Pflicht machen und für deren Befolgung es, was auch immer sie inhaltlich gebieten, nur einen einzigen Grund und ein einziges Motiv gibt, nämlich ihre Gebotenheit durch Gott. Dass dieses Bild unzutreffend ist, kann man sich unschwer am Gebot der Nächstenliebe verdeutlichen, das immerhin im Zentrum des ethischen Denkens im Christentum steht und das nach Matth 22,40 zusammen mit dem Gebot der Gottesliebe die Klammer bildet, von der das ganze Gesetz umschlossen ist. Dieses Gebot schreibt nicht Handlungen vor, sondern *Verhalten*, d. h. auch die Gründe und Motive des Handelns. Nicht nur soll dem Bedürftigen *beigestanden* werden, sondern es soll ihm auch *um seiner Bedürftigkeit willen* beigestanden werden, in der zugleich der Grund für das Gebot liegt, dem Bedürftigen beizustehen. Das bedeutet im Blick auf die Befolgung der Gebote, die im Gebot der Nächstenliebe zusammengefasst sind: Nicht *deshalb, weil* sie von Gott geboten sind, sind sie zu befolgen, sondern sie sind zu befolgen *um des willen, weshalb* sie von Gott geboten sind, z. B. um des Hungernden willen, damit dieser satt wird, oder um des Fremden willen, damit er eine Bleibe hat. Grund und Motiv des Handelns sind hier die Situation des Bedürftigen, und der Sinn des Gebots liegt darin, den Blick für dessen Situation zu schärfen. Hier gibt es nicht nur einen einzigen Grund und ein einziges Motiv für alles Handeln in Gestalt seines Gebotenseins durch Gott, sondern so viele Gründe und Motive, wie es Situationen gibt, in denen es um das Wohl von Menschen geht. Hinter dieser Gebotsauffassung steht ein anderes Gottesbild: nicht ein Gott, der vom Menschen unbedingten Gehorsam in Bezug auf die Einhaltung seiner Gebote verlangt, sondern ein Gott, der seine Gebote zum Wohl seiner Kreaturen erlässt und mit ihnen den Menschen für dieses Wohl in seinen Dienst nimmt. In biblischen Texten finden sich beide Gebotsauffassungen, und sie können dort in Spannung zueinander stehen, wie z. B. der Konflikt zeigt, den Jesu Heilung am Sabbat auslöst

(Luk 13,10ff). Daran wird zugleich deutlich, dass zum ethischen Denken im Christentum auch die Gesetzeskritik gehört.

Dass das Gebot der Nächstenliebe nicht Handlungen, sondern ein Verhalten zum Inhalt hat, wird paradigmatisch durch die Erläuterung dieses Gebots verdeutlicht, die Jesus mit der Samaritererzählung in Luk 10,30–37 gibt. Hiernach ist das durch dieses Gebot Gebotene, die Liebe zum Nächsten, kein Gefühl und kein Motiv, keine innere Einstellung oder Tugend und auch nicht bloß ein Handeln ungeachtet seiner Gründe und Motive, sondern ein Handeln aus dem Grund und Motiv der angetroffenen Situation des Bedürftigen. In solchem Verhalten stellt sich das Gute vor Augen: Sich so in einer solchen Situation zu verhalten, ist gut.

Wie hieran deutlich wird, hat nicht nur die deontische Moralauffassung der Moderne religiöse Wurzeln in der christlichen Tradition. Viel wichtiger ist im Kontext der hier entwickelten Überlegungen die Einsicht, dass sich in dieser Tradition eine Auffassung des *Guten* herausbildet, wonach das Gute in einem *Verhalten* besteht, mit dem einer gegebenen *Situation* entsprochen wird und dessen Gutsein entscheidend darin begründet ist, dass es ganz an dieser Situation orientiert ist – und *nicht* an seiner *Bewertung* als gut oder geboten durch irgendeine dafür in Betracht kommende Instanz. Nicht zuletzt spielt auch hier die Reformation eine wesentliche Rolle mit ihrer Rechtfertigungslehre, nach der der Mensch vor Gott gerecht wird nicht durch Werke, sondern durch den Glauben. Damit werden die Werke davon entlastet, vor Gott als gut gelten zu sollen, und sie können sich dadurch ganz am Wohl des Nächsten orientieren. In seinem Freiheitstraktat von 1520 kann Luther so weit gehen zu schreiben, dass der durch seinen Glauben gerechtfertigte Christ *frei ist von allen Geboten* und dass er alles

aus lauterer Freiheit umsonst tut.[34] Was ihn in seinem Handeln leitet, ist die Liebe, die den Nutzen des Anderen sucht.
So ist in der Rechtfertigungslehre, was deren ethische Implikationen betrifft, zumindest der Tendenz nach die Emanzipation des ethischen Denkens vom Modus des Gebots angelegt.

Dass es in der Tat die jüdisch-christliche Überlieferung
ist, der wir diese Auffassung des Guten verdanken, mag
über das Gesagte hinaus ein Seitenblick auf die aristotelische
Ethik verdeutlichen, in der eine gänzlich andere Auffassung
des Guten begegnet. Das Wort ,gut' bezieht sich hier nicht
auf ein *Verhalten* im Hinblick darauf, dass mit ihm einer
gegebenen Situation entsprochen wird. Leitend ist vielmehr
eine teleologische Betrachtungsweise: Das Gute ist das im
menschlichen Tätigsein *erstrebte Gute* in Gestalt von *Gütern*.
Hieraus ist die Fragestellung der aristotelischen Ethik abgeleitet, nämlich ob es ein höchstes Gut für den Menschen
gibt. Eine genaue Lektüre des Gedankengangs der „Nikomachischen Ethik" zeigt, dass Aristoteles auf diese Frage
zwei Antworten gibt. Nach der einen besteht das höchste
Gut in der *Eudaimonia*, nach der anderen besteht es in der
Bestimmung des Menschen, die Vernunft zur Herrschaft zu
bringen in Gestalt der Tugenden. Beide Antworten werden
von Aristoteles miteinander identifiziert: Wo die Vernunft in
Gestalt der Tugenden herrscht, da waltet ein guter Dämon
sowohl über dem Leben des Einzelnen als auch über dem
Leben der *Polis*. Ersichtlich meint das Wort ,gut' hier etwas
anderes als das sittliche ,gut' im Sinne der Samaritererzählung. Die Tugenden repräsentieren das erstrebte oder zu

---

[34] *Martin Luther*, Von der Freiheit eines Christenmenschen, WA 7,
32.

erstrebende Gute. Das sittlich Gute, wie es sich in der jüdisch-christlichen Überlieferung herausgebildet hat, ist Aristoteles fremd. Man kann den Unterschied auch so beschreiben, dass für Aristoteles das ethisch Entscheidende in der Tugend liegt, weshalb dem Verhalten nur in abgeleiteter Weise ethische Qualität zukommt, nämlich wenn und insofern es durch die Tugend bestimmt ist. Beim sittlich Guten der jüdisch-christlichen Überlieferung verhält es sich genau umgekehrt. Hier liegt das Entscheidende im Verhalten, weshalb Einstellungen wie z. B. der Hilfsbereitschaft nur in abgeleiteter Weise sittliche Qualität zukommt, nämlich insofern sie zu einem entsprechenden Verhalten disponieren. Der Unterschied zeigt sich auch daran, dass Aristoteles zwar das Phänomen der Scham kennt, nicht aber das Phänomen der Schuld. Das ‚gut‘ der aristotelischen Ethik bezieht sich auf ein Verhalten gemäß der Tugend, mit dem man in den Augen anderer Bewunderung und Anerkennung erringen kann und bei dessen Fehlen Scham die Reaktion ist, nicht aber auf ein Verhalten, das auf den Anspruch einer gegebenen Situation reagiert und ganz und ungeteilt an dieser orientiert ist. Mit Letzterem aber hat es die Schuld zu tun: Man bleibt mit dem eigenen Verhalten dasjenige schuldig, was die gegebene Situation erfordert.

In den früheren Überlegungen zu den Begriffen des moralisch Guten, des moralisch Gebotenen, der moralischen Norm usw. begegnete immer wieder eine Alternative hinsichtlich der Antwort auf die Frage, woher das moralische Handeln seine Gründe bezieht, nämlich ob aus moralischen Urteilen und Normen oder aber aus den Situationen, mit denen der Handelnde konfrontiert ist. Soll dem Flüchtling geholfen werden, weil dies moralisch geboten ist? Oder soll ihm um des willen geholfen werden, weshalb dies moralisch geboten ist, nämlich um seiner besonderen Situation und

Angewiesenheit willen? Wie nun deutlich geworden ist, geht
diese Alternative auf die religiösen Wurzeln dessen zurück,
was wir als Moral verinnerlicht haben. Dort geht es um zwei
Auffassungen von Gottes Gebot, nämlich einerseits im
Sinne eines gesetzesethischen Verständnisses, wonach es um
seiner Gebotenheit willen zu befolgen ist, und andererseits
im Sinne des Liebesgebots, das den Blick auf Situationen
und Lebenslagen einstellt, in denen Menschen sich befinden
und die Grund geben für ein entsprechendes Handeln.

Der modernen Moralphilosophie und Ethik liegt die
Überzeugung zugrunde, dass das moralische Handeln seine
Gründe aus moralischen Urteilen und Normen bezieht. Auf
dieser Voraussetzung basieren die modernen ethischen
Theorien, die die Funktion haben, *deontische Urteile* bzw. *Normen* zu begründen, um solchermaßen *Gründe* für moralisches
Handeln bereitzustellen. Das hat eine Verlagerung des ethischen Denkens vom Praktischen ins Theoretische zur Folge.
Im Fokus stehen nicht *praktische Gründe* in Gestalt konkreter
Situationen und Lebenslagen, die Grund geben für ein bestimmtes *Handeln*, sondern *theoretische Gründe* in Gestalt von
Argumenten, mit denen *Urteile* bzw. *Normen* aus der Beziehung
begründet werden, in der sie zu anderen Urteilen, Normen
oder Prinzipien stehen. Das Ziel ist die argumentative Begründung der Moral. Für das ethische Denken hat dies eine
Umstellung von Wahrheit auf intersubjektive Geltung zur
Folge. Statt Gründe für die *Wahrheit* von Urteilen der Form
‚So zu handeln, ist in einer solchen Situation richtig‘ beizubringen, indem die betreffende Situation vor Augen geführt
und einsichtig gemacht wird, dass sie Grund gibt, so zu
handeln – sich einem anderen letztlich *nur selbst zeigen*
und was ihm nicht andemonstriert werden kann –, ist die
argumentative Moralbegründung darauf gerichtet, zur *Anerkennung der Geltung* solcher Urteile zu nötigen, indem diese

aus anderen Urteilen abgeleitet wird, deren Geltung unbestritten ist.[35]

Konsequent durchgeführt, haben die Abkoppelung des ethischen Denkens von praktischen Gründen und seine Reduktion auf die Form des Arguments freilich zur Folge, dass die Ethik insgesamt unter Sinnlosigkeitsverdacht gerät. Warum z. B. versuchen Philosophinnen und Philosophen, Argumente zu konstruieren, mit denen sich eine moralische Hilfspflicht in Anbetracht der globalen Armut begründen lässt?[36] Doch wohl deshalb, weil sie, schon bevor sie solche Argumente gefunden haben, davon überzeugt sind, dass das Elend der Armut nach Möglichkeit aus der Welt geschafft werden sollte. Dazu möchten sie ihren philosophischen Beitrag leisten. Das freilich bedeutet, dass ihnen dieses Elend *praktisch* Grund gibt, nach derartigen theoretischen Gründen zu suchen. Warum müssen sie dann aber noch nach theoretischen Gründen suchen, wenn es doch schon einen praktischen Grund in Gestalt dieses Elends gibt, um etwas gegen die Armut zu unternehmen? Weil sie diesen praktischen Grund nicht als einen wirklichen Grund anerkennen, da er nicht die Form des Arguments hat. Dann freilich kann dieses Elend auch nicht als ein Grund dafür gelten, nach philo-

---

[35] Eine klassisch gewordene Kritik am Projekt einer argumentativen Begründung der Moral findet sich bei *Harold Arthur Prichard*, Beruht die Moralphilosophie auf einem Irrtum?, in: Günther Grewendorf/Georg Meggle (Hg.), Seminar: Sprache und Ethik. Zur Entwicklung der Metaethik, Frankfurt a. M.: Suhrkamp, 1974, 61–82. Prichard kommt zu dem Ergebnis, „dass wir nicht durch eine *Argumentation* … zur Erkenntnis einer Verpflichtung gelangen" (71). Vielmehr ist der „Sinn für eine Verpflichtung" („sense of obligation") „zu einer bestimmten Handlung oder die Richtigkeit dieser Handlung … absolut primär (d. h. von nichts anderem abgeleitet) bzw. unmittelbar" (69).

[36] *Barbara Bleisch/Peter Schaber* (Hg.), Weltarmut und Ethik, Paderborn: mentis, 2007.

sophischen Argumenten für eine Hilfspflicht zu suchen. Warum tun sie es dann? Ist es die Freude am intellektuellen Spiel? Und für wen ist das relevant, außer für die philosophische Zunft selbst, und auch hier nur für diejenigen, die in diesen Diskurs involviert sind?

Die Auffassung, dass das moralisch Richtige zu tun ist, *weil* es moralisch richtig ist, hat nicht zuletzt eine bestimmte Auffassung der *Moralität* einer Handlung zur Folge: Moralisch ist dann eine Handlung, wenn das moralisch Richtige „um seiner moralischen Richtigkeit willen" getan wird, also gehandelt wird, „weil es moralisch ist, so zu handeln".[37] Wie es bei der Gesetzesreligion für alle gebotenen Handlungen nur ein einziges Motiv gibt in Gestalt ihres Gebotenseins durch Gott, so gibt es auch bei dieser Moralauffassung nur ein einziges moralisches Motiv in Gestalt der moralischen Richtigkeit oder Gebotenheit der betreffenden Handlung.[38] „Was dieses Motiv vor anderen Motiven auszeichnet[,] ist, dass es den Gedanken an die moralische Richtigkeit des Handelns, zu dem es motiviert, ausdrücklich enthält. Es motiviert zu bestimmten Handlungen im Namen der Moral und in keinem anderen Namen."[39] Bei Kant heiße dieses Motiv „Achtung vor dem Sittengesetz".[40]

Es ist nicht nur diese quasi religiöse Überhöhung der Moral zur autoritativ-verpflichtenden Instanz, die Fragen aufwirft. Zu fragen ist auch, ob unsere Vorstellungen vom moralisch Guten nicht viel zu sehr durch die christliche Auffassung des Guten geprägt sind, als dass uns diese Moralauffassung plausibel erscheinen kann. Um sich das Kontra-

---

[37] *Birnbacher*, aaO. 282.
[38] AaO. 283.
[39] Ebd.
[40] Ebd.

intuitive daran zu verdeutlichen, vergegenwärtige man sich noch einmal das Beispiel des Mannes, der sich um seinen erkrankten Nachbarn kümmert. Zweifellos erkennen wir seinem Handeln einen moralischen Wert zu, was sich daran zeigt, dass wir von dem Mann sagen können, dass er moralisch richtig handelt. Doch geht es nach dieser Moralauffassung, dann hat sein Handeln keinerlei moralischen Wert, und zwar weil er das, was er tut, um seines Nachbarn willen tut und nicht um der moralischen Richtigkeit seines Tuns willen. Wenn wir wählen müssten, welches Verhalten wir in moralischer Hinsicht höher bewerten, das Verhalten dessen, der einem anderen beisteht, weil dieser auf seine Hilfe angewiesen ist, oder das Verhalten dessen, der dasselbe tut, aber dies deshalb, weil es moralisch ist, so zu handeln: Würden wir nicht dem Verhalten des Ersteren eindeutig den Vorzug geben? Was uns dazu veranlasst, ist die Tatsache, dass es dem Zweiten gar nicht um den anderen geht, sondern einzig und allein um die moralische Richtigkeit seines Handelns. Mit welchen Situationen und Lebenslagen, in denen Menschen sich befinden, er auch immer konfrontiert wird, sein Handeln ist nicht durch diese Situationen motiviert, sondern allein dadurch, in jeder Situation das moralisch Richtige um seiner moralischen Richtigkeit willen zu tun. Damit aber geht seinem Handeln und Verhalten das Entscheidende ab, was zum moralisch Guten erfordert ist, nämlich dass damit einer gegebenen Situation entsprochen wird – statt deontischen Urteilen über die moralische Richtigkeit oder Gebotenheit von Handlungen. Sein Handeln ist von genau derselben Art wie das Handeln des religiös Gesetzesfrommen, dem es in jeder Situation darum geht, die Gebote Gottes zu befolgen, *weil* sie geboten sind.

7. Das moralisch Gute und das ‚gute Leben‘: Die integrative Ethik des gesunden Menschenverstandes

Abschließend sei in Grundzügen skizziert, welche Konzeption von Ethik durch die vorstehenden Überlegungen zum evaluativen Charakter der Moral nahegelegt wird. Gemäß einer klassischen Einteilung lassen sich drei Grundtypen ethischen Denkens unterscheiden, die als Güterethik, Tugendethik und Pflichtenethik bezeichnet werden. Von der *Tugendethik* war im Vorstehenden mit Blick auf Aristoteles die Rede. Von diesem Typus kann in einem eigentlichen Sinne nur die Rede sein, wenn das in ethischer Hinsicht Entscheidende in den Tugenden liegt, was bedeutet, dass dem Verhalten und Handeln in nur abgeleiteter Weise ethische Qualität zukommt, nämlich wenn und insofern es durch die Tugenden bestimmt ist. Hier liegen die Schwierigkeiten begründet, in die die Tugendethik mit der Moralisierung des Ethischen in der Moderne geraten ist. Verhält es sich doch bei der Moral genau umgekehrt, nämlich so, dass das in moralischer Hinsicht Entscheidende im Verhalten und Handeln liegt, was bedeutet, dass den Einstellungen bzw. Tugenden in nur abgeleiteter Weise moralische Qualität zukommt, nämlich wenn und insofern sie zum moralisch Guten bzw. Richtigen befähigen.[41] Die Möglichkeit einer Tugendethik

---

[41] Wenn an früherer Stelle von Verhaltensmustern die Rede war, die in konkretem Verhalten aktualisiert werden und in denen das Entscheidende liegt für die Bewertung von Verhalten als sittlich gut oder schlecht, so ist es wichtig, diese von festen Einstellungen oder Tugenden zu unterscheiden. Die Aktualisierung eines solchen Musters in konkretem Verhalten lässt keinen Rückschluss auf eine solche feste Einstellung zu.

hängt unter diesen Bedingungen davon ab, dass sie das leisten kann, was Ethik unter modernen Vorzeichen leisten muss, nämlich Moralbegründung, und zwar in Bezug auf die deontische Bewertung von Handlungen. Dies ist die Auffassung von Tugendethik, die Christoph Halbig im zweiten Teil seines Buches „Der Begriff der Tugend und die Grenzen der Tugendethik"[42] entwickelt. Danach muss die Tugendethik

ihren Bezugspunkt beim Handelnden und seinen Charaktermerkmalen finden, und sie muss zugleich in Konkurrenz zu deontologischen und konsequenzialistischen Ansätzen in der Lage sein, eine eigenständige Bestimmung des deontischen Status von Handlungen dadurch zu leisten, dass diese in einer noch zu klärenden Weise als Ausdruck dieser Person und ihrer Charaktermerkmale verstanden werden.[43]

Halbigs diesbezügliche Erörterung gelangt zu dem negativen Ergebnis, dass die Einwände gegen eine so verstandene Tugendethik die Strategien zu ihrer Verteidigung klar überwiegen.

Mit dem Ausdruck ‚*Pflichtenethik*' wird in der Regel eine Ethik des kantischen Typus verbunden, für die eine am *Sollen* bzw. am deontischen Wertungsmodus orientierte Moral im Zentrum steht. Dieser Typus ist bis heute bestimmend für eine breite Strömung innerhalb des ethischen Denkens. Seit einigen Jahrzehnten jedoch stößt die Reduktion der Ethik auf diesen Typus auf Kritik. Danach wird mit ihr die am *telos* des ‚guten Lebens' orientierte Strebensnatur des Menschen außer Acht gelassen, wie sie für die aristotelische Ethik leitend ist. Dies hat zu einer Renaissance der *Güterethik* geführt, und zwar als Ergänzung zur Pflichtenethik. Daraus

---

[42] *Christoph Halbig*, Der Begriff der Tugend und die Grenzen der Tugendethik, Berlin: Suhrkamp, 2013.

[43] AaO. 297.

ist der Ansatz einer *integrativen Ethik* hervorgegangen, der Aristoteles und Kant, d. h. Güter- und Pflichtenethik, zu kombinieren sucht.[44]

Diese Kombination ist allerdings nicht ohne Probleme. Handelt es sich doch bei der Güterethik und der Pflichtenethik um zwei eigenständige, nicht auseinander ableitbare ethische Ansätze. Die Güterethik ist nicht an moralischen Pflichten orientiert und die Pflichtenethik nicht an dem erstrebten Guten in Gestalt von Gütern. Wie lässt sich gleichwohl beides so aufeinander beziehen, dass sich die jeweiligen Handlungsmaximen sinnvoll ergänzen und nicht vielmehr in Spannung und Gegensatz zueinander geraten? Aufgrund der Reduktion der Moral auf den Pflichtgedanken kann sich diesbezüglich eine Zuordnung nahelegen, bei der der Fokus auf der Güterethik liegt und der Moral eine Abwehrfunktion zukommt im Sinne der Prävention gegen das Böse. So schreibt Paul Ricœur in Auseinandersetzung mit Kants Verständnis des Bösen:

> Weil es das Böse *gibt*, muß die Ausrichtung auf das „gute Leben" die Prüfung der moralischen Verpflichtung auf sich nehmen, die man mit folgenden Worten neu schreiben könnte: „Handle ausschließlich nach der Maxime, die bewirkt, daß du zugleich wollen kannst, daß das *nicht* sei, was *nicht sein soll*, nämlich das Böse."[45]

Die Überprüfung der spontanen Ausrichtung auf das erstrebte Gute anhand des Kriteriums der moralischen Verpflichtung hat hier den rein negativen Sinn der Vermeidung des Bösen. Die Moral hat demgegenüber keine positive Funktion im Sinne der Förderung und Verwirklichung des

---

[44] *Hans Krämer*, Integrative Ethik, Frankfurt a. M.: Suhrkamp, 1995. *Paul Ricœur*, Das Selbst als ein Anderer, München: Fink, 1996.

[45] *Ricœur*, Das Selbst als ein Anderer, aaO. 264.

‚guten Lebens', das von Ricœur als ein Leben „mit anderen und für andere in gerechten Institutionen"[46] bestimmt wird.

Dies führt noch einmal zurück zu den beiden Auffassungen von Moral, die Gegenstand der vorstehenden Überlegungen waren. Wenn, wie dies dem Typus der Pflichtenethik entspricht, das moralisch Gebotene *deshalb* zu tun ist, *weil* es moralisch geboten ist, dann gibt es keine Brücke zur strebensethischen Perspektive. Die Handlungsorientierung bleibt im Deontischen gefangen, und es ist allenfalls eine negative Zuordnung denkbar im Sinne der Pflicht, bei der Verfolgung des erstrebten Guten das Böse zu meiden. Anders verhält es sich, wenn das moralisch Gebotene *um des willen* zu tun ist, *weshalb* es moralisch geboten ist, nämlich *um der Verwirklichung des moralisch Guten willen* in Gestalt eines entsprechenden Verhaltens. Hier tut sich eine Verbindung zwischen Strebensethik und Moral auf. Es war davon die Rede, dass in der Moderne die Verständigung der sich als *moral community* konstituierenden gesellschaftlichen Individuen zur Letztinstanz für die Entscheidung darüber geworden ist, was als sittlich gut oder schlecht zu bewerten ist. Wie erläutert, schlägt sich dies in der Bedeutung des Wortes ‚moralisch' nieder: Mit der Beurteilung eines Verhaltens als moralisch gut wird konstatiert, dass es allgemeine Wertschätzung als sittlich gut verdient. Mit der Beurteilung eines Wertes als moralischer Wert wird konstatiert, dass er allgemeine Anerkennung als ein sittlicher Wert verdient. Auf diese Weise steuert die *moral community* das Verhalten ihrer Mitglieder.

Das gilt allem voran im Blick auf die Güter, die in strebensethischer Perspektive zu einem guten Leben gehören. Zum guten Leben „mit anderen und für andere" gehören

---

[46] AaO. 210.

Verhaltensweisen wie Rücksicht, Mitgefühl, Wahrhaftigkeit, Fürsorge usw., die deshalb als moralisch gut bewertet werden. Auch außermoralische Güter wie z. B. eine gesunde Umwelt können in die moralische Bewertungsperspektive einbezogen werden, nämlich indem Verhalten, das auf die Bewahrung und Förderung dieser Güter gerichtet ist, als moralisch gut bewertet wird. Dieser Tatsache verdankt die Umweltmoral ihre Entstehung. Wird die Moral in dieser Weise statt vom Pflichtgedanken her vom moralisch Guten her verstanden, dann hat sie im Blick auf das ‚gute Leben‘ keine bloß negative Funktion im Sinne der Prävention gegen das Böse, sondern sie dient positiv dazu, das Verhalten der Menschen auf die Güter hin auszurichten, die zu einem guten Leben erfordert sind.

Allerdings besteht zwischen dem erstrebenswerten Guten und dem moralisch Guten kein einseitiges Abhängigkeits-verhältnis in dem Sinne, dass moralisch gut ist, was dem erstrebenswert Guten dient. Vielmehr gilt auch das Umge-kehrte, nämlich dass das moralisch Gute in Gestalt eines entsprechenden Verhaltens selbst ein erstrebenswertes Gut und Teil des ‚guten Lebens‘ ist. Die güter- bzw. strebens-ethische Perspektive und die sittlich-moralische Perspektive sind daher unentwirrbar ineinander verschränkt. Das ist vor allem deshalb von Bedeutung, weil auf diese Weise die der Güterethik eigene Form der Klugheit zu einem essenziellen Bestandteil der praktischen Klugheit der Moral wird. So kommt in güterethischer Perspektive der Frage nach der Verfasstheit des menschlichen Lebens und den darin enthal-tenen Bedingungen für ein ‚gutes Leben‘ zentrale Bedeutung zu. Zu diesen Bedingungen gehört wesentlich die Tatsache, dass das menschliche Leben nur in partikularen Bindungen, Strukturen und Institutionen sich entwickeln und gedeihen kann, von denen die Identität der in ihnen lebenden

Menschen bestimmt und geprägt ist, von der Familie, dem Freundeskreis, einer religiösen Gemeinschaft bis hin zum politischen Gemeinwesen.[47] Mit der integrativen Verschränkung von güterethischer und moralischer Perspektive wird die Sorge für diese partikularen Voraussetzungen zu etwas, das moralisch aufgegeben ist. Rein für sich betrachtet, hat die Sorge für meine Kinder aus dem einzigen Grund, weil sie meine Kinder sind und weil sie Teil des Narrativs meiner Lebensgeschichte sind, noch nichts Moralisches. Denn die Moral hat es nicht mit singulären Entitäten zu tun, wie sie durch Eigennamen oder durch Ausdrücke wie ‚ich‘, ‚mein‘ usw. bezeichnet werden. Es bedarf als Zwischenschritt der Einsicht, dass die Sorge für die *je eigenen* Kinder und überhaupt für die partikularen Bedingungen, in die das eigene Leben verwoben ist, Voraussetzung für ein gutes und erfülltes Leben ist. Daher wird diese Sorge auch in einem sittlichen und moralischen Sinne als gut bewertet. Ein solcher ethischer Ansatz ist ersichtlich unvereinbar mit einem abstrakten moralischen Universalismus, der die Moral auf Pflichten und Rechte reduziert, die Menschen *qua Menschen* gegeneinander haben, und für den die partikularen Bedingungen des Gedeihens menschlichen Lebens und Zusammenlebens aufgrund ihrer Partikularität moralisch irrelevant sind.

Was aber den Begriff der moralischen Verpflichtung betrifft, so hat gewiss auch er seinen Platz im Rahmen eines solchen integrativen Ansatzes. An früherer Stelle wurde ausgeführt, dass und wie sich der Pflichtbegriff aus dem Begriff des moralisch Guten ergibt. Anders als dies bei Ricœur nahegelegt wird, bezieht dieser Begriff seinen Sinn nicht erst aus der Tatsache des Bösen. Die Antithese zum Bösen ist

---

[47] *Michael Sandel*, Gerechtigkeit. Wie wir das Richtige tun, Berlin: Ullstein, 2013, 283–333.

nicht die moralische Pflicht, sondern das moralisch Gute, aus dem die Pflicht resultiert. Ist doch das Böse die absolute Negation des Moralischen, d. h. etwas, das sich moralischen Kategorien überhaupt entzieht. Es gibt moralisch Schlechtes, aber nicht moralisch Böses. Daher besteht die Antithese zum Bösen in Sittlichkeit und Moral.

Es bleibt am Ende die Frage, ob Ethik sich nicht auch mit der Möglichkeit auseinandersetzen muss, dass Moral pervertierbar ist. Gerade wenn gilt, dass sie ein Instrument der Selbststeuerung moderner Gesellschaften ist: Muss dann nicht mit der Möglichkeit gerechnet werden, dass eine Gesellschaft sich mittels Moral auch zum Bösen steuern kann? Hatten nicht auch die totalitaristischen Bewegungen des 20. Jahrhunderts ihre Moral, durch die ihre Anhängerschaft motiviert wurde? Der Einwand führt noch einmal zu der Frage, was Moral ist. Wenn so gefragt wird, wie dies soeben geschehen ist, dann wird der Begriff der Moral rein formal gefasst, d. h. als etwas, das mit beliebigem Inhalt gefüllt sein kann. Gemäß diesem Moralverständnis gibt es viele Moralen, die allesamt mit gleichem Recht Anspruch darauf erheben können, Moral zu sein. Der Ethik scheint unter diesen Bedingungen die Aufgabe zuzufallen, unter den vielen Moralen diejenige zu ermitteln, die unter ethischem Gesichtspunkt vorzuziehen ist. Das allerdings erfordert eigene ethische Maßstäbe, die nicht schon einer bestimmten Moral entnommen sind und die somit inhaltlich neutral, d. h. rein formal sind. Wie aber soll zwischen verschiedenen, ja gegensätzlichen Konzeptionen des moralisch Guten auf rein formalem Weg, unter Absehung von den jeweiligen inhaltlichen Fassungen des Guten, eine Entscheidung herbeigeführt werden können?

Tatsächlich handelt es sich hier um ein Scheinproblem. Die Vorstellung eines Pluralismus von Moralen, von denen

jede gleichermaßen Anspruch darauf erheben kann, Moral
zu sein, setzt einen *Blick von nirgendwoher* voraus, der uns gar
nicht möglich ist. Wir sind immer schon eingebunden in
eine bestimmte moralische Perspektive. Dass es moralisch
Gutes gibt, wissen wir überhaupt nur, weil wir Mitglieder
einer *moral community* sind, die Verhalten als moralisch gut
bewertet, und das moralisch Gute hat hier immer schon eine
bestimmte inhaltliche Ausprägung, die es uns unmöglich
macht, auch das Gegenteil für moralisch gut zu halten. Statt
von einem Standpunkt oberhalb aller Moralen eine Entscheidung zugunsten einer bestimmten Moral fällen zu sollen, hat Ethik die Aufgabe, die Moral zu klären und weiter-
zuentwickeln, in die wir gewissermaßen hineingeboren sind
und die für unser Leben „mit anderen und für andere"
leitend ist. Insofern ist Ethik, insoweit sie die Moral zum
Gegenstand hat, nicht einfach nur ein Nachdenken über
Moral, sondern *Reflexion auf Moral*. Dabei geht es um die
Vergewisserung der Gründe dafür, warum ein Verhalten, das
wir als moralisch gut erachten, tatsächlich moralisch gut ist,
d. h. allgemeine Wertschätzung als sittlich gut verdient, oder
warum eine Norm moralisch gültig ist oder warum ein Wert
ein moralischer Wert ist. Und es geht darum, all das, was
sich dabei als unbegründet erweist, zu verabschieden und
anderes, für das es gute Gründe gibt, es in den Rang des
Moralischen zu erheben, in unsere Auffassung von Moral zu
integrieren. Das hat Auswirkungen auch auf das Verständnis
des Bösen. Wenn oben gesagt wurde, dass das Böse die
Negation von Sittlichkeit bzw. Moral ist, dann bezieht sich
dies auf die Sittlichkeit bzw. Moral, wie sie für unsere
Reflexion gegeben ist. Insofern ändern sich mit der Weiterentwicklung unserer Moralvorstellungen im Zuge ihrer ethischen Reflexion auch unsere Vorstellungen vom Bösen.

Doch wird die Aufgabe der Ethik damit nicht auf die
Reflexion und Weiterentwicklung von etwas bloß *Partiku-*
larem beschränkt, insofern die Moral, wie wir sie kennen, ein
Phänomen des westlichen Kulturkreises ist? Müsste im Zeitalter der Globalisierung nicht die Entwicklung einer universalen, kulturübergreifenden Moral Aufgabe der Ethik sein?
Es war die These der vorstehenden Überlegungen, dass
Moral, wie wir sie kennen, in der Tat partikulare Wurzeln in
der westlichen Kultur mit ihrer Verbindung von Christentum und Aufklärung hat. Daher ist es so wichtig zu sehen,
dass der Anspruch, der mit moralischen Urteilen erhoben
wird, ein Anspruch auf Wahrheit, aber nicht auf universale
Geltung im globalen Horizont ist. Religiös geprägte Gesellschaften und Gemeinschaften, die durch keine Aufklärung
hindurchgegangen sind und für die die Unterscheidung
zwischen ‚gut‘ und ‚böse‘ aus Gottes Willen oder heiligen
Texten abgeleitet ist, kennen keine Moral. Das betrifft große
Teile der heutigen Menschheit, und das nicht nur innerhalb
des Islam, an den man hier zumeist an erster Stelle denkt,
sondern auch des Christentums, des Judentums und anderer
Religionen. Die Vorstellung, es ließe sich eine universale, für
alle Menschen gültige Moral entwickeln, zeugt daher gleichermaßen von Unkenntnis in Bezug auf das Wesen der
Moral wie von Blindheit gegenüber den kulturellen Realitäten.

Der konkrete und der generalisierte Andere

Über das Verhältnis von Moral und Politik

In der in Deutschland geführten Debatte über die Aufnahme von Flüchtlingen gibt es eine ausgeprägte Tendenz, aus einem wesentlich politischen Problem ein rein moralisches Problem zu machen. Charakteristisch hierfür ist eine Formulierung, die kürzlich in einem Artikel in der Frankfurter Allgemeinen Zeitung zu lesen war.[1] Darin setzt sich der Autor kritisch mit dem Vorschlag auseinander, das Geld, das hierzulande für die Aufnahme von Flüchtlingen ausgegeben wird, besser in den Herkunftsländern zu investieren.[2] Er ist demgegenüber der Meinung, „dass wir moralisch verpflichtet sind, politisch Verfolgte und Bürgerkriegsflüchtlinge bei uns aufzunehmen", und er begreift dies als eine Pflicht, die wir „gegenüber" diesen Menschen haben. Die Frage der Aufnahme von Flüchtlingen ist hiernach ein moralisches Problem zwischen zwei Parteien: Auf der einen Seite stehen die Verfolgten und Bürgerkriegsflüchtlinge im globalen Horizont, und auf der anderen Seite stehen „wir".

Doch wer ist mit dem Wort „wir" gemeint? Das Wort suggeriert ein Kollektiv, das Träger moralischer Pflichten gegenüber Verfolgten und Bürgerkriegsflüchtlingen ist und das diese „bei sich" aufnimmt, und zwar in Erfüllung dieser

---

[1] *Matthias Hoesch*, Hier stimmen schon die Prozente nicht, FAZ vom 30. November 2017.

[2] *Reinhard Merkel*, Wir können allen helfen, FAZ vom 22. November 2017.

Pflichten, d. h. in einem Akt moralischer Hilfeleistung. Und es vereinnahmt den angesprochenen Leser als Mitglied dieses Kollektivs, womit die moralische Pflicht, „Verfolgte und Bürgerkriegsflüchtlinge bei uns aufzunehmen", auch seine Pflicht ist. Doch worin besteht diese Pflicht? Was soll er tun?

Auf diese Frage gibt der Artikel keine Antwort, und dafür gibt es einen einfachen Grund. Wenn es um Pflichten *gegenüber* Menschen geht, die in Not sind, dann hat ein einzelner Mensch moralische Hilfspflichten gegenüber dem *konkreten Anderen* in Gestalt *eines* Menschen, mit dessen Not er konfrontiert ist, nicht aber gegenüber dem *generalisierten Anderen* in Gestalt *jedes* Menschen, der in Not ist, noch dazu im globalen Horizont. Mit Hilfspflichten der letzteren Art würde vom Einzelnen Unmögliches gefordert. Genau das aber wird mit der Feststellung suggeriert, dass „wir", also auch du und ich, eine moralische Pflicht gegenüber Verfolgten und Bürgerkriegsflüchtlingen weltweit haben, nämlich sie aufzunehmen.

Innerhalb der Flüchtlingsdebatte ist diese Auffassung weit verbreitet. Ein Beispiel ist die Haltung der Kirchen. So leitete der Vorsitzende des Rates der Evangelischen Kirche in Deutschland, Heinrich Bedford-Strohm, auf dem Höhepunkt der Flüchtlingskrise aus dem Gebot der Nächstenliebe sowie aus der Goldenen Regel, wie Jesus sie gelehrt hat, einen „universellen humanitären Imperativ"[3] im Sinne einer moralischen Verantwortung für alle Notleidenden dieser Welt ab. In ganz demselben Sinne heißt es in einem 2017 erschienenen Positionspapier der Evangelischen Kirche in Deutschland (EKD): „Nächstenliebe unterscheidet nicht.

---

[3] *Heinrich Bedford-Strohm*, Verantwortung aus christlicher Gesinnung, FAZ vom 7. Dezember 2015.

Nächstenliebe heißt, dass jeder hilfsbedürftige Mensch im Blick sein muss."[4]

Stimmt das? Gerade für das Verständnis der biblischen und christlichen Ethik ist die Unterscheidung zwischen dem *konkreten Anderen* und dem *generalisierten Anderen* von grundlegender Bedeutung.[5] Wenn man die Goldene Regel – „Alles, was ihr wollt, das euch die Leute tun, das tut ihnen auch" (Matth 7,12) – auf Menschen in Not bezieht: Geht es dann darum, was wir *einem* Menschen in Not bzw. was wir *Menschen* in Not tun sollen, oder geht es darum, was wir *jedem* Menschen bzw. was wir *allen* Menschen tun sollen, die in Not sind? Auf das Gebot der Nächstenliebe bezogen: Bezeichnet der Ausdruck ‚der Nächste' eine Klasse von Individuen – *alle* Hilfsbedürftigen, *alle* Verfolgten, *alle* Armen –, oder bezeichnet er nicht vielmehr ein *unbestimmtes Individuum*, das immer nur in bestimmten, konkreten Individuen begegnet, wie Jesus mit der Samaritererzählung (Luk 10,30–36) verdeutlicht, nämlich *den Nächsten in der Person des Anderen*? Die Antwort auf diese Fragen ist eigentlich offensichtlich, und zwar nicht nur im Licht der biblischen Texte, die von der Goldenen Regel und der Nächstenliebe handeln, sondern auch aus einem praktischen Grund: Die Goldene Regel und das Gebot der Nächstenliebe sind an das Handeln des Einzelnen adressiert. Kein einzelner Mensch aber kann jedem Menschen weltweit helfen, der in Not ist. Daher läuft die Applikation der Goldenen Regel und des Liebesgebots

---

[4] *Evangelische Kirche in Deutschland* (Hg.), „…und ihr habt mich aufgenommen". Zehn Überzeugungen zu Flucht und Integration aus evangelischer Sicht, Hannover: Evangelische Kirche in Deutschland, 2017.

[5] Zur Bedeutung dieser Unterscheidung für die biblische Ethik *Johannes Fischer*, Evangelische Ethik und Kasuistik. Erwiderung auf Peter Wicks Beitrag, ZEE 53/1 (2009), 46ff.

auf den generalisierten Anderen im Sinne eines „universellen humanitären Imperativs" auf eine heillose Überforderung und auf eine Ethik des permanent schlechten Gewissens hinaus.

Was für die christliche Ethik gilt, das gilt ganz ebenso für die säkulare Moral. Das wird deutlich, wenn man sich vergegenwärtigt, worin der Unterschied zwischen dem konkreten und dem generalisierten Anderen begründet ist. Es ist dies die Tatsache, dass wir einen anderen Menschen, mit dessen Not wir konfrontiert sind, nicht als Fall eines Allgemeinen oder Anwendungsfall einer Regel betrachten und behandeln. Das zeigt sich an der Antwort, die wir auf die Frage geben, warum wir ihm beistehen. Wir sagen nicht: „Es ist moralisch geboten, Menschen in Not zu helfen. Dies ist ein Mensch in Not. Daher helfen wir ihm." Wir verweisen vielmehr auf seine Situation, die unsere Hilfe erfordert. Und wenn der Fragende es noch genauer wissen will, dann schildern wir ihm diese Situation in Form eines Narrativs in ihren relevanten Aspekten, um ihn davon zu überzeugen, dass es richtig ist, hier zu helfen. Die Fokussierung auf ‚relevante Aspekte' verweist darauf, dass die Situation hier nicht in ihrer absoluten Singularität im Blick ist, durch die sie sich von jeder anderen Situation unterscheidet, sondern vielmehr im Hinblick auf ein Situations*muster*, das wir in ihr wahrnehmen und das ganz ebenso in anderen Situationen mit anderen Personen wahrgenommen werden kann und das uns moralisch auf sie eingestellt macht, nennen wir es ‚ein Mensch, der dringend auf Hilfe angewiesen ist'. In unserer Antwort schildern wir die Situation so, dass sich dieses Muster auch dem Fragenden vor Augen stellt, so dass auch er von dem moralischen Impuls erreicht wird, der von diesem Muster ausgeht. Ein genaues Verständnis dieser Zusammenhänge würde einen längeren Exkurs erfordern zur

Struktur der moralischen Perzeption[6] sowie zu der Rolle, welche Emotionen dabei spielen, und zwar Emotionen im Sinne der kognitiven Emotionstheorie, d. h. als affektiv gehaltvolle Wahrnehmungen. Hier muss der Hinweis genügen, dass in der empirischen Moralforschung in Psychologie, Neurobiologie und Verhaltensbiologie heute einhelliger Konsens darüber herrscht, dass – wie ja auch schon David Hume und andere wussten – die Moral ihre Grundlage in den menschlichen Emotionen hat, und auch innerhalb der Philosophie gibt es dazu eine breite Debatte.[7]

Damit ist deutlich, was mit dem Ausdruck ‚konkreter Anderer‘ gemeint ist, nämlich nicht einfach *diese Person* in ihrer Singularität und Unverwechselbarkeit, sondern vielmehr *ein Mensch in Lebensumständen einer bestimmten Art*, den wir in *dieser Person* vor uns haben. So gesehen bestehen die moralischen Ressourcen einer Gesellschaft in derartigen emotional verankerten Mustern, die Menschen in Situationen oder Lebenslagen anderer Menschen wiedererkennen und die sie zu einer entsprechenden Verhaltensreaktion veranlassen. Man mag sich diesbezüglich an die überwältigende moralische Wirkung erinnern, die auf dem Höhepunkt der Flüchtlingskrise die mediale Berichterstattung über die Situation von Menschen auf der Flucht ausgelöst hat, insbesondere von Menschen, die in besonderer Weise der Hilfe bedürfen wie Frauen, Kinder und ältere Menschen.

---

[6] *Johannes Fischer/Stefan Gruden*, Die Struktur der moralischen Orientierung. Interdisziplinäre Perspektiven, Berlin/Münster/Zürich: LIT-Verlag, 2010.

[7] Eine kundige und kluge Einführung in diese vor allem im angelsächsischen Raum geführte Debatte findet sich bei *Christoph Ammann*, Emotionen – Seismographen der Bedeutung. Ihre Relevanz für eine christliche Ethik, Stuttgart: Kohlhammer, 2007.

Ganz anders verhält sich dies beim generalisierten Anderen. Bei ihm handelt es sich um ein Abstraktum, nämlich um ein Exemplar einer *Klasse* von Menschen, z. B. der Klasse der Bedürftigen oder der Verfolgten. Dieses Abstraktum übt keinerlei emotionale Wirkung auf uns aus, und daher geht von ihm auch keinerlei moralischer Impuls aus. Anzumerken ist hier allerdings, dass in großen Teilen der heutigen Ethik die Meinung verbreitet ist, dass Moral und Ethik es gerade mit diesem Abstraktum zu tun haben. Auf diese Auffassung trifft man zum Beispiel überall da, wo der Begriff der Norm als grundlegend für die Moral erachtet wird. Danach bezieht das moralische Handeln seine Gründe aus moralischen Normen. Dementsprechend handeln wir, wenn wir mit der Not eines anderen Menschen konfrontiert sind, aufgrund eines logischen Syllogismus: Menschen in Not soll geholfen werden (Norm); dieser Mensch ist ein Mensch in Not (empirische Tatsachenfeststellung); also soll diesem Menschen geholfen werden (Conclusio). Hier wird der Andere als Exemplar einer Klasse thematisch, nämlich der Klasse der Menschen in Not, auf die sich die Norm bezieht. Dementsprechend gibt es bei dieser Moral- und Ethikauffassung keinen Unterschied zwischen dem konkreten und dem generalisierten Anderen. Ersichtlich steht diese Moralauffassung in Widerspruch zu derjenigen der empirischen Moralforschung. Aus deren Sicht stellt sich daher die Frage, ob eine sich solcherart begreifende Ethik überhaupt die Moral zum Gegenstand hat.

Wenn es sich beim generalisierten Anderen um ein Abstraktum handelt, von dem keinerlei moralischer Impuls ausgeht: Heißt dies, dass es in Bezug auf den generalisierten Anderen keinerlei Hilfspflichten gibt? Man muss sich hierzu vergegenwärtigen, dass die Idee einer solchen Hilfspflicht überhaupt nur aufkommen kann, wenn die Sorge für

Bedürftige aus der exklusiven Zuständigkeit individueller Barmherzigkeit gelöst und zu einer Aufgabe des politischen Gemeinwesens wird. Dieses verfügt über Möglichkeiten, die ein Einzelner nicht hat, nämlich *allen* Menschen in seinem Zuständigkeitsbereich Unterstützung zukommen zu lassen, die aufgrund einer sozialen Notlage auf Unterstützung angewiesen sind. Das bedeutet, dass der generalisierte Andere nicht in den Bereich des moralischen Handelns, sondern in den Bereich des *politischen* und *rechtlichen* Handelns fällt. Anders als es die eingangs zitierte Formulierung nahelegt, ist es nicht ein moralisches Kollektivsubjekt namens „wir", das in einem Akt moralischer Hilfeleistung Flüchtlinge „bei sich" aufnimmt, sondern die aufnehmende Instanz sind der Staat und seine Behörden. Deren Handeln aber ist kein moralisches Handeln, sondern sie tun, wozu sie politisch beauftragt sind. Die moralische Pflicht des Einzelnen bezüglich der Aufnahme von Flüchtlingen kann unter diesen Umständen nur darin bestehen, sich auf politischer Ebene für die Aufnahme von Verfolgten und Bürgerkriegsflüchtlingen durch den Staat einzusetzen. Im Unterschied zu der vermeintlichen Pflicht, Flüchtlinge weltweit „bei uns" aufzunehmen, ist dies vom Einzelnen erfüllbare Pflicht. Es geht nicht um ein moralisches Problem zwischen zwei Parteien, den Flüchtlingen und „uns", sondern Akteur ist der Staat, und die moralische Pflicht des Einzelnen bekommt dadurch eine politische Dimension.

Es handelt sich hierbei um keine moralische Pflicht *gegenüber* einem generalisierten Anderen in Gestalt von Flüchtlingen weltweit, sondern um eine moralische Pflicht in Anbetracht des schrecklichen *Übels*, das Flucht und Vertreibung für die betroffenen Menschen bedeuten. Die Erkenntnis dieses Übels und der daraus resultierenden moralischen Pflicht ist wiederum am konkreten Anderen gewonnen,

nämlich über die empathische Vergegenwärtigung dessen,
was es für einen Menschen bedeutet, einem solchem Schicksal ausgesetzt zu sein. Auch hier mag man sich an die mediale Berichterstattung über Einzelschicksale auf dem Höhepunkt der Flüchtlingskrise erinnern.

Damit ergibt sich das Fazit, dass es, was die Not anderer
Menschen betrifft, genau genommen *zwei Arten von moralischen Pflichten* gibt: Pflichten gegenüber konkreten Anderen
und Pflichten in Bezug auf die Bekämpfung des Übels
menschlicher Not. Aber es gibt keine moralische Hilfspflicht
gegenüber allen Menschen weltweit, die in Not oder auf der
Flucht sind.

Nun wurde bislang nur für die These argumentiert, dass
ein einzelner Mensch keine moralischen Pflichten gegenüber
dem generalisierten Anderen hat. Doch wenn man sagt, dass
der generalisierte Andere in den Bereich des politischen und
rechtlichen Handelns anstatt des moralischen Handelns fällt,
dann setzt dies voraus, dass sich das politische und rechtliche Handeln klar von moralischem Handeln abgrenzen
lässt. Dagegen ließe sich einwenden, dass Recht und Politik
auf vielfältige Weise moralisch imprägniert sind. Kann nicht
auch das Handeln von Richtern oder Politikern von moralischen Gesichtspunkten gesteuert sein? Können nicht auch
Staaten unter moralischen Pflichten stehen und dementsprechend auch moralisch handeln?

Anders als die Moral – die deshalb kein soziales Sub-
system darstellt – sind Recht und Politik in Institutionen
verankert, aus denen sie ihre jeweilige Eigenart beziehen,
und Handlungen gehören dem Bereich des Rechts oder der
Politik zu, wenn sie unter den Regeln und Pflichten der jeweiligen Institutionen stehen. Hierin ist die Eigenständigkeit
von Recht und Politik gegenüber der Moral begründet. Aus
der Perspektive der Ethik lässt sich dieser Sachverhalt auch

so formulieren: Moral und Ethik haben es einerseits mit dem individuellen Handeln und Verhalten zu tun (Individualethik). Zum anderen sind auch Institutionen und Ordnungen Gegenstand der ethischen Reflexion, und zwar unter dem Gesichtspunkt, ob sie dem Wohl der Menschen dienen, die ihnen unterworfen sind (Sozial- bzw. Institutionenethik). Hiervon zu unterscheiden ist das Handeln *innerhalb* von Institutionen und Ordnungen. Für dessen Orientierung sind nicht Moral und Ethik maßgebend, sondern die Regeln, die für die betreffenden Institutionen und Ordnungen gelten. So soll ein Richter nicht aufgrund seiner moralischen Überzeugung urteilen, sondern aufgrund der geltenden Gesetze. Das schließt nicht aus, sondern durchaus ein, dass moralische Gesichtspunkte sowohl bei der Ausarbeitung und Inkraftsetzung von Gesetzen als auch bei der Rechtsprechung eine Rolle spielen können. Was Letzteres betrifft, so gibt es z. B. im Blick auf die angelsächsische Rechtsprechung die These, dass diese von ungeschriebenen Regeln geleitet ist, die teils moralischen Charakter haben. Doch folgt daraus ersichtlich nicht, dass das Urteil, das ein Richter fällt, wenn dabei auf solche Regeln rekurriert wird, ein moralisches statt ein strafrechtliches Urteil ist. Es bedeutet vielmehr, dass es dem Richter durch sein Amt zur Pflicht gemacht wird, sich bei seinem Urteil von diesen ungeschriebenen Regeln leiten zu lassen. Somit handelt er, indem er so urteilt, nicht moralisch, sondern aufgrund der Pflichten seines Amtes. Die entscheidende Frage ist, welcher Instanz ein Richter *in Ausübung seines Berufes* an erster Stelle verpflichtet ist, der Moral oder dem geltenden Recht, wozu auch die Pflichten seines Amtes gehören. Wenn es Richtern freigestellt wäre, sich im Namen der Moral über geltendes Recht hinwegzusetzen, dann wäre dies das Ende der Geltung des Rechts und der Rechtssicherheit. Daher kann die Moral für das richterliche Urteil nur insoweit eine Rolle spielen, wie dies durch das geltende Recht gedeckt ist, z. B. wenn dieses Spielräume lässt für das richterliche Ermessen. Ob es Ausnahmen von dieser Regel gibt und wie diese Ausnahmen zu interpretieren sind, ist in Deutschland nach 1945 im Blick auf das nationalsozialistische Unrecht-Recht ausgiebig diskutiert worden. Zumindest darüber herrschte damals Konsens, dass die Moral nicht als ein äußeres Korrektiv des Rechts, sondern nur als eine innere Bedingung des Rechts fungieren kann, etwa im Sinne des Grundsatzes, dass Recht auf Gerechtigkeit hin angelegt ist, womit ein Richter, der sich weigert, extrem ungerechtes Recht anzuwenden, sich gerade dem Recht verpflichtet zeigt, statt rechtsfremde Gesichtspunkte ins Spiel zu bringen.

So wie ein Richter muss auch derjenige, der in ein politisches Amt gewählt worden ist, den Pflichten seines Amtes Genüge tun. Auch hier ist die entscheidende Frage, welcher Instanz ein Politiker in Ausübung seines Amtes zuerst verpflichtet ist, der Moral oder den Pflichten des Amtes, auf das er vereidigt worden ist. In einer repräsentativen Demokratie lässt dieses Amt große Spielräume für die Berücksichtigung moralischer Erfordernisse. So kann ein Politiker sich aus moralischen Gründen für eine gerechtere Sozialpolitik oder für eine Reform des Strafrechts einsetzen. Oder er kann sich für die Aufnahme von Flüchtlingen einsetzen. Doch indem er dies in Ausübung seines Amtes tut, handelt er nicht moralisch, sondern politisch und steht daher in der Verantwortung und Rechenschaftspflicht gegenüber denen, die ihm das Amt übertragen haben. Man kann dies auch so formulieren, dass er sich in seinem politischen Handeln von moralischen Gesichtspunkten leiten lässt. Die Aussage, dass ein Politiker in Ausübung seines Amtes moralisch handelt, ist insofern widersprüchlich, als sie beinhaltet, dass das betreffende Handeln einerseits, als politisches, unter den Vorgaben und Pflichten politischer Institutionen steht und dass es andererseits, als moralisches, nicht unter derartigen Vorgaben steht. Dasselbe gilt für die Aussage, dass ein Richter in Ausübung seines Amtes moralisch handelt.

Dies muss zur Begründung der These genügen, dass der generalisierte Andere in den Bereich nicht des moralischen, sondern des politischen und rechtlichen Handelns fällt. Die Bedeutung dieses Sachverhalts liegt nach dem Gesagten erstens darin, dass das moralische Handeln vor Überforderung bewahrt wird, und zweitens darin, dass die Belange des generalisierten Anderen auf der Ebene des rechtlichen und politischen Handelns eine adäquate Berücksichtigung erfahren können. Hier werden Flüchtlinge als Fall eines Allgemeinen, nämlich nach Maßgabe von Regeln behandelt. Das gilt für das Asylverfahren, das sie durchlaufen, ebenso wie für die Maßnahmen zu ihrer Integration. Es bleibt dabei ein unauflösliches Spannungsmoment, insofern die moralische Einsicht, dass diesen Menschen geholfen werden muss, an der empathischen Vergegenwärtigung des Schicksals konkreter Anderer gewonnen ist, wohingegen die staatliche Hilfe diesen Menschen als generalisierten Anderen gilt, d. h. nach Maßgabe allgemeiner Regeln ohne Empathie und Anteilnahme an ihrem individuellen Schicksal.

Die Zuordnung des konkreten Anderen zur Moral und des generalisierten Anderen zu Recht und Politik zeigt sich in besonders augenfälliger Weise an den Menschenrechten. Für deren Verständnis ist die Unterscheidung zwischen moralischen und politischen Rechten essenziell.[8] Als moralische Rechte begriffen, sind die Menschenrechte Rechte *eines*

---

[8] Vgl. hierzu den Text „Menschenwürde und Menschenrechte" (siehe unten S. 127–150).

Menschen, wie er in konkreten Anderen begegnet. Den
moralischen Menschenrechten korrespondieren moralische
Pflichten gegenüber ihren Trägern. Als politische Rechte
begriffen, sind die Menschenrechte Rechte *jedes* Menschen
im Sinne des generalisierten Anderen, und zwar Rechte, die
verliehen sind mit der Inkraftsetzung der Menschenrechts-
charta der Vereinten Nationen und ihrer Ratifizierung durch
die Staatengemeinschaft. Ihnen entsprechen keine moralischen Pflichten, sondern politische, juridisch einklagbare
Pflichten. Der Sinn der Inkraftsetzung politischer Menschenrechte liegt so gesehen darin, die moralischen Menschenrechte des konkreten Anderen in politische Menschenrechte des generalisierten Anderen zu transformieren, d. h.
die Menschenrechte *eines* Menschen in Menschenrechte *jedes*
Menschen. Oben war die Rede von einer normorientierten
Auffassung von Moral und Ethik, die zwischen konkretem
und generalisiertem Anderen nicht unterscheidet, sondern
als Bezugspunkt der Moral lediglich den generalisierten
Anderen kennt. Eine solche Auffassung kann auch zwischen
moralischen und politischen Menschenrechten nicht unterscheiden, sondern muss annehmen, dass die Menschenrechte des generalisierten Anderen beides in einem sind,
moralische und politische Rechte. Als moralischen Rechten
entsprechen ihnen moralische Pflichten. Das sind dann
freilich moralische Pflichten gegenüber dem generalisierten
Anderen, was die Frage aufwirft, wer Träger dieser Pflichten
sein soll.

   Am Ende dieser Überlegungen soll von gewissen Kon-
fusionen die Rede sein, von denen die Flüchtlingsdebatte
belastet ist. Sie haben sämtlich damit zu tun, dass zwischen
konkretem und generalisiertem Anderen nicht klar unterschieden wird und dementsprechend die Perspektiven von
Moral und Politik durcheinandergeraten. Einerseits ist da die

moralische Perspektive, die im Flüchtling den konkreten Anderen sieht, der der Hilfe bedürftig ist. In dieser Perspektive geht es um eine moralische Beziehung zwischen zwei Parteien: dort der Flüchtling, hier „wir". Wie gesagt, spielen dabei in den öffentlichen Stellungnahmen der Kirchen Motive der christlichen Tradition eine wichtige Rolle, wonach im Flüchtling der Nächste begegnet, dem es zu helfen gilt, oder der Fremde, den es aufzunehmen gilt und in dem nach Matth 25,35 Jesus selbst gegenwärtig ist. Es gehört zum Wesen solch emotional verankerter, auf den konkreten Anderen bezogener Motive, dass sie indifferent sind gegenüber Unterscheidungen und Kategorisierungen nach Maßgabe von Regeln wie etwa der Einteilung in politisch Verfolgte, Bürgerkriegsflüchtlinge, Armutsmigranten usw. und dass sie daher dahin tendieren, diese zu überdecken und zu verdrängen.[9] Um genau solche Kategorisierungen aber geht es in politischer und rechtlicher Perspektive. Hier ist entscheidend, ob jemand gemäß den Regeln des geltenden Asylrechts einen Anspruch auf Schutz hat oder nicht.

Die Überlagerung und Verdrängung der politischen Perspektive durch die moralische manifestiert sich in der Vorstellung und Erwartung, dass das staatliche Handeln dem Flüchtling gelten soll, wie er für die moralische Perspektive vor Augen steht, d. h. dem Notleidenden, dem Nächsten, dem Fremden, kurz: dem Flüchtling als konkretem Anderen. Nach dieser Vorstellung soll der Staat als moralischer Akteur handeln. Es war diese Vorstellung, die der „Willkommenskultur" des Herbstes 2015 zugrunde lag. Sie war bestimmt von einem Bild des Flüchtlings als eines konkreten Anderen,

---

[9] *Wolfgang Huber*, Moralischer Impuls und rechtliche Differenzierung. Für einen erweiterten Blick auf die Debatte zu Flucht und Migration, in: ZEE 61/4 (2017), 244–249.

dem gegenüber „wir" in moralischen Pflichten stehen, wobei der Staat das ausführende Organ dieser unserer Pflichten ist. Der Schock der Kölner Silvesternacht hat dieses Bild nachhaltig erschüttert. Er sorgte dafür, dass in großen Teilen der öffentlichen Wahrnehmung der Flüchtling über Nacht zum generalisierten Anderen wurde und die politische und rechtliche Perspektive sich in den Vordergrund schob in Gestalt der Frage, ob all diejenigen, die in der Euphorie der Willkommenskultur willkommen geheißen worden waren, gemäß den Regeln des Asylrechts tatsächlich auch ein Recht haben, hier zu sein.

Fatal sind die Konsequenzen dieser Perspektivenkonfusion. Wo es um die Not des konkreten Anderen geht, da werden alle anderen Rücksichten zweitrangig. Auch hierfür liefert die christliche Tradition das Paradigma mit der Samaritererzählung, in der jemand seine Reise unterbricht, um einem Menschen beizustehen, der bei einem Überfall ausgeraubt und verwundet worden war. In diesem Augenblick gibt es für ihn nichts Wichtigeres zu tun als ebendieses. Von dieser Art war die Situation im Herbst 2015: Mit der Projektion des konkreten Anderen, des Nächsten, des Fremden usw. auf die zigtausende von Flüchtlingen, die über die Balkanroute nach Deutschland unterwegs waren, entstand ein enormer moralischer Druck, gemessen an dem alle anderen Rücksichten ihre Bedeutung einbüßten. Das betraf insbesondere die Belange des politischen Gemeinwesens und die Interessen der Bürgerinnen und Bürger. Eine Abwägung zwischen den Belangen der Flüchtlinge und den Belangen des Gemeinwesens war von vornherein unmöglich, weil zwischen beidem eine krasse Asymmetrie bestand, ja beides eigentlich inkommensurabel war: auf der einen Seite der Flüchtling als konkreter Anderer, von dessen Situation ein dramatischer moralischer Imperativ ausging; auf der anderen

Seite die Bürgerinnen und Bürger als generalisierte Andere, die als solche moralisch nicht ins Gewicht fielen. Bei einer derartigen Konstellation sticht der moralische Imperativ wie ein Trumpf alle anderen Gründe aus.

Das zeigte sich an der damaligen Debatte über eine Begrenzung der Aufnahme von Flüchtlingen. „Humanität kennt keine Grenzen", so lautete ein damals vielzitierter Satz. Das Argument hierfür bestand in dem Szenario, dass – aus welchen Gründen auch immer – eine Grenze bei einer Zahl X festgelegt worden ist und der Flüchtling X+1 kommt und Aufnahme begehrt: Konnte man ihn, einen konkreten Anderen in seiner Not, ernstlich zurückweisen? Mit diesem Argument ließ sich jede Begrenzung ad absurdum führen und zudem jeder Befürworter von Begrenzungen als herzlos und unmoralisch entlarven. Angesichts der weltweiten Not und aufgrund der Vorstellung, es in jedem Notleidenden weltweit mit dem Nächsten zu tun zu haben, schien es in der damaligen Situation nichts Wichtigeres zu geben, als die Grenzen offenzuhalten, und alle Gegengründe hatten bei dieser Konstellation keine Kraft.

Im Rückblick erscheint das alles wie eine tiefe moralische Verblendung. Der Irrtum bestand darin, dass ein Problem, das das Handeln des Staates betrifft und das folglich der politischen Ethik zuzuordnen ist, als ein individualethisches Problem aufgefasst wurde, welches das moralische Handeln des Einzelnen bzw. eines Kollektivsubjekts namens „wir" betrifft. Wird es demgegenüber als ein Problem der politischen Ethik begriffen, dann gibt es die Asymmetrie nicht, von der oben die Rede war. Dann geht es um Flüchtlinge als generalisierte Andere und um eine Abwägung zwischen dem moralischen Gebot, mit der Aufnahme von Flüchtlingen einen substanziellen politischen Beitrag zur Bekämpfung und Linderung des Übels zu leisten, das Flucht und Vertreibung für die betroffenen Menschen bedeuten, und anderen Aufgaben und Rücksichten, denen das Handeln des Staates Rechnung tragen muss und für die es ebenfalls gute moralische Gründe gibt. Was aber Flüchtlinge als konkrete Andere betrifft, so kann das große Engagement ehrenamtlicher Helfer und professioneller Betreuer nicht hoch genug geschätzt werden.

Moralische Dilemmata und
die Grenzen der Moral

Ein moralisches Dilemma lässt sich definieren als „eine Situation, in der ein Handelnder S moralisch verpflichtet ist, A zu tun, und moralisch verpflichtet ist, B zu tun, aber nicht beides tun kann, weil entweder B die Unterlassung von A ist oder einige zufällige Merkmale der Welt verhindern, beides zu tun".[1]

Gibt es für derartige Dilemmata moralische Lösungen? Nicht wenige Ethikerinnen und Ethiker sind der Auffassung, dass es sie gibt und dass es Aufgabe der Ethik ist, solche Lösungen zu finden. Bekannt sind gewisse Gedankenexperimente, die man zu diesem Zweck erfunden hat, wie etwa das Trolley-Beispiel, bei dem eine Straßenbahn außer Kontrolle gerät und fünf Personen zu überrollen droht. Durch Umstellung einer Weiche kann dies verhindert und die Straßenbahn auf ein anderes Gleis umgeleitet werden, auf dem sich aber unglücklicherweise eine weitere Person befindet. So steht hier die Pflicht, das Leben der fünf Personen zu retten, gegen die Pflicht, das Leben der einen Person nicht zu gefährden. Für die Auflösung dieses Dilemmas rekurriert man zumeist auf die klassischen ethischen Theorien. So ist von einem utilitaristischen Standpunkt aus betrachtet die Umstellung der Weiche moralisch geboten, da der Tod von fünf Personen ein größeres Quantum an Leid

---

[1] *Jens Peter Brune*, Art. „Dilemma", in: Marcus Düwell u. a. (Hg.), Handbuch Ethik, Stuttgart/Weimar: J. B. Metzler, 2002, 326. Brune übernimmt diese Definition von Christopher W. Gowans.

bedeutet als der Tod einer einzelnen Person. Aber auch für eine kantische Perspektive kann sich diese Lösung nahelegen, wenn nämlich das Umstellen der Weiche als Handlung mit doppelter Wirkung interpretiert wird, bei der der Tod der einen Person die unbeabsichtigte Nebenfolge der Rettung der fünf Personen ist. Im Resultat zielen solche Überlegungen darauf ab, das Dilemma zum Verschwinden zu bringen. Nur *prima facie* hat man ein Dilemma vor sich, bei dem zwei moralische Pflichten gegeneinanderstehen. Bei genauer ethischer Analyse hingegen zeigt sich, dass es in Wahrheit nur eine einzige Pflicht gibt, nämlich die Weiche umzustellen, und dass daher das vermeintliche Dilemma in Wahrheit gar keines ist.

Man kann solchen Überlegungen wohl nur etwas abgewinnen, wenn man nie über die Prämisse gestolpert ist, auf der sie beruhen, nämlich dass das moralische Handeln seine Gründe und Motive aus moralischen Urteilen bezieht. Es ist diese Prämisse, die der Vorstellung zugrunde liegt, die Ethik müsse moralische Dilemmata einer Lösung in Gestalt moralischer Urteile wie dem Urteil ‚Es ist moralisch geboten, die Weiche umzustellen‘ im Fall des Trolley-Beispiels zuführen, damit das Handeln sich hieran orientieren kann. Gemäß dieser Prämisse sind bereits die konfligierenden Gründe, die ein moralisches Dilemma konstituieren, moralische Urteile bzw. dasjenige, was durch moralische Urteile konstatiert wird, nämlich moralische Tatsachen. Nach dem einen Urteil ist S moralisch verpflichtet, A zu tun, nach dem anderen ist S moralisch verpflichtet, B zu tun, doch kann S nicht beiden Urteilen Folge leisten. Wenn es eine Lösung gibt, dann nur so, dass eine Entscheidung darüber getroffen wird, welchem moralischen Urteil in dieser Situation der Vorrang gebührt, und dieses Urteil formuliert dann die Pflicht in dieser Situation, womit das Dilemma verschwunden ist.

Wer so denkt, der ist nie in eine Situation gekommen, wie sie durch das Trolley-Beispiel veranschaulicht wird. Denn für denjenigen, der sich in der Situation des Trolley-Beispiels befindet, geht der Dilemmakonflikt nicht von moralischen Tatsachen aus, wie sie Inhalt moralischer Urteile sind. Er geht vielmehr von dem Entsetzlichen aus, das er einerseits in seiner Präsenz vor Augen hat – ein Straßenbahnwagen, der auf fünf Personen zurast – und das er andererseits in der Vorstellung antizipiert – ein Straßenbahnwagen, der bei umgestellter Weiche über die Person auf dem Nebengleis hinwegrollt. Was immer er tut, sei es, dass er die Weiche umstellt, sei es, dass er die Umstellung der Weiche unterlässt, es hat Entsetzliches zur Folge. Wird das Trolley-Dilemma in dieser Weise real erlebt statt bloß gedanklich konstruiert, dann lässt es sich nicht durch die Versicherung zum Verschwinden bringen, dass der Tod der einen Person, den die Umstellung der Weiche zur Folge hat, in Anbetracht der Rettung der fünf Personen moralisch in Ordnung geht. Das nimmt dem Tod dieser Person nichts von seiner Entsetzlichkeit, und es schafft somit auch die moralische Nötigung nicht aus der Welt, die von der Vorstellung dieses Entsetzlichen ausgeht, nämlich dass es unter keinen Umständen geschehen darf. Daher gibt es hier keine Auflösung des Dilemmas.

Angenommen, der Betreffende stellt die Weiche um und muss mit ansehen, wie die Person auf dem Nebengleis durch den Straßenbahnwagen überrollt wird. Wird er je sagen können: „Was ich getan habe, war moralisch richtig"? Kann es moralisch richtig sein – also richtig im Sinne der Verwirklichung des moralisch Guten –, etwas zu tun, wodurch ein unschuldiger Mensch auf entsetzliche Weise zu Tode kommt, auch wenn dadurch das Leben anderer Menschen gerettet wird? Man rufe sich das Szenario des Überrolltwerdens der Person auf dem Nebengleis vor das innere

Auge und stelle dann das moralische Richtigkeitsurteil daneben: Nimmt Letzteres sich dann nicht wie Zynismus aus, der
buchstäblich über Leichen geht? Entzieht sich daher eine
solche Handlung nicht überhaupt moralischen Kategorien?

Das muss keineswegs bedeuten, dass sie jeglicher Beurteilung entzogen ist. Es bedeutet jedoch, da die Handlung unter der Nötigung der widerstreitenden Impulse der gegebenen Situation zustande kam, dass man ihr nur in der Weise
gerecht werden kann, dass man sich imaginativ *in diese Situation hineinversetzt* und sich fragt, wie man selbst unter diesen
Umständen gehandelt hätte. Wenn man dann zu der Feststellung gelangt, dass man genauso gehandelt hätte, dann ist
das nicht dasselbe wie das Urteil, dass so zu handeln moralisch richtig ist. Mit einem solchen Richtigkeitsurteil wird ein
Standpunkt *oberhalb der betreffenden Situationen* bezogen, von
dem aus die Situation und die Handlung in den Blick genommen und in Beziehung zueinander gesetzt werden, und
nur weil man sich so der Situation selbst und den hiervon
ausgehenden nötigenden Impulsen gar nicht erst aussetzt,
unter denen derjenige steht, der sich *in der Situation* befindet
und hier entscheiden und handeln muss, fällt auch der Zynismus nicht auf, der in einem solchen Urteil liegt. Zuge-
spitzt ausgedrückt, handelt es sich um ein Schreibtischurteil,
wie es für eine bestimmte Art des ethischen Denkens nicht
untypisch ist, noch dazu um ein Urteil, bei dem man das
sichere Gefühl haben kann, dass der eingenommene Standpunkt der einzig richtige, weil objektive und rationale ist,
wohingegen der Standpunkt dessen, der die Situation unmittelbar erlebt und der unter dem Eindruck dieses Erlebens
entscheidet und handelt, subjektiv gefärbt und durch Emotionen getrübt und daher irrtumsgefährdet ist.

Es gibt Entscheidungen und Handlungen, die einer moralischen Bewertung entzogen sind. Gemeint sind Einzelfall-

entscheidungen, die unter der Nötigung besonderer Umstände zustande kommen und die sich daher nicht verallgemeinern lassen. Sie sind einer moralischen Beurteilung entzogen, weil moralische Urteile immer mit Verallgemeinerung oder, wie man auch sagt: mit Universalisierung verbunden sind.[2] Das hat mit dem diskursiven Charakter von Urteilen zu tun. Wenn jemand sagt: „*Diese* Handlung ist in *dieser* Situation moralisch richtig (und in jener nicht)", dann kann er gefragt werden, warum das so ist. Seine Antwort muss dann diese Handlung und diese Situation so von anderen Handlungen und Situationen unterscheiden, dass dadurch plausibel wird, warum diese Handlung in dieser Situation richtig ist und in anderen nicht. Die Unterscheidungsmerkmale aber definieren Klassen von Handlungen und Situationen, auf die sie ebenfalls zutreffen, so dass auch in Bezug auf diese Handlungen und Situationen gesagt werden muss, dass es moralisch richtig ist, so zu handeln. So kommt es zur Verallgemeinerung. Mit jedem singulären moralischen Urteil der Form ‚Diese Handlung ist in dieser Situation moralisch richtig' wird implizit immer ein generelles moralisches Urteil der Form ‚Diese Handlungs*weise* ist in Situationen *dieser Art* moralisch richtig' gefällt.

Dies ist der Grund dafür, warum bei moralischen Dilemmata *moralische* Bewertungen höchst fragwürdige Konsequenzen haben können. Um dies an einem vieldiskutierten Beispiel zu illustrieren: Wenn man sagt, dass das Handeln des stellvertretenden Frankfurter Polizeipräsidenten Wolfgang Daschner im Entführungsfall Jakob von Metzler moralisch richtig war, dann macht man aufgrund des generalisierenden Charakters moralischer Urteile nicht nur eine

---

[2] *Dieter Birnbacher*, Analytische Einführung in die Ethik, Berlin/New York: De Gruyter, 2003, 31ff.

Aussage über das Handeln von Wolfgang Daschner in diesem Entführungsfall, sondern man macht eine Aussage über die betreffende Handlungs*weise* in Entführungsfällen *dieser Art*: „Immer wenn ein Kind entführt wird, ist es moralisch richtig, dem Entführer mit Folter zu drohen, wenn anders das Leben des Kindes nicht gerettet werden kann." Das freilich hat die Implikation, dass an die Stelle der Ächtung der Drohung mit Folter deren moralische Akzeptanz tritt. Hieran zeigt sich die Fragwürdigkeit der Auffassung, es sei Aufgabe der Ethik, moralische Dilemmata einer moralischen Lösung in Gestalt moralischer Richtigkeitsurteile zuzuführen. Dietrich Bonhoeffer hat das Problem treffend charakterisiert mit der Feststellung, dass in einer Dilemmasituation, in der nicht Recht gegen Unrecht, sondern Unrecht gegen Unrecht oder Recht gegen Recht steht, das „verantwortliche Handeln … ein freies Wagnis" ist, „durch kein Gesetz gerechtfertigt".[3] Denn hieraus ein Gesetz in Gestalt moralischer Richtigkeitsurteile zu machen, hieße, Unrecht moralisch zu legitimieren.

Wenn man sich in die Situation Wolfgang Daschners versetzt, dann hat er nicht aufgrund eines generellen moralischen Urteils getan, was er getan hat, sondern aufgrund der Nötigung der singulären Situation, mit der er konfrontiert war. Er wollte nicht allgemein *ein* Kind, sondern er wollte *dieses* Kind, Jakob von Metzler, retten. Seine Entscheidung, mit Folter drohen zu lassen, war eine Entscheidung unter der Nötigung dieser Situation. Insofern kann man auch dieser Entscheidung nur in der Weise gerecht werden, dass man sich fragt, wie man selbst in dieser Situation gehandelt hätte. Wenn man dann zu der Feststellung gelangt, dass man in dieser Situation genauso gehandelt hätte, dann ist auch

---

[3] *Dietrich Bonhoeffer*, Ethik, München: Chr. Kaiser, 1992, 285.

dies nicht dasselbe wie das Urteil, dass Daschner moralisch richtig gehandelt hat.

Die Moral in Gestalt moralischer Urteile und Normen kommt hier in ganz anderer Weise ins Spiel, nämlich nicht als Begründungsinstanz für das Handeln in solchen Ausnahmesituationen, sondern als *Rechtfertigungsinstanz,* vor der auch eine Handlung wie diejenige Wolfgang Daschners gerechtfertigt werden muss. Konkret geht es um die moralische Norm, dass ein Mensch nicht mit Folterdrohungen erpresst werden darf, die auch in Bezug auf einen Straftäter gilt. Diese Norm wurde durch das Handeln von Daschner übertreten. Diese Übertretung muss *vor dieser Norm* gerechtfertigt werden, und das kann nur geschehen durch den Verweis auf die Besonderheit der Umstände und den darin liegenden Notstand.

Es gibt andere Beispiele, die dieselbe Struktur aufweisen. So sind auch die Kriterien des gerechten Krieges nicht Begründungen für Kriege, sondern Rechtfertigungsinstanzen, vor denen Entscheidungen für Kriegshandlungen gerechtfertigt werden müssen. Und wie im Daschner-Beispiel können auch hier Fälle nicht ausgeschlossen werden, bei denen aufgrund der Besonderheit der Umstände und dem darin liegenden Notstand eine militärische Intervention gerechtfertigt sein kann, obgleich nicht alle Kriterien erfüllt waren, sondern einzelne übertreten worden sind. Ein anderes Beispiel sind arztethische Richtlinien, die sich gerade durch ihre Funktion als Rechtfertigungsinstanzen von den Regeln der ärztlichen Kunst unterscheiden. Letztere haben einen begründenden Status: Wenn ein somatischer oder psychischer Zustand von dieser Art gegeben ist, dann ist ein ärztliches Handeln von jener Art angezeigt. Arztethische Richtlinien hingegen schreiben nicht vor, an welchen Arten von Patienten welche Arten von Handlungen ausgeführt werden sollen,

sondern sie lassen dem Arzt die Freiheit der Orientierung an
der je besonderen Situation und dem individuellen Wohl des
Patienten. Es ist dies der Würde des Patienten geschuldet,
nämlich dass er insbesondere da, wo es um existenzielle
Gefährdungen und um Leben und Tod geht, nicht bloß als
Exemplar oder „Fall" eines Allgemeinen, sondern als die
Person mit ihren individuellen Lebensperspektiven und
Wünschen behandelt wird, die er ist. Doch was immer der
Arzt tut, es muss vor den arztethischen Richtlinien gerecht-
fertigt werden können. Das gilt insbesondere für Norm-
übertretungen in Ausnahmesituationen, die der Besonder-
heit der Umstände geschuldet sind. Das betrifft den ganzen
Komplex der Sterbehilfe und Suizidbeihilfe.

Die Unterscheidung zwischen der *Begründung* einer Entscheidung oder Handlung *durch* eine Norm und der *Rechtfertigung* einer Entscheidung oder Handlung *vor* einer Norm
ist in der Ethik nicht allgemein etabliert. Zumeist werden die
Ausdrücke ‚begründen' und ‚rechtfertigen' synonym verwendet.[4] In Verbindung mit der Auffassung, dass das Handeln
seine Gründe aus Urteilen oder Normen bezieht, führt dies
zu einer eigenartigen professionellen Blickverengung. Man
meint dann, mit dem Nachweis, dass eine bestimmte Handlung moralisch falsch bzw. verboten ist, sei auch der Nachweis erbracht, dass die betreffende Handlung niemals und
unter keinen Umständen eine Option sein kann. Das ist, wie
wenn jemand aus der moralischen Norm, dass Menschen
nicht mit der Androhung von Folter erpresst werden dürfen,
den Schluss zieht, dass die Androhung von Folter niemals
und unter keinen Umständen eine Handlungsoption sein

---

[4] Ein Beispiel ist das Sachregister des von *Marcus Düwell* u. a. her-
ausgegebenen Handbuchs Ethik (siehe oben Anm. 1), 574, wo sich
beim Begriff „Rechtfertigung" der Hinweis „s. Begründung" findet.

kann. Im Entführungsfall Jakob von Metzler war sie eine Handlungsoption, ohne dass dabei die moralische Norm, dass Menschen nicht mit der Androhung von Folter erpresst werden dürfen, außer Kraft gesetzt gewesen wäre. Die Besonderheit der Umstände nötigte in diesem Fall zu einem Handeln, das aufgrund der moralischen Gültigkeit dieser Norm nicht anders denn als moralisch fragwürdig oder schlecht zu bewerten ist. Die professionelle Blickverengung, von der die Rede war, besteht in der Meinung, die Welt auf der Ebene moralischer Urteile und Normen ordnen und auf dieser Ebene festlegen zu können, welche Handlungen in der Realität als mögliche Optionen in Betracht kommen und welche nicht. Danach soll die Welt sich dann richten. Doch unglücklicherweise tut sie das nicht. Vielmehr stürzt die Realität Menschen immer wieder in Situationen, in denen sie keine andere Wahl haben, als sich mit dem moralisch Schlechten zu arrangieren.

So bleibt am Ende die Frage, woher der Glaube kommt, es würde für moralische Dilemmata immer eine moralische Lösung geben und es sei Aufgabe der Ethik, diese aufzuzeigen. Diejenigen, die so denken, haben diese Überzeugung ja nicht auf induktivem Wege gewonnen, d. h. dadurch, dass sie festgestellt haben, dass sich tatsächlich für jedes moralische Dilemma immer eine moralische Lösung finden lässt. Sie halten dies vielmehr für eine notwendige Wahrheit: Es muss so sein. Das hängt mit ihrem Verständnis von Moral und ihren Erwartungen an die Moral zusammen. Mögen sie vielleicht auch zugestehen, dass wir uns in unserem alltäglichen moralischen Verhalten zumeist nicht an moralischen Urteilen, sondern an den jeweiligen Situationen und den hiervon ausgehenden Impulsen und Nötigungen orientieren: Spätestens wenn es zu Konflikten und Dilemmata kommt, dann – so ihr Glaube – muss es verallgemeinerbare morali-

sche Kriterien geben, nach denen diese „objektiv" zu entscheiden sind statt „subjektiv" aufgrund empfundener Impulse oder Nötigungen. Gerade hierin, in der an objektiven
Kriterien sich orientierenden Konfliktlösung, sehen viele die
eigentliche Herausforderung und Aufgabe der Ethik. Aber
wo steht geschrieben, dass es solche Kriterien gibt?

Verstehen lässt sich dieser Glaube wohl nur auf dem
Hintergrund der religiösen Wurzeln dieser Moralauffassung.
Diese liegen in einer Gesetzesethik, welche dem Menschen
auferlegt, in jeder Situation die Gebote Gottes zu befolgen.
Dem liegt die implizite Unterstellung zugrunde, dass Gott
die Welt so vollkommen eingerichtet hat, dass der Mensch
in jeder Situation Gottes Gebote befolgen *kann*. Es gibt
daher keine echten Dilemmata, die dazu nötigen würden,
um der Befolgung von Geboten willen Gebote zu übertreten. Gesichert wird diese Unterstellung durch eine religiöse
Kasuistik, welche auftretende Dilemmata durch die geeig-
nete Interpretation der Gebote aus der Welt schafft. Auf
diese Weise wird sichergestellt, dass Übertretungen von
Gottes Geboten nicht etwa Gott oder einer schlecht ein-
gerichteten Welt, sondern allein dem Menschen und dessen
sündhafter Verfehlung anzulasten sind. Und andererseits
wird auf diese Weise die Vorstellung gerettet, dass es die
Bestimmung des Menschen ist, sich zum Heiligen zu ver-
vollkommnen, der sich in jeder Situation frei von Schuld
halten kann. Im Hintergrund von alledem steht die Vorstellung von Gottes Gericht, vor dem der Mensch am Jüngsten
Tag bestehen muss und in dem seine Werke ihr endgültiges
Urteil erfahren.

Unschwer erkennt man dasselbe Muster in Teilen der
Moralphilosophie wieder, nur dass hier die verpflichtende
Letztinstanz nicht Gott ist, sondern die *Moral*, oder kantisch
gesprochen: das *Sittengesetz*. Ansonsten aber findet sich der-

selbe Glaube, nämlich dass in jeder moralisch relevanten Situation das zu tun ist, was die Moral gebietet, wozu auch hier unterstellt werden muss, dass es dafür immer eine eindeutige moralische Option gibt. Echte Dilemmata kann es daher auch hier nicht geben. Dies aufzuzeigen, ist Sache der moralphilosophischen Kasuistik, wie sie durch das Trolley-Beispiel illustriert wird. Und auch hier steht im Hintergrund die Vorstellung, dass es möglich ist und dass es in moralischer Hinsicht darauf ankommt, sich frei von Schuld zu halten und in jeder Situation das moralisch Richtige zu tun. Wie gesagt, hatte Dietrich Bonhoeffer diesbezüglich einen anderen Blick auf die tragischen Abgründe des menschlichen Lebens. Für ihn hat kein Mensch die Bestimmung, ein Heiliger zu werden. In Anbetracht der dilemmatischen Struktur der Wirklichkeit gehört für ihn vielmehr zum verantwortlichen Handeln die Bereitschaft zur Schuldübernahme.[5]

---

[5] *Bonhoeffer*, Ethik, aaO. 283.

Menschenwürde und Menschenrechte[1]

Wovon sprechen wir, wenn wir von Menschenwürde und von Menschenrechten sprechen? Und in welcher Beziehung stehen diese beiden Konzepte? Um diese Fragen soll es in meinem Beitrag zu dieser Konsultation gehen.

Ich will mit der Menschenwürde beginnen. Es gibt etliche Kontroversen um dieses Konzept, und ich werde auf einige von ihnen gleich zu sprechen kommen. Doch gibt es eine Tatsache, die nicht wirklich kontrovers sein kann, nämlich dass Menschen Menschenwürde besitzen, d. h. eine Würde, die nichtmenschlichen Lebewesen abgeht. Ist doch diese Tatsache in unserer Sprache enthalten, nämlich in der Art und Weise, wie wir vom Menschen sprechen. In bestimmten Kontexten ist das Wort ‚Mensch' ein *nomen dignitatis*, d. h. ein Wort mit normativer Bedeutung. Diese Bedeutung zeigt sich z. B. in einem Ausruf wie „Das sind doch Menschen!" (d. h. Wesen, die nicht in dieser Weise behandelt werden dürfen) in Reaktion auf die Erniedrigung oder Folterung von Menschen. Dies unterscheidet das Wort ‚Mensch' von Wörtern

---

[1] Der folgende Text ist die deutsche Übersetzung eines Vortrags, den der Verfasser unter dem Titel „Human Dignity and Human Rights" in englischer Sprache bei der Konsultation „Churches together for Human Rights" gehalten hat, die am 7./8. März 2013 in Helsinki stattfand. Sie wurde organisiert von der Kommission für Kirche und Gesellschaft der Konferenz Europäischer Kirchen (KEK). Der Text wurde an einigen Stellen überarbeitet. Die englische Fassung wurde veröffentlicht in: ZEE 58 (2014), 40–50; *Wilhelm Gräb, Lars Charbonnier* (ed.), Religion and Human Rights. Global Challenges from Intercultural Perspectives, Berlin/Boston: De Gruyter, 2015, 71–86.

wie ‚Tier‘ oder ‚Pflanze‘, die keinen normativen Bedeutungsgehalt haben. Was ist der Grund für diesen Unterschied?
Worin liegt die Erklärung für die normative Bedeutung des
Wortes ‚Mensch‘? Nach meiner Auffassung ist dies die
grundlegendste Frage bezüglich des Konzepts der Menschenwürde.

Die Frage erfordert eine nähere Betrachtung der spezifischen Struktur der *sozialen Welt* im Unterschied zur *natürlichen Welt*. In der natürlichen Welt sind die Dinge, was sie
sind – ein Affe, ein Grashalm, ein Mensch im biologischen
Sinne –, unabhängig von unserer Anerkennung und Achtung. Die soziale Welt ist demgegenüber in Anerkennung
und Achtung fundiert. Die Anerkennung entscheidet über
soziale Zugehörigkeit und sozialen Status. Sie entscheidet
darüber, wer zur sozialen Welt oder zu einer bestimmten
Gruppe in ihr gehört, und ebenso darüber, welchen Status
eine Person in dieser Welt hat. Achtung hat demgegenüber
mit den Pflichten zu tun, die Personen aufgrund ihrer sozialen Zugehörigkeit und ihres sozialen Status geschuldet sind.

Man mag sich das Gemeinte am sozialen Status eines
Flüchtlings verdeutlichen. Nehmen wir an, die betreffende
Person ist in ihrem Herkunftsland aus politischen Gründen
verfolgt worden. Die bloße Tatsache ihrer Verfolgung begründet noch nicht den sozialen Status eines Flüchtlings. Sie
hat diesen Status erst, wenn sie durch die dafür zuständigen
Behörden als Flüchtling anerkannt worden ist. Die Anerkennung ist ein kreativer Akt, der den Status des Flüchtlings als
eine soziale Realität allererst hervorbringt. Wichtig ist dabei
zu sehen, dass sich Anerkennung von willkürlicher Zuerken-
nung unterscheidet. Die Anerkennung des sozialen Status
eines Flüchtlings ist an Regeln gebunden, die spezifische
Kriterien festlegen, die erfüllt sein müssen, damit eine Person als Flüchtling anerkannt werden kann und werden muss.

Wie gesagt, ist ein Kriterium hierfür politische Verfolgung. Jemand, der dieses Kriterium erfüllt, *muss* von den zuständigen Behörden als Flüchtling anerkannt werden. Er hat ein *Recht* darauf, als Flüchtling anerkannt zu werden. Daher ist der soziale Status eines Flüchtlings ein normativer Status: Flüchtling im Sinne dieses Status zu sein, bedeutet, jemand zu sein, dem die Anerkennung und Achtung als Flüchtling geschuldet ist.

Diese Beobachtung lässt sich verallgemeinern: Alle Ausdrücke, die sich auf soziale Zugehörigkeit und sozialen Status beziehen, haben einen normativen Bedeutungsgehalt. Ein Kollege zum Beispiel ist jemand, dem die Anerkennung und Achtung als Kollege geschuldet ist. Der normative Gehalt dieses Ausdrucks wird sofort klar, wenn jemand es an einem entsprechenden Verhalten fehlen lässt und wenn er darauf mit den Worten hingewiesen wird: „Sie ist eine Kollegin!" Oder um denselben Sachverhalt an einem Beispiel aus der ständischen Gesellschaft zu verdeutlichen: Ein Ritter zu sein, heißt, jemand zu sein, dem die Anerkennung und Achtung als Ritter geschuldet ist. Es ist dabei nicht die bloße Berührung seines Rückens mit einem Schwert, die ihn zum Ritter macht. Ein Ritterschlag ist keine Hexerei. Vielmehr ist die Funktion des Rituals des Ritterschlags, die soziale Anerkennung als Ritter zu generieren, *kraft deren* die betreffende Person Ritter ist. Deshalb wird dieses Ritual öffentlich vollzogen. Diese Anerkennung ist ihr geschuldet aufgrund der sozialen Regel, dass jemand, der einen Ritterschlag erhalten hat, als Ritter anerkannt werden muss.

Aus dem Gesagten wird deutlich, dass die soziale Welt eine normative Struktur hat. Soziale Zugehörigkeit und sozialer Status sind normative Tatsachen. Es gibt dabei eine unüberschaubare Zahl von sozialen Regeln – geschrieben und ungeschrieben (man denke an das Beispiel des Kollegen) –, die die soziale Welt konstituieren und festlegen, wem aufgrund welcher Kriterien welche Anerkennung und Achtung geschuldet ist.

Hier ist nun auch die Erklärung dafür zu finden, dass in bestimmten Kontexten der Ausdruck ‚Mensch' einen normativen Bedeutungsgehalt hat und als *nomen dignitatis* fungiert. Mensch zu sein – nicht im biologischen Sinne, sondern im sozialen Sinne der Zugehörigkeit zur menschlichen Gemeinschaft –, heißt, ein Wesen zu sein, dem aufgrund seiner natürlichen menschlichen Eigenschaften die Anerkennung und Achtung als Mensch geschuldet ist. Die Tatsache, dass das soziale Menschsein in Anerkennung fundiert ist, macht Menschen zutiefst verwundbar. Menschen kann die Anerkennung als Menschen verweigert werden, und sie können als Nichtmenschen oder „Untermenschen" behandelt werden. Gerade in Anbetracht dieser Verwundbarkeit ist es wichtig zu sehen, dass Menschsein ein *normativer* Status ist, der niemandem genommen werden kann dadurch, dass ihm die *faktische* Anerkennung als Mensch verweigert wird. Er bleibt auch in solchem Fall jemand, dem die Anerkennung als Mensch geschuldet ist, also ein Mensch. Menschen können ihres Menschseins nicht beraubt werden.

Damit sind wir nun in der Lage zu verstehen, was der Ausdruck ‚Menschenwürde' bedeutet. Es ist nichts anderes als der normative Gehalt des Ausdrucks ‚Mensch', der durch den Ausdruck ‚Menschenwürde' explizit gemacht wird. Menschenwürde zu haben, heißt, ein Wesen zu sein, dem die Anerkennung und Achtung als Mensch geschuldet ist. Das aber ist nach dem Gesagten dasselbe wie: ein Mensch zu sein. Die Menschenwürde ist also nicht etwas, das zum Menschsein additiv hinzukommt, sondern sie ist in diesem enthalten. So wie es unmöglich ist, Menschen ihres Menschseins zu berauben, so ist es daher auch unmöglich, Menschen ihrer Menschenwürde zu berauben. Das deutsche Grundgesetz formuliert das mit den Worten: „Die Menschenwürde ist unantastbar." Das meint ersichtlich etwas anderes als die Feststellung, dass die Menschenwürde nicht angetastet werden *darf*. Das kann sie gar nicht.

Wird die Menschenwürde in dieser Weise verstanden, dann bedarf die Feststellung, dass Menschen Menschenwürde haben, keiner philosophischen oder theologischen Herleitung oder Begründung. Vielmehr ist die Menschenwürde in der normativen Struktur der sozialen Welt enthalten und kann nur über die Analyse dieser Struktur aufgewiesen werden. In der ethischen Literatur stößt man häufig auf die Auffassung, dass die Menschenwürde ein *moralischer Status* ist, den Menschen inhärent besitzen. Folgt man der hier entwickelten Argumentation, dann handelt es sich bei der Menschenwürde um einen *sozialen Status* im Sinne der Zugehörigkeit zur menschlichen Gemeinschaft. Die Missachtung der Menschenwürde ist daher gleichbedeutend mit der Missachtung einer *sozialen Realität*, nämlich dass diejenigen, die missachtet werden, Menschen sind, d. h. Wesen, denen die Anerkennung und Achtung als Menschen geschuldet ist. Das macht der Ausruf „Das sind doch Menschen!" deutlich, der diese Realität einklagt.

Ein anderes Missverständnis geht dahin, die Menschenwürde mit einem *intrinsischen Wert* von Menschen gleichzusetzen.[2] Achtung der Menschenwürde würde dementsprechend heißen: den Wert zu achten, den sie oder er als Mensch hat (was immer hier ‚Wert' heißen mag). Folgt man demgegenüber der hier entwickelten Argumentation, dann bedeutet Achtung der Würde eines Menschen: *ihn* oder *sie als*

---

[2] *Nicholas Wolterstorff*, Justice. Rights and Wrongs, Princeton: Princeton University Press, 2008.

Menschen achten, nämlich als Mitglied der menschlichen Gemeinschaft. Hier gilt die Achtung ihm oder ihr als Individuum und nicht einem abstrakten Wert, den er oder sie vermeintlich besitzt.[3]

Ein weiteres Missverständnis liegt in der Auffassung, dass die Menschenwürde mit spezifischen Eigenschaften gegeben ist, die Menschen haben und nichtmenschliche Wesen nicht haben, wie Vernunft oder Autonomie. Sie wirft die Frage auf, was mit Menschen ist, die diese Eigenschaften nicht besitzen, wie geistig behinderte oder demente Personen. Gerade in Anbetracht dieses Personenkreises ist es wichtig zu sehen, dass die Menschenwürde statt auf menschlichen Eigenschaften auf einer bestimmten *Weise zu sein* beruht, die Menschen als Mitglieder der sozialen Welt charakterisiert und die auf geschuldeter Anerkennung beruht. Sie kennzeichnet die soziale Existenz eines Menschen. Auch geistig behinderte und demente Personen partizipieren als Mitglieder der sozialen Welt an dieser Seinsweise. Sie ist es, die Menschen von Tieren und Pflanzen unterscheidet, welche der natürlichen Welt angehören.[4]

---

[3] Dass die Achtung der Menschenwürde die Achtung der Person eines Menschen in seiner Individualität einschließt, gehört zu den häufig vernachlässigten Aspekten der Menschenwürdeproblematik. Diesbezüglich mag an die Konzentrationslager der nationalsozialistischen Zeit erinnert werden, in denen es Methode war, Menschen aller Zeichen ihrer Individualität zu berauben.

[4] Auch menschliche Embryonen partizipieren nicht an dieser Seinsweise. Sie sind organismische Entitäten, die in die Perspektive der Biologie fallen. Daher ist es ein kategoriales Missverständnis, wenn von einer Menschenwürde menschlicher Embryonen gesprochen wird, wie man dies in der Debatte über den Status des vorgeburtlichen Lebens antrifft. Das ergibt sich auch aus der kantischen Auffassung der Menschenwürde, die sich auf die menschliche Person bezieht, nicht aber auf den menschlichen Körper oder Organismus. Es macht vielleicht

Dieser Einsicht kommt nicht zuletzt im Hinblick auf die Speziezismuskritik Bedeutung zu. Die Menschenwürde als ein sozialer Status ist nicht schon mit der biologischen Zugehörigkeit zur menschlichen Spezies gegeben. Die naturalistische Fundierung des Sozialen im Biologischen ist von derselben Art wie jener Glaube an Hexerei, dem zufolge durch die bloße Berührung mit einem Schwert aus einem Nichtritter ein Ritter wird. Für manche Autoren hat solcher Naturalismus gleichwohl eine große Attraktivität, und zwar deshalb, weil sie fürchten, dass die Menschenwürde der Willkür preisgegeben wird, wenn sie von sozialer Anerkennung abhängig gemacht wird. Dagegen scheint die Objektivität der Biologie Schutz zu bieten.[5] Dieser Furcht liegt freilich die Vorstellung zugrunde, dass die Menschenwürde, wenn

---

Sinn, von einer *Würde* des biologischen menschlichen Lebens zu sprechen (*Jürgen Habermas*, Die Zukunft der menschlichen Natur. Auf dem Weg zu einer liberalen Eugenik?, Frankfurt: Suhrkamp, 2005, 56ff). Aber es macht keinen Sinn, von einer *Menschenwürde* des biologischen menschlichen Lebens zu sprechen.

[5] So trifft man auch in der Theologie auf die Auffassung, dass das christliche Menschenbild „konstitutiv speziezistisch" sei (*Wilfried Härle*, Ethik, Berlin/New York: De Gruyter, 2011, 257). Diese Auffassung ist die Konsequenz eines naturalistischen Denkens, das zwischen natürlicher und sozialer Welt nicht unterscheidet und das die soziale Welt nach dem Paradigma der natürlichen Welt modelliert. In der natürlichen Welt unterscheiden sich die Dinge durch ihre Eigenschaften. In einer naturalistischen Sichtweise ist daher der Unterschied zwischen Menschen und Nichtmenschen nicht in der Seinsweise begründet, sondern in Eigenschaften, die Menschen haben und Nichtmenschen nicht haben, nämlich den Eigenschaften der menschlichen Spezies. Es ist derselbe Naturalismus, der der Meinung zugrunde liegt, dass die Menschenwürde in einem intrinsischen Wert von Menschen besteht. Für eine naturalistische Sichtweise besteht die Welt aus Tatsachen und Werten. Mensch zu sein, ist eine natürliche Tatsache, die als solche keine Menschenwürde in sich schließt. Diese kommt vielmehr additiv zu dieser Tatsache hinzu, nämlich als ein Wert, den Menschen haben.

sie auf Anerkennung gegründet wird, von *faktischer* Anerkennung abhängig gemacht wird, die beliebig gewährt oder entzogen werden kann. Übersehen wird dabei, dass es um *geschuldete* Anerkennung geht und dass deren Geschuldetsein von objektiven Kriterien abhängig ist.

Schließlich bezeichnet der Ausdruck ‚Menschenwürde' auch nicht eine Relation zwischen Menschen und Nichtmenschen im Sinne eines höheren Status, den Menschen im Vergleich zu nichtmenschlichen Wesen besitzen. Vielmehr bezieht er sich auf Menschen als Angehörige der sozialen Welt. Dieser Einsicht kommt Bedeutung zu im Hinblick auf die theologische Fundierung der Menschenwürde im Konzept der Gottebenbildlichkeit. Das biblische Konzept der *imago Dei* (Gen 1,27) bezieht sich auf den Status, den der Mensch einerseits in Beziehung zu Gott und andererseits in Beziehung zu nichtmenschlichen Kreaturen hat, nämlich als Mandatar Gottes auf Erden. Dieser Status ist etwas durchaus anderes als der normative Status, den Menschen als Mitglieder der sozialen Welt haben, d. h. *in Relation zu anderen Mitgliedern dieser Welt*. Daher ist es fraglich, ob das moderne Konzept der Menschenwürde überhaupt aus dem Konzept der Gottebenbildlichkeit abgeleitet und begründet werden kann.

Wie ich ausgeführt habe, bezieht sich das Konzept der Menschenwürde nicht auf einen moralischen, sondern auf einen sozialen Status. Das bedarf nun allerdings einer Präzisierung. Sind doch an diesen sozialen Status moralische Pflichten geknüpft gegenüber denen, die diesen Status innehaben, wie z. B. die Pflicht, Menschen nicht zu erniedrigen oder zu foltern. Auch dies wird durch den Ausruf „Das sind doch Menschen!" illustriert. Hiermit wird eine soziale Realität eingeklagt, die moralische Implikationen hat. Das Konzept der Menschenwürde verbindet soziale Pflichten der Anerkennung (von Menschen als Menschen) mit moralischen Pflichten der Achtung von Menschen. Die Menschenwürde kann daher auf zweierlei Weise missachtet werden, 1. durch die Verweigerung der Anerkennung von Menschen als Menschen und 2. durch die Verletzung der moralischen Pflichten, die das Konzept der Menschenwürde in sich fasst.

Wenn die bisherigen Überlegungen zutreffen, dann steht es außer Frage, dass Menschen Menschenwürde besitzen. Sie tun dies aufgrund der bloßen Tatsache, dass sie Mitglieder der menschlichen Gemeinschaft sind. Es sind lediglich drei Fragen, die wirklich kontrovers sein können:

1. Welche Wesen gehören zur menschlichen Gemeinschaft?
2. Was bedeutet ‚Achtung der Menschenwürde‘, d. h. welche moralischen Pflichten sind im Konzept der Menschenwürde enthalten?
3. Welche Bedeutung soll dem Konzept der Menschenwürde zugemessen werden für die politische Ordnung und Verfassung einer Gesellschaft?

Bei der Antwort auf diese Fragen können religiöse Traditionen wie die christliche eine wichtige Rolle spielen. So ist, was die erste Frage betrifft, die Sklavenbefreiung in Amerika und die Rolle, die dabei das Buch „Onkel Toms Hütte“ spielte, hierfür ein vielzitiertes Beispiel. Wie man sich daran verdeutlichen kann, geht es bei der Klärung dieser Frage weniger um zwingende Argumente als um Empathie, etwa im Sinne der Frage: „Was bedeutet es für ein Wesen, das fühlt, hofft, denkt und glaubt wie ein Mensch – d. h. wie *wir* –, wenn ihm die Anerkennung und Behandlung als Mensch verweigert wird?“ Auch die zweite Frage bezüglich der moralischen Pflichten, die im Konzept der Menschenwürde enthalten sind, richtet sich an unsere Empathie: „Was bedeutet es für einen Menschen, in extremer Armut zu leben?“

Die empathische Vergegenwärtigung solcher Lebensumstände kann zu der Einsicht führen, dass Menschen nicht unter
solchen Bedingungen leben *sollten* und dass es eine moralische Pflicht gibt, dies nach Möglichkeit zu verhindern. Die
im Konzept der Menschenwürde enthaltenen moralischen
Pflichten müssen dabei in ihrem historischen Kontext gesehen werden. So lässt sich seit dem 18. Jahrhundert eine zu-
nehmende Sensibilisierung für die moralischen Pflichten
gegenüber Menschen als Menschen beobachten. Die Folter
etwa war in den vorangegangenen Jahrhunderten eine ak-
zeptierte Praxis. Mir ist kein Text von Luther, Calvin oder
Zwingli bekannt, der diese Praxis kritisiert. Die Ächtung der
Folter begann im 18. Jahrhundert.[6]

Was schließlich die dritte Frage betrifft, so ist auch hier
eine historische Erinnerung aufschlussreich. Der Gedanke,
dass Menschen eine Würde besitzen, die nichtmenschlichen
Wesen abgeht, reicht lange zurück bis in die Antike und hier
insbesondere zu Cicero. Gleichwohl hatte dieser Gedanke
keine politischen Konsequenzen hinsichtlich der Struktur
und Verfassung einer Gesellschaft, so wie auch das Konzept
der Gottebenbildlichkeit keine solchen Konsequenzen hatte.
Im römischen Imperium zählte, dass man das römische Bür-
gerrecht besaß, und nicht, dass jemand ein Mensch war. In
der ständischen Gesellschaft des Mittelalters zählte, ob man
dem Stand des Adels oder des Klerus oder der Bauern ange-
hörte. Erst die bürgerlichen Revolutionen des 18. Jahrhunderts brachten eine politische und soziale Ordnung hervor,
für die die Tatsache des Menschseins maßgebend war hinsichtlich politischer Rechte und Pflichten. Bezüglich dieser
Tatsache waren alle Menschen gleich, was seinen Ausdruck

---

[6] *Hans Joas*, Die Sakralität der Person. Eine neue Genealogie der
Menschenrechte, Berlin: Suhrkamp, 2011.

fand in der Gleichheitsforderung der Französischen Revolution. Es war diese Zeit, in welcher der Gedanke der Menschenwürde und der Menschenrechte Eingang in das allgemeine Bewusstsein fand und politisch wirksam wurde. Die Idee, dass das Menschsein das maßgebende Faktum für die soziale und politische Ordnung des menschlichen Zusammenlebens ist, ist das Ergebnis der sozialen und politischen Umwälzungen der westlichen Moderne. Es ist eine Sache der Redlichkeit anzuerkennen, dass die Kirchen hieran kaum Verdienste haben. Sie waren zumeist eng verbunden mit der vormodernen ständischen Gesellschaft mit ihrer Allianz von Thron und Altar. Der chaotische Verlauf der Französischen Revolution tat ein Übriges, um sie für lange Zeit skeptisch zu stimmen gegenüber dieser Idee.

Dennoch glaube ich, dass es eine enge Affinität gibt zwischen dieser Idee und christlichem Denken. Wenn Gott den Menschen als Partner in seiner Schöpfung erwählt, dann erwählt er ihn nicht als Mitglied des Adels oder des Klerus, sondern als Menschen. Dies ist in christlicher Perspektive der entscheidende Punkt, und daher gibt es eine enge Affinität zwischen dem christlichen Verständnis des Menschen und einer gesellschaftlichen Ordnung, für die das Menschsein das relevante Faktum ist und die Menschenwürde und die Menschenrechte die leitenden Prinzipien sind.

Allerdings ist es mir wichtig zu betonen, dass ich bewusst von einer *Affinität* spreche. Ich bin skeptisch gegenüber Versuchen, die Menschenwürde oder die Menschenrechte aus Prämissen des christlichen Glaubens abzuleiten. Diese Konzepte sollen die leitenden Prinzipien in einer Gesellschaft sein, in der Christen und Nichtchristen zusammenleben. Daher muss ihr Sinn und Gehalt in einer Weise expliziert werden können, die gleichermaßen plausibel ist für Christen und Nichtchristen. Dabei geht es um *Wissen* und nicht um religiösen Glauben, nämlich um Wissen bezüglich der normativen Struktur der sozialen Welt und der darin enthaltenen Pflichten gegenüber Menschen. Alle Versuche, dieses Wissen aus Prämissen des christlichen Glaubens herzuleiten, verstricken in eine fragwürdige Alternative. *Entweder* muss der christliche Glaube in den Rang eines Quasi-Wissens erhoben werden, da Wissen nur aus Wissen abgeleitet werden kann. Damit aber würde aus dem christlichen Glauben eine religiöse Ideologie gemacht, d. h. ein Glaube, der für sich selbst den Status von Wissen reklamiert (z. B. bezüglich des Willens Gottes). *Oder* die Menschenwürde und die Menschenrechte müssen zu einer Sache des Glaubens herabgestuft werden, der aus einem religiösen Glauben abgeleitet ist. In diesem Fall ist das Ergebnis eine Form von religiösem Fundamentalismus. Die Antwort auf die Frage, ob Menschen Menschenwürde und Menschenrechte haben, hängt dann von dem kontingenten Faktum ab, dass einige Menschen diesen Glauben teilen und andere nicht. Unsere Welt ist voll von religiösen Ideologien und religiösem Fundamentalismus, und aus meiner Sicht ist dies eine der größten Herausforderungen für die Theologie der Gegenwart. Vermeiden kann man diese Alternative nur, wenn man sorgfältig unterscheidet zwischen Gegenständen des Wissens und Gegenständen des religiösen Glaubens. Zwischen beidem kann es eine enge Affinität geben, und ich bin überzeugt, dass dies bei der Menschenwürde der Fall ist. Die christliche Liebe kann für die Anerkennung und Achtung sensibilisieren, die Menschen *qua* Menschen geschuldet ist. Aber es ist unmöglich, Dinge, die in den Bereich des Wissens fallen, auf religiösen Glauben zu gründen.

Ich will mich nun den Menschenrechten zuwenden und dazu mit einer historischen Bemerkung beginnen. Als in der französischen Menschenrechtsdeklaration von 1789 postuliert wurde: „Menschen sind frei und gleich an Rechten geboren", da provozierte dieser Satz vehementen Widerspruch bei Jeremy Bentham. In seiner Sicht war die Idee von natürlichen Rechten, die der Mensch von Geburt hat, vollkommener Unsinn. Rechte können nur durch eine dazu befugte politische Instanz gewährt werden. In seinem Buch „Die Idee der Gerechtigkeit" referiert Amartya Sen Benthams Kritik, um sie zurückzuweisen. Nach Sens Auffassung sind Menschenrechte moralische Rechte und keine Rechte, die durch irgendeine Instanz gewährt werden. Wer hat in dieser Frage recht? Sind Menschenrechte politische Rechte oder moralische Rechte? Bevor man sich in diese Alternative verstricken lässt, kann man noch eine dritte Möglichkeit erwägen, nämlich dass sowohl Bentham als auch Sen etwas Wahres im Blick haben. Könnte es nicht Sinn machen, zwischen zwei Arten von Menschenrechten zu unterscheiden, nämlich einerseits moralischen Menschenrechten und andererseits politisch gewährten Menschenrechten? Ich will im Folgenden dieser Spur nachgehen.

Betrachten wir zunächst moralische Menschenrechte. Um zu verstehen, worum es sich bei solchen Rechten handeln könnte, ist es wichtig zu sehen, dass die Moral es nicht mit Individuen zu tun hat, wie sie durch Eigennamen benannt werden, sondern mit etwas Allgemeinem. Angenommen, Richard befindet sich in einer Notlage und Peter hilft ihm aus moralischen Gründen. Dann ist der Grund, warum Peter ihm hilft, nicht die Tatsache, dass es sich um Richard – dieses bestimmte Individuum – handelt, sondern die Tatsache, dass es sich um eine Person handelt, die sich in einer Notlage befindet. Der Ausdruck ‚eine Person in einer Notlage' beschreibt ebenfalls ein Individuum, aber ein unbestimmtes Individuum, das wir in vielen bestimmten Individuen antreffen können und in diesem Beispiel in Richard antreffen. Wenn wir von einer moralischen Pflicht Peters sprechen zu helfen, dann handelt es sich um eine Pflicht gegenüber diesem unbestimmten Individuum, d. h. gegenüber *einem Menschen*, der sich in einer Notlage befindet. Daher kann Richard aus dieser moralischen Pflicht kein individuelles, persönliches Recht ableiten, dass Peter ihm helfen muss. Wenn man hier von einem Recht sprechen kann, dann ist es ein Recht dieses unbestimmten Individuums, d. h. *eines Menschen* in einer Notlage. In der christlichen Tradition ist *der Nächste* ein solches unspezifisches Individuum, das in unterschiedlichsten bestimmten Individuen angetroffen werden kann. Die Rechte des Nächsten in der Person des anderen sind nicht dasselbe wie die individuellen Rechte dieser Person, z. B. von Hans oder Elisabeth.

Wenn es also Sinn macht, von moralischen Menschenrechten zu sprechen,[7] dann handelt es sich hierbei nicht um individuelle Rechte jedes Menschen, sondern um Rechte *eines Menschen* im Sinne eines unbestimmten Individuums. Hier liegt die Verbindung zum Konzept der Menschenwürde. Wie ich ausgeführt habe, verknüpft dieses Konzept

---

[7] Nach meiner Auffassung wird das, was das Wort ‚Recht' bezeichnet, am besten als ein *gültiger Anspruch* aufgefasst (*Joel Feinberg*, Duties, Rights and Claims, in: ders., Rights, Justice and the Bounds of Liberty, Princeton: Princeton University Press, 1980, 130–142). Das eröffnet die Möglichkeit, moralische Menschenrechte von moralischen Pflichten abzuleiten, die gegenüber Menschen *qua* Menschen bestehen. Lassen diese sich doch als vollkommene Pflichten (*officia perfecta*) begreifen. So ist bei der moralischen Pflicht, einen Menschen nicht zu erniedrigen, genau festgelegt, was nicht getan werden darf, nämlich Erniedrigung, und wem es nicht angetan werden darf, nämlich *einem Menschen*. Unter Hinweis darauf, ein Mensch zu sein, kann daher ein gültiger Anspruch, d. h. ein Recht, gegenüber anderen geltend gemacht werden, nicht erniedrigt zu werden, dessen Gültigkeit in deren Pflicht begründet ist, einen Menschen nicht zu erniedrigen.

soziale Pflichten der Anerkennung mit moralischen Pflichten der Achtung. Die letzteren Pflichten beziehen sich auf die Behandlung, die einem Menschen geschuldet ist. Moralische Menschenrechte sind Rechte darauf, in der Weise behandelt zu werden, die einem Menschen geschuldet ist. Das bedcutet, dass die moralischen Menschenrechte im Konzept der Menschenwürde enthalten sind. Diese Einsicht ist von Belang im Hinblick auf die Frage, ob wir es nicht vorziehen sollten, statt von Menschenwürde von Menschenrechten zu sprechen. In vielen Ländern spielt der Ausdruck ‚Menschenwürde' keine prominente Rolle, und man debattiert stattdessen über Menschenrechte. Nach meiner Auffassung ist das keine wirkliche Alternative. Kann doch das Konzept der Menschenwürde in die Sprache von Rechten überführt werden. Dort umfasst es 1. das soziale Recht, als Mensch anerkannt zu werden, und 2. die moralischen Rechte, die ein Mensch aufgrund der bloßen Tatsache hat, dass er ein Mensch ist. Diese Rechte sind zusammengenommen äquivalent mit dem Konzept der Menschenwürde.

In der politischen Debatte trifft man nun allerdings auf ein durchaus anderes Verständnis von Menschenrechten. In dieser Debatte geht es nicht um die moralischen Menschenrechte *eines Menschen*, sondern um die politischen Menschenrechte *jedes Menschen*. Es ist sehr wichtig, diese Differenz zu beachten. Die moralische Perzeption ist auf unbestimmte Individuen gerichtet, die wir in vielen bestimmten Individuen wahrnehmen: ein Mensch in einer Notlage, ein Mensch, der erniedrigt wird usw. Daher sind moralische Menschenrechte Rechte von unbestimmten Individuen: von Menschen, Kindern, Frauen usw. Demgegenüber hat das politische Denken Klassen oder Angehörige von Klassen im Blick. Politische Menschenrechte sind daher Rechte *aller* Menschen bzw. *jedes* Menschen. Sie sind Rechte von bestimmten Individuen wie Hans oder Elisabeth, und jeder Mensch kann sie für sich einklagen. Man kann diesbezüglich von Individualrechten sprechen.

Wo kommen solche Rechte her? Das war die Frage von Jeremy Bentham. Offensichtlich hatte er recht, als er darauf insistierte, dass solche Rechte nicht durch die Natur verliehen werden, sondern dass es dazu einer politischen Instanz bedarf. In der heutigen Welt sind die Vereinten Nationen diese Instanz. Menschenrechte als individuelle, politische Rechte werden durch ihre Anerkennung durch die Vereinten Nationen als Repräsentanten der Staatengemeinschaft in Kraft gesetzt sowie durch ihre Ratifizierung durch die Mitgliedsstaaten. Diese Anerkennung ist ein kreativer Akt, der allererst das hervorbringt, was anerkannt wird. So haben die Vereinten Nationen 2010 ein Menschenrecht auf Wasser anerkannt, und seither kann – im Prinzip – weltweit jeder Mensch dieses Recht gegenüber den staatlichen Instanzen seines Landes einklagen, wenn diese ihrer diesbezüglichen Verantwortung nicht nachkommen. Allerdings sieht die Realität vielfach anders aus; setzt dies doch eine funktionierende rechtebasierte Staatlichkeit voraus, die in vielen Ländern der Welt nicht gegeben ist.

Dass individuelle Menschenrechte keine moralischen Rechte sind, wie Amartya Sen annimmt, sondern politisch gewährte Rechte, zeigt sich unter anderem an der Rechtsprechung des Europäischen Gerichtshofs für Menschenrechte. Dessen Richter urteilen nicht aufgrund von moralischen Erwägungen, was sie tun müssten, wenn Sen recht hätte, sondern aufgrund eines Katalogs von anerkannten und kodifizierten juridischen Rechten.

Gleichwohl gibt es eine enge Verbindung zwischen politischen und moralischen Menschenrechten. Die Einsicht, dass Menschen ein individuelles, einklagbares *politisches*

Recht auf Wasser haben *sollten*, bezieht ihren stärksten Grund aus ethischen Erwägungen, nämlich aus der Erkenntnis, dass Menschen *qua* Menschen ein *moralisches* Recht auf Wasser *haben*. Wenn die Vereinten Nationen ein Menschenrecht auf Wasser anerkennen, dann wird damit das *moralische* Recht *eines Menschen* auf Wasser als *politisches* Recht *jedes Menschen* anerkannt. Genau dies ist der Sinn des Konzepts der Menschenrechte: Es schlägt die Brücke zwischen Moral und Politik, indem es die moralischen Rechte, welche im Konzept der Menschenwürde implizit enthalten sind, in politische Rechte transformiert und ihnen solchermaßen politische Wirksamkeit verleiht. Die politische Institutionalisierung der Menschenwürde in Gestalt politischer Menschenrechte ist der einzig effiziente Weg der Verteidigung der Menschenwürde in einer Welt, in der sie so mannigfach missachtet wird. Daher muss der Kampf für die Achtung der Menschenwürde ein Kampf für die Institutionalisierung und Verteidigung von Menschenrechten sein.

Nach meinem Verständnis liegt hier eine wichtige Aufgabe für die Kirchen. Wie ich ausgeführt habe, sind die Menschenwürde und die Menschenrechte, wie sie sich in der Moderne herausgebildet haben, keine originär christlichen Konzepte. Gleichwohl gibt es eine enge Affinität zwischen diesen Konzepten und der christlichen Sicht des Menschen. Die christliche Liebe sensibilisiert für die Pflichten, die wir gegenüber Menschen haben. Sie manifestiert sich dabei nicht nur in individuellen Handlungen, sondern mindestens ebenso im Eintreten für eine politische Ordnung, in der die Würde des Menschen gewahrt wird.

Ich komme zum Ende meines Vortrags und möchte auf eine Formulierung zu sprechen kommen, die in der Debatte über Menschenrechte zu einem vielgebrauchten *Topos* geworden ist, nämlich auf die Rede von der *Universalität der*

Menschenrechte. Nach meiner Wahrnehmung gibt sie Anlass zu gewissen Missverständnissen, die ein erhebliches Konfliktpotenzial in sich bergen, und daher sollte man sie nicht unbedacht verwenden. Was ist gemeint? In welchem Sinne können Rechte universal sein?

Ein Recht kann definiert werden als ein *gültiger Anspruch, den jemand hat*.[8] Das Wort ‚universal‘ in der Rede von der Universalität der Menschenrechte kann sich erstens auf das beziehen, wofür in dieser Definition das Wort ‚jemand‘ steht. Menschenrechte sind dann universal, weil sie Rechte aller Menschen im globalen Horizont sind. Dieses Verständnis von Universalität ist unproblematisch.

Zweitens kann sich der Ausdruck ‚universal‘ auf das beziehen, was in dieser Definition mit dem Wort ‚gültig‘ bezeichnet wird. Menschenrechte sind dann universal, wenn sie universal gültig sind. Das Wort ‚gültig‘ kann dabei in einem zweifachen Sinne verstanden werden, nämlich als *faktische Gültigkeit* und als *normative Gültigkeit*. Ein Recht hat faktische Gültigkeit innerhalb einer Gemeinschaft, wenn es von den Mitgliedern dieser Gemeinschaft als gültig anerkannt und respektiert wird. Offensichtlich haben Menschenrechte keine universale faktische Gültigkeit. In vielen Ländern der Welt werden sie in schrecklicher Weise missachtet. Die normative Gültigkeit eines Rechtes besteht in seinem verpflichtenden Charakter, und sie ist der Grund, weshalb es respektiert wird. Es ist dabei wichtig zu sehen, dass ein Recht seiner normativen Gültigkeit nicht beraubt werden kann dadurch, dass es faktisch missachtet wird. Diese Tatsache kann seiner normativen Gültigkeit nichts anhaben. Der entscheidende Punkt bezüglich der Rede von der Universalität der Menschenrechte wird durch die Frage markiert, ob Men-

---

[8] *Feinberg*, aaO. (siehe oben Anm. 7).

schenrechte eine universale normative Gültigkeit haben, d. h. einen verpflichtenden Charakter für alle Menschen, Völker und Kulturen auf der ganzen Welt.

Im Blick auf diese Frage ist noch einmal auf die Unterscheidung zwischen politischen und moralischen Menschenrechten zurückzukommen. Wie gesagt, werden politische Menschenrechte durch eine politische Instanz in Kraft gesetzt, nämlich durch die Vereinten Nationen. Mit ihrer Anerkennung durch diese Instanz und ihrer Ratifizierung durch die Mitgliedsstaaten haben sie in der Tat eine (fast) universelle normative Gültigkeit. Das gilt unbeschadet der Tatsache, dass in vielen Staaten, die die Menschenrechtsabkommen ratifiziert haben, Anspruch und Wirklichkeit weit auseinanderklaffen.

Wie aber verhält es sich mit moralischen Menschenrechten? Haben diese eine universale normative Gültigkeit für alle Menschen, Völker und Kulturen, und zwar unbeschadet der Tatsache, dass diese aufgrund anderer kultureller oder religiöser Traditionen teilweise anders orientiert sind? So findet heute in westlichen Ländern die Auffassung breite Akzeptanz, dass es ein moralisches Menschenrecht ist, die eigene sexuelle Orientierung und Geschlechtsidentität zu leben. In anderen, z. B. islamisch geprägten Ländern herrschen diesbezüglich gänzlich andere Vorstellungen, und Homosexualität wird immer noch in vielen Ländern unter Strafe gestellt.[9] Angenommen, wir sind von der Wahrheit des

---

[9] Am 18. Dezember 2008 wurde auf Initiative Frankreichs und der Niederlande der Generalversammlung der Vereinten Nationen die „Erklärung der Vereinten Nationen über die sexuelle Orientierung und geschlechtliche Identität" vorgelegt, die die staatliche Diskriminierung und strafrechtliche Verfolgung aufgrund von sexueller Orientierung und Geschlechtsidentität verurteilte. Sie fand nicht die notwendige Mehrheit, und es gab eine Gegenerklärung mehrheitlich islamischer

Urteils überzeugt, dass Menschen *qua* Menschen das moralische Recht haben, die eigene sexuelle Orientierung zu leben: Schließt dies nicht die Überzeugung ein, dass eigentlich alle Menschen dieser Wahrheit zustimmen müssen? Ist also dieses Urteil nicht mit einem Anspruch auf universale Geltung verbunden, also auf Geltung auch für jene Gesellschaften und Kulturen, die ein solches Recht ablehnen? Kritiker werfen einer derartigen universalistischen Position vor, dass mit ihr lediglich eine westliche Auffassung von Moral als universal gültig dekretiert wird und dass sie blind ist für die kulturelle Diversität im globalen Horizont. Doch was wäre die Alternative? Läuft diese Kritik nicht auf einen bloßen Kulturrelativismus hinaus und auf den Verzicht darauf, moralische Menschenrechte wie das Recht auf die eigene sexuelle Orientierung im globalen Horizont einzufordern? Andererseits: Wie soll etwas normativ gültig sein können für jemanden, der diese Gültigkeit zu erkennen nicht in der Lage ist? Man müsste annehmen, dass der Betreffende blind oder verblendet ist, jedenfalls unfähig, das für ihn Geltende zu erfassen.

Letztlich geht es bei diesem Problem um die Unterscheidung zwischen Geltung und Wahrheit. Dass die universalistische Position *prima facie* eine hohe Plausibilität hat, dürfte zum wesentlichen Teil auf eine bestimmte Auffassung moralischer Urteile zurückzuführen sein, die man auch in der

---

Staaten, die sich vor allem gegen die Einmischung der Vereinten Nationen in die inneren Angelegenheiten der Mitgliedsstaaten richtete. Am 17. Juni 2011 beschloss der UN-Menschenrechtsrat eine Resolution zur Beendigung der staatlichen Diskriminierung sexueller Minderheiten. https://www.bing.com/search?q=Erklaerungen+und+Resolutionen+ der+Vereinten+Nationen+ueber+die+sexuelle+Orientierung+und+ geschlechtliche+Identitaet&form=ASUTDF&pc=EUPP_NP06&src= IE-SearchBox.

ethischen Literatur antrifft.[10] Danach erheben wir mit moralischen Urteilen einen Anspruch auf *Allgemeingültigkeit*. Der Geltungsuniversalismus scheint somit bereits durch die Form des Urteils vorgegeben zu sein. Doch ist diese Auffassung moralischer Urteile ersichtlich falsch. Mit *Urteilen* erheben wir einen Anspruch auf *Wahrheit*, aber nicht auf Geltung für andere. Ansprüche der letzteren Art erheben wir mit *Behauptungen*. So ist es *eines* zu urteilen, dass es ein moralisches Recht gibt, die eigene sexuelle Orientierung zu leben, und ein *anderes*, dies zu behaupten. Mit der Behauptung bringt sich der Sprecher in die Pflicht, den Nachweis zu führen, dass es sich so verhält, wie er behauptet, so dass auch diejenigen, denen gegenüber er dies behauptet, seiner Behauptung *zustimmen müssen*. Das ist es, was mit dem Wort ‚Geltung‘ ausgedrückt wird: Gemeint ist nicht einfach die Wahrheit eines Urteils, sondern die *Zustimmung* zur Wahrheit eines Urteils oder die *Anerkennung* dieser Wahrheit. Dabei ist auch hier zwischen faktischer und normativer Geltung zu unterscheiden. Ein Urteil steht faktisch in Geltung, wenn seine Wahrheit innerhalb des betreffenden sozialen Zusammenhangs faktisch anerkannt wird. Ein Urteil steht normativ in Geltung, wenn die Mitglieder des betreffenden sozialen Zusammenhangs sich der Anerkennung seiner Wahrheit nicht entziehen können, d. h. zu dieser genötigt sind. Auf solche Nötigung, also auf normative Geltung, zielt der Nachweis, den führen zu können derjenige beansprucht, der eine Behauptung aufstellt. Wo Menschen sich zu solcher Anerkennung genötigt oder verpflichtet sehen, da hat das betreffende Urteil normative *Geltung für sie*. Dieses ‚für sie‘ verweist auf einen wichtigen Unterschied zwischen Geltung

---

[10] *Dieter Birnbacher*, Analytische Einführung in die Ethik, Berlin/New York: De Gruyter, 2003, 24ff.

und Wahrheit. Das Wort ‚Geltung' hat eine relative Bedeutung – etwas hat Geltung *für jemanden* –, das Wort ‚Wahrheit'
hingegen nicht: Ein Urteil ist wahr oder falsch, aber es ist
nicht wahr für jemanden. Die Aussage, dass ein Urteil ‚wahr
für jemanden' ist, macht lediglich Sinn, wenn sie so gemeint
ist, dass der Betreffende das Urteil *für wahr hält*. Aber das ist
dann keine Aussage über das Urteil und dessen Wahrheit,
sondern eine Aussage über den Urteilenden und dessen subjektive Überzeugung.

Ob für Urteile moralischen Inhalts eine Geltung für
andere beansprucht werden kann, ist zumindest fraglich.
Wie gesagt, bringt sich derjenige, der eine solche Behauptung aufstellt, in die Pflicht, den Nachweis zu führen, dass es
sich so verhält, wie er behauptet, so dass auch diejenigen,
gegenüber denen er dies behauptet, genötigt sind, dies anzuerkennen. Doch muss man bezweifeln, dass das moralisch
Richtige und Gebotene sich in dieser Weise andemon-
strieren lässt. Die empirische Moralforschung in Psychologie
und Neurobiologie hat evident gemacht, dass die Moral ihre
Grundlage in den menschlichen Emotionen hat, und auch
innerhalb der Moralphilosophie gibt es hierzu eine breite
Debatte.[11] Das bedeutet, dass ein Mensch zu einer moralischen Einsicht nicht durch Argumente, d. h. auf einem rein
gedanklichen Weg unter Ausschaltung seiner Emotionen,
genötigt werden kann. Vielmehr kann sich ihm das mora-

---

[11] Vgl. hierzu *Markus Christen, Carel van Schaik, Johannes Fischer, Mar-
kus Huppenbauer, Carmen Tanner* (Hg.), Empirically informed Ethics.
Morality between Facts and Norms, Berlin/New York: Springer, 2013;
Johannes Fischer, Stefan Gruden (Hg.), Die Struktur der moralischen
Orientierung. Interdisziplinäre Perspektiven, Münster/Hamburg/Lon-
don: LIT-Verlag, 2009. *Christoph Ammann*, Emotionen – Seismogra-
phen der Bedeutung. Ihre Relevanz für eine christliche Ethik, Stuttgart:
Kohlhammer, 2007.

lisch Richtige nur *selbst zeigen*, indem er sich die betreffende Situation, Handlung, Lebenslage usw. vor Augen führt, z. B. unter der Fragestellung, was sie für einen Menschen bedeutet, und indem er sie dabei emotional bewertet. Das kann nur er selbst tun, und niemand anderer kann beanspruchen, eine solche Einsicht stellvertretend für ihn haben zu können. Es ist daher nicht unproblematisch, wenn die Aufgabe der Ethik hinsichtlich der Menschenrechte darin gesehen wird, möglichst unanfechtbare Argumente für die universale normative Geltung von moralischen Menschenrechten zu entwickeln.

Mit der Unterscheidung zwischen Wahrheit und Geltung lässt sich das Universalismus/Relativismus-Problem entwirren. Wir können für das Urteil ‚Es gibt ein moralisches Menschenrecht darauf, die eigene sexuelle Orientierung zu leben' Wahrheit beanspruchen, ohne den Anspruch zu erheben, dass dieses Urteil eine universale normative Geltung hat. Daher sind wir auch nicht gezwungen, anderen Kulturen, die diese Auffassung nicht teilen, zu unterstellen, dass sie blind oder verblendet sind. Sie haben schlicht eine andere Wahrnehmung davon, was Menschen im Blick auf ihre sexuelle Orientierung geschuldet bzw. nicht geschuldet ist, eine Wahrnehmung, die unsere eigene Kultur bis vor gar nicht langer Zeit gehabt hat. Wenn wir von diesem moralischen Menschenrecht überzeugt sind, dann werden wir Bestrebungen befürworten und unterstützen, die darauf gerichtet sind, durch Kritik und Überzeugungsarbeit diesem Menschenrecht auch dort normative Geltung zu verschaffen, wo es bisher nicht anerkannt und respektiert wird. Dass andere Kulturen diesbezüglich eine andere Auffassung haben, ist dann für uns kein Grund, uns diesbezüglich zurückzunehmen und unsere eigene Überzeugung nicht aktiv zu vertreten. Aber wir werden uns dabei der kulturellen Relati-

vität der normativen Geltung dieses moralischen Rechtes
bewusst bleiben. Dessen universale Geltung kann nur ein zu
erreichendes Ziel sein, aber sie ist keine schon bestehende
Tatsache, auf die man sich berufen könnte. Diese Einsicht
kann davor bewahren, westliche Werte in Ländern oder
Kulturen einzufordern, die diese Werte nicht teilen, in der
irrigen Meinung, dass sie auch für diese bereits normativ
gültig sind. Das ist eine imperiale Form von Universalismus,
die zwangsläufig Konflikte provozieren muss, weil sie igno-
rant ist gegenüber den kulturellen und religiösen Realitäten.
Statt an der realen Welt ist sie an einer idealen moralischen
Welt orientiert, in der die Menschenrechte, wie sie aus der
westlichen Moderne hervorgegangen sind, bereits überall in
normativer Geltung stehen. Wie die Menschen anderer Kulturen tatsächlich denken, fühlen und glauben, ist dabei irrelevant. Dass dies Gefühle der Missachtung und Entwertung
der eigenen Kultur und Lebensweise hervorrufen kann, liegt
auf der Hand. Für die interkulturelle Verständigung über
Menschenrechte ist das nicht förderlich. Wo es demgegenüber statt um Ansprüche auf Geltung um die Verständigung
über Wahrheit geht, da müssen die Beteiligten sich auf die
Perspektive und Überzeugung des jeweils anderen einlassen,
um diesem das, was man selbst für wahr hält, innerhalb seines Verstehenshorizonts nahebringen und einsichtig machen
zu können. Die Respektierung der Tatsache, dass für die
Menschen anderer Kulturen deren Werte normativ verbindlich sind und nicht die Werte einer vermeintlich universalen
Moral, ist unabdingbare Voraussetzung für die Erfolgs-
aussichten solcher Verständigung.

Warum Gerechtigkeit?

Über die normative Verfasstheit der sozialen Welt in Auseinandersetzung mit Amartya Sens Theorie der Gerechtigkeit

Kaum eine Gerechtigkeitstheorie hat eine so große praktische Wirkung entfaltet wie diejenige von Amartya Sen. Sie wurde nicht nur innerhalb der philosophischen und theologischen Gerechtigkeitsdebatte, sondern vor allem auf der Ebene der internationalen Institutionen breit rezipiert, insbesondere solchen, die mit Entwicklungszusammenarbeit befasst sind. Ihre umfassendste und differenzierteste Ausarbeitung hat sie in Amartya Sens Buch „Die Idee der Gerechtigkeit"[1] gefunden, in welchem Sen zugleich zu einer Reihe von Einwänden seiner Kritiker Stellung nimmt. Es ist ein überaus inspirierendes Buch, das von einer beeindruckenden intellektuellen Neugier und Belesenheit zeugt. Eine besondere Stärke liegt in der Kritik des „transzendentalen Institutionalismus", welche überzeugend in der Auseinandersetzung mit der Theorie von John Rawls vorgetragen wird. Allerdings fordert auch die Alternative, die Sen zu profilieren sucht, zu einer Reihe von Rückfragen heraus, wie im Folgenden verdeutlicht werden soll. In Umrissen soll dabei eine eigene Antwort auf die Frage skizziert werden, was Gerechtigkeit ist.

---

[1] *Amartya Sen*, Die Idee der Gerechtigkeit, München: C. H. Beck, 2010.

Sen beansprucht, eine Theorie der Gerechtigkeit vorzu-
legen. Von einer solchen Theorie erwartet man an erster
Stelle eine Klärung der Frage, was Gerechtigkeit ist und
worin sie besteht. Dazu gehört insbesondere eine Beantwortung der Frage „Warum überhaupt Gerechtigkeit?", also
eine Auskunft darüber, warum Gerechtigkeit – und nicht
etwas anderes – die grundlegende Norm ist oder sein soll,
unter der das menschliche Zusammenleben steht und durch
welche dieses geordnet wird. Was genau ist es, das uns
gesellschaftliche Zustände oder auch Entscheidungen und
Handlungen nicht bloß als gut oder schlecht, sondern als
gerecht oder ungerecht bewerten lässt?

Solche Fragen stehen jedoch nicht im Fokus von Sens
Interesse. Die kritisch gegen den transzendentalen Institutionalismus gewendete Stoßrichtung seines Buches geht vielmehr dahin, dass eine Theorie der Gerechtigkeit sich an dem
Leben orientieren müsse, das Menschen tatsächlich führen
können.[2] Bei dieser Forderung hat Sen nicht das Konzept
der Gerechtigkeit als solches im Blick. Es geht ihm nicht
darum zu klären, ob und in welcher Weise die Norm der
Gerechtigkeit dem menschlichen Leben und Zusammenleben eingeschrieben ist und von welcher Art diese Norm
ist, d. h., was sie beinhaltet, ob z. B. Gleichheit oder etwas
anderes. Eine solche Klärung wäre zweifellos wichtig, will
man vermeiden, dass das menschliche Leben und Zusammenleben in das Korsett von Gerechtigkeitskonzeptionen
gezwängt wird, die im Widerspruch stehen zu ihm selbst
inhärenten Gerechtigkeitsmaßstäben, falls es solche gibt. Bei
Sen zielt die Forderung, die Theorie der Gerechtigkeit am
wirklichen Leben der Menschen zu orientieren, vielmehr auf

---

[2] AaO. 46ff.

das, was er „Materialien der Gerechtigkeit" nennt.[3] Dabei geht es um die Frage, was für das menschliche Leben wichtig und wesentlich ist und in Bezug worauf daher Gerechtigkeit herrschen soll, d. h., worauf die Norm der Gerechtigkeit – was immer sie beinhaltet – appliziert werden soll. Dem liegt der Gedanke zugrunde, dass ein gesellschaftlicher Zustand nur dann gerecht genannt zu werden verdient, wenn Gerechtigkeit herrscht in Bezug auf die wesentlichen Aspekte des menschlichen Lebens und nicht bloß in Bezug auf Unwesentliches. Daher muss sich eine Theorie der Gerechtigkeit für die Frage interessieren, was für das menschliche Leben wichtig und wesentlich ist, und hier hat Sens *capability*-Ansatz seinen Ort, der die Freiheit im Sinne der Chance oder Befähigung, eigene Ziele verfolgen und mit Gründen zwischen verschiedenen Lebensweisen wählen zu können, ins Zentrum stellt. Darüber hinaus zielt die Forderung, dass eine Theorie der Gerechtigkeit sich am wirklichen Leben statt an Gerechtigkeitsidealen orientieren soll, auf die Tatsache, dass unter realen Bedingungen das Bemühen um Gerechtigkeit in einem Spannungsfeld konfligierender Ansprüche, Interessen und Notwendigkeiten steht, die zu Kompromissen zwingen, sei es zwischen unterschiedlichen, gleichermaßen begründeten Gerechtigkeitsansprüchen oder zwischen dem Gesichtspunkt der Gerechtigkeit einerseits und anderen Erfordernissen wie z. B. ökonomischen Zwängen andererseits. Daher geht es unter realen Bedingungen stets nur um die Suche nach der „besseren Gerechtigkeit" und nicht um vollkommene Gerechtigkeit.

Ich vermute, dass Sen die Auffassung zurückweisen würde, dass die erste und wichtigste Aufgabe einer Theorie der Gerechtigkeit darin besteht zu klären, was Gerechtigkeit ist.

---

[3] AaO. 253ff.

Verstrickt man sich bei einem solchen Unterfangen nicht unweigerlich in den nicht entscheidbaren Konflikt zwischen unterschiedlichen Gerechtigkeitskonzeptionen, wie er von Sen am Beispiel des ökonomischen Egalitariers, des Libertären und des Utilitaristen veranschaulicht wird?[4] Dies hält Sen freilich nicht davon ab, sich selbst in diesem Konfliktfeld zu positionieren und eine eigene Gerechtigkeitskonzeption zu vertreten, und zwar in Bezug auf das, was er die „soziale Gerechtigkeit" nennt.[5] Danach hat die soziale Gerechtigkeit ihren Kern in der Gleichheit. Sieht man sich die Gründe näher an, die Sen zur Stützung dieser egalitaristischen Auffassung vorbringt, dann können sie allerdings kaum überzeugen. Erstens wird geltend gemacht, „dass offenbar alle anerkannten und befürworteten normativen Theorien sozialer Gerechtigkeit die Gleichheit von *etwas* fordern, von etwas, das in der jeweiligen Theorie als besonders wichtig gilt".[6] Das ist in Anbetracht der elaborierten Argumente, die die Egalitarismuskritik der zurückliegenden Jahrzehnte gegen eine gleichheitsorientierte Konzeption von Gerechtigkeit im Allgemeinen und von sozialer Gerechtigkeit im Besonderen vorgetragen hat,[7] ein recht schwaches Argument. Zweitens wird argumentiert, dass Gleichheit schon deswegen von zentraler Bedeutung für derartige Theorien sei, weil diese, um nicht als „voreingenommen und willkürlich"[8] zu gelten, die Bedingung der „Nichtdiskriminierung" erfüllen müssen. Diesem Argument liegt ersichtlich ein fragwürdiges Verständnis von Diskriminierung zugrun-

---

[4] AaO. 41ff.

[5] AaO. 318.

[6] AaO. 318.

[7] Vgl. hierzu *Angelika Krebs* (Hg.), Gleichheit oder Gerechtigkeit. Texte der neuen Egalitarismuskritik, Frankfurt a. M.: Suhrkamp, 2000.

[8] *Sen*, aaO. 320.

de. Diskriminierung besteht nicht darin, dass Menschen nicht das Gleiche bekommen wie andere Menschen, sondern vielmehr darin, dass Menschen etwas vorenthalten wird, auf das sie *denselben Anspruch* haben wie andere Menschen, denen das Betreffende zuerkannt und gewährt wird. So begriffen, zielt die Forderung nach Nichtdiskriminierung gar nicht auf Gleichheit, sondern darauf, jedem das zukommen zu lassen, worauf er ein Recht hat, was dann Gleichheit mit anderen zur *Folge* haben kann. Dieser im Fokus der Egalitarismuskritik stehende Unterschied zwischen Gleichheit als *Ziel* oder *Forderung* der Gerechtigkeit und Gleichheit als *Folge* oder *Ergebnis* von Gerechtigkeit wird von Sen nicht diskutiert. Schließlich scheint Sen drittens der Meinung zu sein, dass Gleichheit sich als eine Folge aus den Bedingungen der Unparteilichkeit und Objektivität ergibt: „Die Forderung, Menschen (unter einem wichtigen Gesichtspunkt) als gleich anzusehen, bezieht sich meiner Meinung nach auf die normativen Bedingungen der Unparteilichkeit und Objektivität.“[9] Dieser Satz wirft die Frage auf, ob die Gleichheit von Menschen, sei es als Menschen, als Bürger, als Sozialhilfeberechtigte usw., tatsächlich etwas ist, das vom Blick des Betrachters abhängt und sich seiner unparteilichen und objektiven Einstellung verdankt, welche dann zur „Forderung“ erhoben werden kann. Ist diese Gleichheit nicht vielmehr mit dem Menschsein, Bürgersein, Sozialhilfeberechtigter-Sein usw. gegeben und somit etwas, das vom Betrachter nur konstatiert und anerkannt werden kann? Ersichtlich macht dieser Satz nur Sinn, wenn in ihm Gleichheit wiederum im Sinne von Nichtdiskriminierung aufgefasst wird, für die in der Tat ein unparteilicher und objektiver Blick darauf, worin Menschen gleich und worin sie ungleich sind, Voraus-

---

[9] AaO. 320.

setzung ist. Aber das ist dann, wie gesagt, keine egalitaristische Position, die Gleichheit als Ziel oder Forderung der
Gerechtigkeit begreift, sondern eine Position, für die Gleichheit die Folge von Gerechtigkeit (von Nichtdiskriminierung)
ist. Das ist alles, was Sen zugunsten seiner egalitaristischen
Auffassung von sozialer Gerechtigkeit vorbringt. Im weiteren Verlauf seiner Überlegungen klammert Sen die Frage
„Warum *Gleichheit?*" aus und konzentriert sich stattdessen
auf die in seiner Sicht „entscheidende"[10] Frage „Gleichheit
wovon?", bei deren Beantwortung sein *capability*-Ansatz im
Zentrum steht.

Offenbar fällt jedoch für Sen die Gerechtigkeit nicht einfach mit der egalitaristisch verstandenen „sozialen Gerechtigkeit" in eins. Vielmehr finden sich viele Stellen in seinem
Buch, in denen sich ein nonegalitaristisches Gerechtigkeits-
verständnis zeigt. Beispielhaft hierfür ist das folgende Zitat:

> Viertens ist Gleichheit nicht der einzige Wert, mit dem sich eine
> Theorie der Gerechtigkeit befassen muss, und sie ist nicht einmal
> das einzige Gebiet, auf dem die Idee der Befähigung Nutzen hat.
> … Zum Beispiel kann man für eine Institution oder eine Strategie
> eintreten, nicht weil sie die Gleichheit von Befähigungen erhöht,
> sondern weil sie die Befähigungen aller vermehrt (selbst wenn die
> Verteilung dadurch nicht gleichmäßiger wird). Chancengleichheit,
> oder realistischer: Verminderung von Chancenungleichheit, ver-
> dient sicherlich unsere Aufmerksamkeit, aber die allgemeine Ver-
> besserung der Chancen aller ebenso.[11]

Auch „die allgemeine Verbesserung der Chancen aller" ist
hiernach etwas, womit sich eine Theorie der Gerechtigkeit
befassen muss. Das lässt sich nur im Sinne eines nonegalitaristischen Gerechtigkeitsverständnisses interpretieren. Wenn

---

[10] AaO. 320.
[11] AaO. 325.

man freilich der Auffassung ist, dass es (in einem nonegalitaristischen Sinne) ein Gebot der Gerechtigkeit ist, Menschen
ein Leben zu ermöglichen, bei dem sie eine möglichst große
Freiheit der Wahl zwischen verschiedenen Optionen haben,
z. B. indem die Armut bekämpft wird, unter der Menschen
leiden, warum sollen dann derartige soziale Verbesserungen
nicht eine Forderung gerade der *sozialen Gerechtigkeit* sein?
Welchen Sinn macht es, die soziale Gerechtigkeit auf
Gleichheit zu reduzieren? Nicht zuletzt von der Stoßrichtung von Sens Buch her, welches den Fokus statt auf
Gerechtigkeitsideale auf den Aspekt der Verwirklichung von
Gerechtigkeit legen will, ist zu fragen, ob eine egalitaristische
Konzeption von sozialer Gerechtigkeit im Sinne der Gleichheit der Verwirklichungschancen aller nicht dahin tendiert,
ein in der heutigen globalen Welt unerreichbares Ideal
aufzurichten, das nur Frustration und Unzufriedenheit zur
Folge haben kann. Zwar gibt es Stellen in Sens Buch, an
denen er explizit verneint, dass die Quintessenz seiner
Gerechtigkeitstheorie in der Forderung nach Befähigungs-
und Chancengleichheit liegt.[12] Aber das ist nicht im Sinne
einer Rücknahme oder Einschränkung seines egalitaristischen Verständnisses von sozialer Gerechtigkeit gemeint,
das genau diese Forderung und dieses Ziel impliziert,
sondern vielmehr in dem Sinne, dass die Forderung nach
Befähigungs- und Chancengleichheit nicht der einzige und
ausschließliche Gesichtspunkt sein dürfe. Vielmehr könne
diese Forderung in Konflikt mit anderen Erwägungen wie
dem Prozessaspekt der Freiheit[13] oder nonegalitaristischen
Gerechtigkeitsaspekten[14] geraten. Am Ideal sozialer Gerech-

---

[12] AaO. 322.
[13] AaO. 322f.
[14] AaO. 324.

tigkeit im Sinne der Gleichheit der Chancen aller ändert das
freilich nichts.

Eine Klärung des Konzepts der Gerechtigkeit ist nicht
zuletzt im Blick auf einige Thesen und Unterscheidungen
ein Desiderat, auf die Sen großen Wert legt. So plädiert er
für einen komparativen oder relationalen Zugang zur
Gerechtigkeit, und er verbindet dies mit dem Vorschlag, die
Theorie kollektiver Entscheidungen für die Theorie der Gerechtigkeit fruchtbar zu machen.[15] Dies ist kritisch gewendet
gegen einen „transzendentalen" Ansatz, der, wie der Ansatz
von Rawls, auf nichtkomparativem Wege Gerechtigkeits-
grundsätze aufstellt, die das Ideal einer vollkommen gerechten Gesellschaft zu definieren erlauben. Beim komparativen
Zugang zur Gerechtigkeit geht es demgegenüber um die ver-
gleichende Bewertung alternativer Optionen oder Zustände
als ‚gerechter' oder ‚weniger gerecht'. Allerdings wirft dies
die Frage auf, ob nicht jede derartige Bewertung normative
Kriterien der Gerechtigkeit – wie z. B. die Menschenrechte –
voraussetzen muss, gemessen an denen Optionen oder Zustände gerechter oder weniger gerecht sind und die als
solche nichtkomparativen bzw. nichtrelationalen Charakter
haben. Ein komparativer Zugang zur Gerechtigkeit kann ein
heuristisches Mittel sein, um solche Kriterien ausfindig zu
machen, die bei Gerechtigkeitsüberlegungen leitend sind.
Doch sind es ersichtlich zwei verschiedene Arten von Überlegungen, einerseits zu untersuchen, ob solche Gerechtigkeitskriterien je für sich normative Geltung haben (oder
haben sollen), oder andererseits zu untersuchen, welches
Gewicht ihnen bei der Bewertung alternativer Zustände
oder Optionen zukommen soll, bei der sie in Konkurrenz
und Konflikt mit anderen Gerechtigkeitsnormen geraten

---

[15] AaO. 115ff.

können. Dass es hier überhaupt zum Konflikt kommen kann, setzt ihre normative Geltung voraus, und diese erfordert andere als komparative Überlegungen. Insofern kann die zweite Art der Überlegung die erste nicht ersetzen. Es geht nicht um eine Alternative, wie Sen sich zu zeigen bemüht, sondern es bedarf beider Arten der Überlegung für die Klärung unterschiedlicher Fragen.

Ähnlich verhält es sich mit Sens Unterscheidung zwischen einem auf Regeln konzentrierten und einem auf Realisierung konzentrierten Verständnis von Gerechtigkeit.[16] Auch hier ist die Frage, ob es sich dabei tatsächlich um eine Alternative handelt. Wir können Regeln als gerecht oder ungerecht bewerten, und wir können reale gesellschaftliche Zustände als gerecht oder ungerecht bewerten. Letzteres setzt wiederum normative Gerechtigkeitskriterien voraus, anhand deren die Bewertung erfolgt, und diese haben die Form von Regeln. Folglich muss auch ein auf Verwirklichung konzentriertes Verständnis der Gerechtigkeit sich mit der Frage auseinandersetzen, welche Regeln als Maßstäbe der Gerechtigkeit gelten sollen, was Sen ja auch tut, z. B. wenn er für die soziale Gerechtigkeit die Regel der Gleichverteilung aufstellt. Worauf Sen zu Recht aufmerksam macht, ist die Tatsache, dass es für die Beurteilung der Gerechtigkeit einer Gesellschaft nicht ausreicht, lediglich die Regeln und Institutionen in Betracht zu ziehen, die in dieser Gesellschaft in *normativer* Geltung stehen – z. B. in Gestalt einer Verfassung oder staatlicher Gesetze –, sondern dass hierfür auch der Grad ihrer *faktischen* Geltung, d. h. ihrer realen Umsetzung und Befolgung, in Betracht gezogen werden muss. Aber es macht keinen Sinn, die Konzentration auf Verwirklichungen als Alternative zur Konzentration auf

---

[16] AaO. 38.

Regeln zu präsentieren und der Theorie der Gerechtigkeit die Aufgabe zuzuweisen, sich statt auf Regeln oder Institutionen auf Verwirklichungen zu konzentrieren.

Vielleicht liegt das Grundproblem sowohl der Theorien, die Sen kritisiert und von denen er sich abgrenzt, als auch seiner eigenen Theorie darin, dass Konzeptionen der Gerechtigkeit entwickelt werden, ohne dass zuvor die grundlegendere Frage beantwortet worden ist, worum es sich beim Phänomen der Gerechtigkeit überhaupt handelt. Was ist es, das uns Zustände oder Regeln nicht bloß als gut oder schlecht, sondern als gerecht oder ungerecht bewerten lässt? Es muss sich dabei ja um etwas handeln, das irgendwie der menschlichen Lebenswirklichkeit eingeschrieben ist.

Ich will dies an einem Beispiel aus der Einleitung zu Sens Buch näher verdeutlichen, auf das Sen an verschiedenen Stellen seines Buches zurückkommt, nämlich dem Beispiel von den drei Kindern, die sich um eine Flöte streiten:[17] Anne verlangt die Flöte für sich mit dem Argument, dass sie als Einzige von den dreien Flöte spielen könne. Bob meldet seinen Besitzanspruch an mit dem Argument, dass er so arm sei, dass er kein eigenes Spielzeug besitze. Clara schließlich beansprucht die Flöte mit dem Argument, dass sie sie in langer Arbeitszeit hergestellt hat. Sen dient dieses Beispiel dazu, die Argumentationsmuster unterschiedlicher Gerechtigkeitstheorien zu illustrieren (worauf es an dieser Stelle nicht ankommen soll).[18]

---

[17] AaO. 41.

[18] Man mag sich an diesem Beispiel noch einmal die Kritik verdeutlichen, die oben an Sens Auffassung von einem „komparativen Zugang zur Gerechtigkeit" geübt wurde. Angenommen, jeder der Ansprüche der drei Kinder auf die Flöte lässt sich gleichermaßen gut begründen. Dann wird man eine Lösung, die z. B. Anne und Bob ein Nutzungsrecht einräumt, Clara aber das Besitzrecht belässt, als ‚gerechter' bewer-

Intuitiv scheint der Anspruch von Clara am meisten ein-
zuleuchten. Inwiefern halten wir es für gerecht, wenn sie die
Flöte bekommt, und für ungerecht, wenn ihr die Flöte zugunsten eines der anderen Kinder weggenommen wird?
Offenbar tun wir dies aufgrund einer sozialen Regel, von der
wir überzeugt sind, nämlich dass derjenige, der etwas ganz
aus eigenen Mitteln und ohne fremde Unterstützung hergestellt hat, auch darüber verfügen können soll. Weniger
offensichtlich ist bei diesem Beispiel, dass genau genommen
noch eine zweite Regel hinzukommen muss, um Claras Anspruch zu sichern. Die Tatsache, dass Clara die Flöte hergestellt hat, sichert ihr noch nicht die *soziale Position*, in der
dieser Anspruch gründet. Diese Position hat sie erst dadurch, dass sie von den übrigen Beteiligten als Herstellerin
der Flöte *anerkannt* wird. Die betreffende Regel lautet also,
dass derjenige, der etwas hergestellt hat, auch als dessen
Hersteller sozial anerkannt werden muss. Dass diese Regel
keineswegs trivial ist, zeigt sich an den juristischen Ausein-
andersetzungen, die um Urheberrechte geführt werden, bei
denen ebendiese Anerkennung strittig ist und erkämpft wird.
Clara kann also genau genommen auf zweierlei Weise
Ungerechtigkeit widerfahren, nämlich durch Verletzung
dieser beiden Regeln: Ihr kann die Anerkennung als Herstellerin der Flöte verweigert werden, obgleich sie diese hergestellt hat; und sie kann zwar als Herstellerin der Flöte anerkannt werden, aber gleichzeitig kann ihr die Achtung ihres

---

ten als eine Lösung, die Anne und Bob von der Nutzung ausschließt
oder die umgekehrt Clara ihr Besitzrecht nimmt. Aber das setzt, wie
gesagt, voraus, dass die Ansprüche der drei Kinder als die hier in
Betracht kommenden *normativen Kriterien* der Gerechtigkeit je für sich
gut begründet sind, und diese Begründung beruht nicht auf komparativen Erwägungen.

hieraus resultierenden Verfügungsrechtes über die Flöte
verweigert werden. Was man sich an diesem Beispiel
klarmachen kann, ist die Tatsache, dass die Gerechtigkeit,
die im Bereich sozialer Beziehungen gilt, es mit *Anerkennung*
und *Achtung* zu tun hat, wobei Letztere sich auf die Rechte
bezieht, die mit sozialen Positionen verknüpft sind, welche
Gegenstand der Anerkennung sind. So kann auch einem
Flüchtling auf zweierlei Weise Ungerechtigkeit widerfahren,
nämlich erstens dadurch, dass ihm die behördliche Anerkennung als Flüchtling verweigert wird, obgleich er die Kriterien
für einen Flüchtlingsstatus – z. B. politische Verfolgung –
erfüllt, und zweitens dadurch, dass er zwar als Flüchtling
anerkannt, ihm aber die Achtung der hieraus resultierenden
Ansprüche und Rechte verweigert wird. Die soziale Welt ist
durch eine unüberschaubar große Zahl von sozialen Regeln
geordnet, die festlegen, wem aufgrund welcher Kriterien
welche Anerkennung und welche Achtung geschuldet sind.
So begriffen, lässt sich die Gerechtigkeit, die im Bereich
sozialer Beziehungen gilt, sehr einfach definieren: Diese
Gerechtigkeit ist dann gegeben, wenn allen erstens die Anerkennung von sozialen Positionen und zweitens die Achtung
der hiermit verknüpften Rechte zuteil werden, die ihnen
aufgrund geltender sozialer Regeln geschuldet sind. Diese
Gerechtigkeit ist weder egalitaristisch noch nonegalitaristisch. Weder geht es darum, dass alle das Gleiche bekommen, noch darum, dass alle „genug" in einem nonegalitaristischen Sinne bekommen, sondern es geht einzig darum, dass
alle das bekommen, worauf sie aufgrund geltender sozialer
Regeln einen gültigen Anspruch bzw. ein Recht haben.

Dass Gerechtigkeit das Ordnungsprinzip menschlicher
Gesellschaften ist, das hat offenbar mit dieser auf Anerkennung und Achtung gegründeten Struktur der sozialen Welt
zu tun. Man kann sich hieran zugleich verdeutlichen, warum

das egalitaristische Missverständnis der Gerechtigkeit so verführerisch ist. So war Aristoteles bekanntlich der Auffassung, dass die Gerechtigkeit ihren Kern in der Gleichheit hat. Wenn A dafür, dass er sich mit der Leistung F um die Polis verdient gemacht hat, einen Orden erhält, dann muss auch B einen Orden bekommen, wenn er sich mit derselben Leistung F um die Polis verdient gemacht hat. So scheint es hier um Gleichheit zu gehen. Doch muss man sich Folgendes vergegenwärtigen: Wenn A einen Orden erhält mit der *Begründung*, dass er sich mit der Leistung F um die Polis verdient gemacht hat, dann wird damit implizit eine *Regel* anerkannt und in Geltung gesetzt, nämlich dass derjenige, der für die Polis die Leistung F erbringt, einen Orden verdient. Der Grund dafür, auch B einen Orden zu verleihen, ist diese Regel und nicht die Tatsache, dass A einen Orden bekommen hat. Diese Tatsache ist nur insoweit relevant, als mit ihr diese Regel etabliert wird. Aber rein für sich genommen begründet die Verleihung des Ordens an A keinen Anspruch von B, sondern sie tut dies erst über die Allgemeinheit dieser Regel. So besteht hier die Gerechtigkeit nicht in der Gleichbehandlung, sondern darin, einem jeden das zukommen zu lassen, was ihm aufgrund geltender genereller Anerkennungsregeln geschuldet ist.

In ähnlicher Weise lässt sich das Kuchenbeispiel von Isaiah Berlin entkräften, das innerhalb der philosophischen Gerechtigkeitsdebatte eine gewisse Berühmtheit erlangt hat.[19] Wenn ein Kuchen aufgeteilt wird, dann besteht kein Rechtfertigungsbedarf, wenn alle ein gleich großes Stück erhalten. Gerechtfertigt werden muss es jedoch, wenn unglei-

---

[19] *Isaiah Berlin*, Equality as an Ideal, in: Frederick Olafson (ed.), Justice and Social Policy, Englewood Cliffs, N. J.: Prentice-Hall, 1961, 128–150.

che Stücke zugeteilt werden. Daraus ist von verschiedenen Autoren gefolgert worden, dass die Gerechtigkeit ihren Kern in der Gleichheit als einem intrinsischen Wert hat, d. h. einem Wert, der um seiner selbst willen realisiert werden muss. Eine gerechte Gesellschaft zeichnet sich dann dadurch aus, dass sie ihren Mitgliedern ein Höchstmaß an Gleichheit der Lebenschancen gewährleistet. Doch bei genauem Zusehen verliert dieses Beispiel seine Suggestivität. Man stelle sich einen Kindergeburtstag vor, bei dem die Geburtstagstorte unter den eingeladenen Kindern aufgeteilt wird. Inwiefern besteht hier die Gerechtigkeit in der Aufteilung in gleich große Stücke? Die Zugehörigkeit zu der Geburtstagsrunde ist ein sozialer Status, der als solcher auf Anerkennung beruht. Sie ist den Kindern geschuldet aufgrund des Anerkennungskriteriums, dass sie zu dem Geburtstag eingeladen worden sind. Hinsichtlich dieses Kriteriums und der mit der Zugehörigkeit zur Geburtstagsrunde verbundenen Ansprüche aber sind alle eingeladenen Kinder gleich. Eine Zuteilung von ungleichen Stücken würde diese Gleichheit verletzen und hätte eine diskriminierende Wirkung. Angenommen aber, eine Nachbarin schaut vorbei, um dem Geburtstagskind zu gratulieren, und ihr wird ein größeres Stück von der Torte mitgegeben, als die Kinder es erhalten. Dies würde zwar auf deren Missfallen stoßen, da es ihren Anteil an dem Kuchen schmälert, aber es würde nicht (oder doch nicht in derselben Weise) ihr Gerechtigkeitsempfinden verletzen, da die Nachbarin nicht zur Geburtstagsrunde gehört. Es handelt sich hier um eine Ungleichbehandlung nicht von Gleichen, sondern von Ungleichen. Dies zeigt, dass die Gleichheit, um die es hier geht, kein intrinsischer Wert ist, sondern dass es auch hier darum geht, einem jeden das zukommen zu lassen, was ihm aufgrund geltender Anerkennungsregeln geschuldet ist.

Nun können allerdings auch geltende soziale Regeln – seien sie ungeschrieben oder geschrieben und z. B. institutionalisiert im Recht – noch einmal auf ihre Gerechtigkeit hin befragt werden, und damit begibt man sich auf eine andere Ebene der Gerechtigkeit, nämlich auf diejenige der moralischen Gerechtigkeit. Ein wesentlicher Unterschied zwischen diesen beiden Ebenen besteht darin, dass soziale Regeln durch Übereinkunft oder Beschluss festgesetzt oder geändert werden können – nur weil sie gegebenenfalls geändert werden können, macht es Sinn, sie auf ihre Gerechtigkeit hin zu befragen –, während Moral nicht auf Übereinkunft oder Beschluss beruht. Zwischen der Gerechtigkeit, wie sie durch soziale Regeln legitimiert wird, und der moralischen Gerechtigkeit können sich tiefgreifende Spannungen und Gegensätze auftun. So lässt sich die Kritik von Karl Marx an den kapitalistischen Ausbeutungsverhältnissen seiner Zeit als eine moralische Kritik an den herrschenden sozialen bzw. politischen Standards der Gerechtigkeit begreifen, die diese Verhältnisse – insbesondere das uneingeschränkte Verfügungsrecht über das Privateigentum an Produktionsmitteln – als gerecht legitimierten. In dem Sarkasmus, mit dem Marx im ersten Band von „Das Kapital" anhand einschlägiger Dokumente die Kinderarbeit in den englischen Kohlegruben protokolliert, spürt man seine tiefe moralische Empörung.

Auch die moralische Gerechtigkeit ist an soziale Positionen geknüpft, und es ist diese Verknüpfung der Moral mit der Struktur des Sozialen, worin die Erklärung dafür liegt, dass wir in moralischen Belangen nicht bloß von richtig oder falsch, gut oder schlecht, sondern von gerecht oder ungerecht sprechen können. Wenn wir es nicht bloß als moralisch schlecht, sondern als ein moralisches Unrecht ansehen, wenn Clara die Flöte weggenommen wird, dann ist dabei die

Anerkennung ihrer sozialen Position als Herstellerin der
Flöte vorausgesetzt, und es wird etwas eingefordert, das mit
dieser Position zu tun hat. Der Unterschied zu der oben-
stehenden Betrachtung dieses Beispiels unter dem Aspekt
sozialer Regeln besteht jetzt darin, dass wir Clara aufgrund
dieser sozialen Position einen *moralischen* Anspruch auf die
Flöte zubilligen. Auch bei der moralischen Gerechtigkeit
geht es also um *Anerkennung* und *Achtung*, nur dass die
Achtung sich auf moralische Ansprüche oder Rechte bezieht, die mit sozialen Positionen verknüpft sind. Man kann
sich diese Verbindung von sozialer Anerkennung und moralischer Achtung am Beispiel der Menschenwürde verdeutlichen. Auch hier kann Menschen auf zweierlei Weise Unrecht angetan werden, nämlich einerseits, indem ihnen die
soziale Anerkennung als Menschen verweigert wird und sie
als Nichtmenschen oder „Untermenschen" behandelt werden, und andererseits, indem ihnen die Achtung der moralischen Ansprüche verweigert wird, die sie aufgrund der
sozialen Position des Menschseins, d. h. als Mitglieder der
menschlichen Gemeinschaft, haben.

Die moralische Gerechtigkeit ist somit die höchste und
letzte Instanz, wenn es um die Beurteilung der Gerechtigkeit
von sozialen Regeln oder von gesellschaftlichen Zuständen
oder Verwirklichungen geht. Wie die meisten Gerechtig-
keitstheoretiker unterscheidet Sen nicht zwischen der in
sozialen Regeln institutionalisierten Gerechtigkeit und der
moralischen Gerechtigkeit. Doch kommt dieser Unterscheidung ersichtlich große Bedeutung für das Verständnis der
Dynamik gesellschaftlicher Veränderungen zu, die zu einem
nicht unerheblichen Teil aus dem Spannungsverhältnis zwischen diesen beiden Ebenen resultiert. Die moralische Kritik
kann dabei so weitgehend und so radikal sein, dass sie die
soziale Ordnung in Gestalt der Gliederung einer Gesell-

schaft in soziale Positionen bzw. Kategorien wie „Stände" oder „Klassen" *insgesamt* infrage stellt – also die gesellschaftliche *Anerkennungs*struktur –, wie dies in den bürgerlichen Revolutionen mit ihrer Kritik der ständischen Ordnung der Fall gewesen ist, die anstelle des Standes (Adel, Klerus, Bauern) das *Menschsein* als die für die gesellschaftliche und politische Ordnung fundamentale soziale Kategorie etablierte, bezüglich derer alle gleich sind (vgl. die Gleichheitsforderung der Französischen Revolution). Nicht zuletzt kommt mit der Unterscheidung dieser beiden Ebenen die Gerechtigkeit als etwas in den Blick, das sozial bzw. politisch *gestaltet* werden kann und muss, nämlich über die Etablierung und Durchsetzung von sozialen Regeln z. B. in Gestalt von staatlichen Gesetzen, mit denen ein möglichst großes Maß an moralischer Gerechtigkeit verwirklicht wird. In der Tat kann es dabei nicht um das Ideal einer vollkommen gerechten Gesellschaft gehen. Diesbezüglich sind Sens Argumente absolut überzeugend. Das Bemühen um Gerechtigkeit steht unter realen Bedingungen stets unter dem Zwang des Kompromisses, sei es zwischen verschiedenen Auffassungen von moralischer Gerechtigkeit oder zwischen moralischen Forderungen und anderen Notwendigkeiten oder Zwängen wie z. B. leeren öffentlichen Kassen.

Oben wurde gesagt, dass die in sozialen Regeln institutionalisierte Gerechtigkeit weder egalitaristisch noch nonegalitaristisch ist. Wie steht es diesbezüglich mit der moralischen Gerechtigkeit? Könnte es nicht sein, dass sie ihren Kern in der Gleichheit hat und dass dementsprechend moralisch begründete soziale Regeln am Ziel größtmöglicher Gleichheit orientiert sein müssen? In diesem Fall müsste man freilich annehmen, dass anstelle der Frage „Was bedeutet es für einen Menschen, elementare Güter wie ausreichend Nahrung, medizinische Versorgung, schulische Bildung etc. entbehren zu müssen?" die Frage „Was bedeutet es für einen Menschen, nicht über gleich viel an Gütern zu verfügen wie begütertere Menschen?" maßgebend für die Erkenntnis dessen zu sein hat, was einem Menschen unter dem Gesichtspunkt moralischer Gerechtigkeit geschuldet ist. Liegt der Grund dafür, warum wir Menschen, die unter Armutsbedingungen leben, einen moralischen Anspruch auf Hilfe zubilligen, nicht in der Erwägung, was ein Leben in Armut bedeutet – wozu nicht zuletzt die Tatsache gehört, dass Armut Menschen elementarer Freiheiten im Sinne von Verwirklichungschancen beraubt? Sind es nicht Erwägungen dieser Art, die Armut als eine Lebenslage vor Augen stellen, der Menschen nicht ausgesetzt sein *sollten*, was sich zu der Überzeugung verdichten kann, dass Menschen in einer solchen Lebenslage einen moralischen *Anspruch* auf Hilfe haben? Dann handelt es sich bei diesem Anspruch um einen nonegalitaristischen Anspruch. Einen Hinweis geben hier nicht zuletzt die Menschenrechte, bei denen es sich um *moralisch* motivierte *nonegalitaristische* soziale bzw. politische Rechte handelt, die über ihre politische Anerkennung in Kraft gesetzt werden.

Werden Verwirklichungschancen oder Befähigungen in der soeben angedeuteten Weise als eine Forderung der moralischen Gerechtigkeit begriffen, dann sind sie nicht „Materialien der Gerechtigkeit", auf die Gerechtigkeitsnormen wie die Gleichverteilung lediglich appliziert werden. Vielmehr sind sie dann etwas, das Menschen unter dem Gesichtspunkt der Gerechtigkeit *unmittelbar* geschuldet ist (und nicht erst vermittelt über hinzukommende Gerechtigkeitsprinzipien). Sen geht hier anders vor. Er ist von der Vorstellung geleitet, dass jede Theorie der Gerechtigkeit einen „Informationsschwerpunkt" auswählen muss, der die Frage betrifft, worin der „individuelle Vorteil" oder die „Begünstigung" einer Person besteht.[20] Während Utilitaristen hier das Glück einsetzen oder Ökonomen das Einkommen oder Rawls die Grundgüter, setzt Sen hier die Befähigung einer Person ein, die Dinge zu tun, die sie mit gutem Grund hochschätzt. Um die Gerechtigkeit geht es dann erst in einem *zweiten* Schritt, nämlich unter der Fragestellung, wie dieser individuelle Vorteil – das „Material der Gerechtigkeit" – gerecht verteilt werden soll, wobei Sen, wie gesagt, auf ein egalitaristisches Konzept von sozialer Gerechtigkeit rekurriert. Demgegenüber gilt es zu sehen, dass wir das, was für das menschliche Leben wichtig und wesentlich ist, in unterschiedlicher Weise in den Blick fassen können, einerseits in einer *Strebensperspektive* – Wonach streben Menschen? Worin suchen sie ihren individuellen Vorteil? – oder andererseits in der oben skizzierten Weise in einer *moralischen Perspektive*, die die Frage ins Zentrum stellt, was es für Menschen bedeutet, bestimmten Situationen oder Lebenslagen wie Armut und dem Fehlen jeglicher individueller Verwirklichungschancen ausgesetzt zu sein und welche moralischen Ansprüche ihnen dementsprechend zuzubilligen sind. In der letzteren Perspektive tritt dann das als wesentlich Erkannte *unmittelbar* als eine Forderung der moralischen Gerechtigkeit in den Blick, und hierin haben, wie gesagt, die Menschenrechte ihre Grundlage.

Ob eine Theorie der Gerechtigkeit tatsächlich einen einzigen Informationsschwerpunkt auswählen sollte, kann man im Übrigen anfragen. Geht man von den tatsächlichen Situationen und Lebenslagen aus, in denen Menschen sich befinden, dann kommt ein ganzes Bündel von Aspekten zusammen. So besteht das Übel der Armut nicht nur in der massiven Einschränkung von Verwirklichungschancen, sondern ganz

---

[20] *Sen*, aaO. 258ff.

elementar auch in physischem Leiden wie Hunger oder Krankheit oder in der Zerrüttung der sozialen Beziehungen durch manifeste Gewalt. Bei alledem handelt es sich um etwas, das *in sich* ein Übel ist und nicht etwa bloß deshalb, weil dadurch Verwirklichungschancen eingeschränkt werden. Aber gewiss macht Sens *capability*-Ansatz auf einen sehr wesentlichen Aspekt des menschlichen Lebens aufmerksam, und im Vergleich mit anderen Theorien der Gerechtigkeit, die jeweils auf einen einzigen Informationsschwerpunkt zu fokussieren suchen, hat er zweifellos große Vorzüge. Im Übrigen deutet Sen selbst an verschiedenen Stellen an, dass Befähigung oder Verwirklichungschancen zwar ein wesentlicher, aber nicht der einzige Gesichtspunkt ist, der für das menschliche Leben relevant ist. Das freilich setzt ein Fragezeichen hinter die von Sen allzu scharf konturierte Alternative zwischen Gütern einerseits und Verwirklichungschancen andererseits. Für den Hungernden ist ganz unmittelbar das Gut der Nahrung wichtig, und dieses ist in Anbetracht des physischen Leidensdrucks nicht bloß ein Mittel für Verwirklichungschancen.

Auf dem Hintergrund der sozialen Spannungen und Konflikte, die gegenwärtig viele Länder Europas erschüttern, fällt ins Auge, dass ein wichtiger Aspekt der Gerechtigkeit in Sens Buch völlig ausgeblendet bleibt. In der Rubrik „Materialien der Gerechtigkeit" werden zwar individuelle Vorteile und Begünstigungen behandelt, die gerecht verteilt werden sollen, nicht aber soziale Pflichten und Lasten, deren Verteilung ebenfalls Gerechtigkeitsfragen aufwirft. Auch hier geht es um eine Frage der *sozialen Gerechtigkeit*. Damit individuelle Vorteile gerecht verteilt werden können, müssen ja zuerst die Ressourcen geschaffen werden, aus denen diese Verteilung erfolgt. Unter nationalstaatlichen Bedingungen geht es dabei um die Belastung der Bürgerinnen und Bürger mit Steuern und Abgaben. Das sich hier stellende Gerechtigkeitsproblem lässt sich folgendermaßen beschreiben: Es ist ihre (auf *Anerkennung* beruhende) soziale Position als Bürgerinnen und Bürger, aufgrund deren Personen in der Pflicht sind, einen Beitrag zu den Ressourcen des Gemeinwesens zu leisten, den sie mit einer entsprechenden Einschränkung ihres individuellen Lebensstandards bezahlen müssen. In Bezug auf diese soziale Position aber sind alle Bürgerinnen und Bürger gleich. Daher ist es eine Forderung der Gerechtigkeit, dass sie einen *gleichen* Beitrag leisten. Das schließt aus, dass die Lasten nur einem Teil der Bürgerinnen und Bürger aufgebürdet werden, während andere davon freigestellt werden oder es ihnen – z. B. aufgrund einer nachlässigen staatlichen Kontrolle und Strafverfolgung – ermöglicht wird, sich dieser Pflicht zu entziehen. In diesem Fall würden die Bürgerinnen und Bürger nicht mit gleicher *Achtung* – nun in Bezug nicht auf Rechte, sondern auf Pflichten – behandelt, und es würden diejenigen benachteiligt, die ihrer Pflicht nachkommen und die sozialen Lasten tragen.

Es ist wichtig zu sehen, dass es sich auch hierbei nicht um eine egalitaristische Erwägung handelt. Die Forderung, dass alle einen gleichen Beitrag leisten, ist nicht aus dem Gedanken abgeleitet, dass Gerechtigkeit in der Gleichheit besteht und dass daher, *weil* die einen ihren Beitrag leisten, auch die anderen einen gleichen Beitrag leisten müssen. Diese Forderung ergibt sich vielmehr aus der Tatsache, dass alle in Betracht kommenden Personen Bürgerinnen und Bürger des Gemeinwesens und *als solche* gleich sind und dass die Pflicht, einen Beitrag zu leisten, in ihrem Bürgersein begründet ist. Aus der Gleichheit ihrer sozialen Position als Bürgerinnen und Bürger folgt die Gleichheit des zu leistenden Beitrags. Da es aber die Einschränkung des individuellen Lebensstandards ist, in der dieser Beitrag besteht, ist es

angemessen, diese Einschränkung, die dem Einzelnen je
nach Einkommens- und Vermögenslage durch eine bestimmte Beitragshöhe abverlangt wird, zum Maß zu nehmen
für diese Gleichheit. Das bedeutet in Zahlen ausgedrückt,
dass der Vermögende einen prozentual höheren Beitrag zu
leisten hat als der Nichtvermögende. Die genaue Festset-
zung dieser Verteilung der Lasten ist eine Sache politischer
Aushandlungen, bei denen auch noch andere Gesichtspunkte wie ökonomische Rücksichten auf marktwirtschaftliche
Erfordernisse eine Rolle spielen.

Auch dieser Aspekt der Gerechtigkeit hat eine moralische
Dimension, wie die moralische Empörung in vielen Ländern
Europas über ungerechte soziale Lastenverteilungen zeigt.
Diese entzündet sich daran, dass soziale Gerechtigkeitsregeln – „Bürgerinnen und Bürger müssen einen gleichen
Beitrag zu den Ressourcen des Gemeinwesens leisten" –
missachtet, verletzt oder politisch außer Kraft gesetzt werden. Auch hieran zeigt sich die moralische Verankerung
sozialer Regeln, wie man sie sich auch am simplen Beispiel
eines Versprechens verdeutlichen kann: *Eines* ist die *soziale*
Pflicht, die man mit einem Versprechen eingeht (wie z. B.
die Pflicht, eine bestimmte Summe Geldes bis zu einem
vereinbarten Termin zurückzuzahlen). *Ein anderes* ist die
moralische Norm oder Pflicht, dass man ein gegebenes Versprechen auch halten soll. In dieser Weise ist auch die Einhaltung sozialer Gerechtigkeitsregeln etwas, das als eine
moralische Norm oder Pflicht erachtet wird, und daher sorgt
ihre Missachtung für moralische Empörung. Es ist eine
eigene Frage, warum Gerechtigkeitstheorien dazu tendieren,
diesen Pflichtenaspekt der Gerechtigkeit gegenüber dem
Anspruchs- oder Rechteaspekt zu vernachlässigen oder doch
zumindest nicht für sich zu thematisieren. Eine mögliche
Erklärung hierfür könnte sein, dass in einer egalitaristischen

Perspektive, wie sie Sen mit seiner Auffassung der sozialen Gerechtigkeit einnimmt, die Frage der Pflichten beantwortet zu sein scheint: Wer mehr hat als andere, muss ausgleichend auch für mehr aufkommen, damit eine Annäherung an den Zustand der Gleichheit erreicht wird.

Das schwerwiegendste Bedenken bezüglich Sens Theorie der Gerechtigkeit sei ans Ende dieser Überlegungen gestellt. Sie betreffen die Vorstellung, dass es Aufgabe einer solchen Theorie ist, zumindest in Umrissen eine materiale Bestimmung der Gerechtigkeit zu entwickeln, die in einer eng gewordenen Welt auf Gerechtigkeitsfragen im globalen Horizont anwendbar ist. Dass dies geleistet werden kann, ist eher zu bezweifeln. Um einzugrenzen, was eine Theorie der Gerechtigkeit leisten kann und was nicht, ist es sinnvoll, zwischen einer formal-deskriptiven und einer material-normativen Bestimmung von Gerechtigkeit zu unterscheiden. Was von einer Theorie der Gerechtigkeit auf jeden Fall erwartet und gefordert werden sollte, ist eine formal-deskriptive Definition der Gerechtigkeit, wie sie z. B. klassisch durch die Ulpian'sche Formel aufgestellt wird. Nach dem Gesagten könnte eine solche Definition der Gerechtigkeit als eines zu verwirklichenden, freilich immer nur annäherungsweise zu erreichenden gesellschaftlichen *Zustands* folgendermaßen lauten: In einer Gesellschaft ist Gerechtigkeit dann gegeben, wenn erstens allen Gesellschaftsmitgliedern die *Anerkennung* von sozialen Positionen sowie die *Achtung* bezüglich der hiermit verknüpften Rechte und Pflichten zuteil wird, die ihnen aufgrund der in dieser Gesellschaft geltenden sozialen Regeln geschuldet sind, und wenn zweitens diese sozialen Regeln in Übereinstimmung sind mit dem, was einem jeden in moralischer Hinsicht an Anerkennung und Achtung geschuldet ist (d. h., wenn diese sozialen Regeln auch moralisch gerecht sind). Auf diese formale Bestimmung kann man sich verständigen, auch wenn man bei der Bewertung konkreter gesellschaftlicher Zustände als ‚gerecht' oder ‚ungerecht' unterschiedlicher Meinung ist, z. B. weil die Vorstellungen von moralischer Gerechtigkeit auseinandergehen.

Demgegenüber ist es unmöglich, eine material-normative Bestimmung der Gerechtigkeit aufzustellen, die über den eigenen kulturellen Horizont hinaus Geltung beanspruchen kann. Dies hat seinen Grund in der Tatsache, dass die materiale Gestalt der Gerechtigkeit durch die Sozialstruktur einer Gesellschaft geprägt ist, d. h. durch ihre Gliederung in soziale Positionen bzw. Kategorien, an die Rechte und Pflichten geknüpft sind. So hatte in der vormodernen, ständisch gegliederten Gesellschaft die Gerechtigkeit in ihrer materialen Ausprägung – in Form der Rechte des Adels, des Klerus usw. – eine völlig andere Gestalt, als sie sie in modernen westlichen Gesellschaften hat. Auf dem Hintergrund der egalitären Menschenrechtsperspektive, wie sie aus den bürgerlichen Revolutionen des Westens hervorgegangen ist, tendieren Theorien der Gerechtigkeit dazu, diese enge Verwobenheit der Gerechtigkeit mit der Sozialstruktur einer Gesellschaft in ihrer Bedeutung zu unterschätzen. Fragen der Gerechtigkeit scheinen sich dann von vornherein auf die Ordnung des Zusammenlebens zwischen Menschen *qua Menschen* zu beziehen. Doch entspricht das nicht den sozialen und politischen Realitäten in vielen Regionen der heutigen Welt, in denen nicht das Menschsein, sondern z. B. die Stammes- oder auch die Religionszugehörigkeit die fundamentale soziale Kategorie ist, an der sich Rechte und Pflichten orientieren. Nicht der individuelle Vorteil des Einzelnen steht hier zumeist im Fokus des Gerechtigkeitsempfindens, sondern die Pflichten des Einzelnen gegenüber der eigenen Gruppe oder Gemeinschaft, die für ihre Mitglieder sorgt, weshalb es hier als Ungerechtigkeit gilt, wenn sich der Einzelne diesen Pflichten zugunsten eigener Vorteile entzieht.

Esther Imhof hat in einer erhellenden Fallstudie diese Diskrepanz zwischen westlichen Gerechtigkeitsvorstellungen und den Gerechtigkeitsvorstellungen in anderen Regionen der Welt am Beispiel eines kirchlichen Entwicklungsprojekts in Nigeria verdeutlicht.[21] Der Geldgeber in Gestalt des Diakonischen Werks der Evangelischen Kirche in Deutschland erwartete aufgrund seiner egalitären Menschenrechtsperspektive von dem Projektträger, einer nigerianischen Missionskirche, dass das Projekt *allen* dort lebenden Menschen unabhängig von ihrer Religionszugehörigkeit zugute kommen sollte, also Christen *und* Moslems, während die kirchlichen Entwicklungshelfer vor Ort sich allein den Schwestern und Brüdern der eigenen Kirche loyal verbunden und verpflichtet fühlten, weshalb sie zwar dem Wunsch der Geldgeber nachkamen, aber gegen innere Widerstände und ohne eigene Überzeugung und Motivation. In Bezug auf diese Diskrepanz gab es zwischen Geldgeber und Projektträger keinerlei Kommunikation. Wie Imhof des Weiteren verdeutlicht, kann in einer tiefreligiösen und zugleich religiös gespaltenen Gesellschaft wie der nigerianischen von „Öffentlicher Vernunft" – ein von John Rawls in die Gerechtigkeitsdebatte eingeführter Begriff, auf den Sen in seiner Gerechtigkeitstheorie großen Wert legt – kaum die Rede sein. Aufgrund dieser engen Verwobenheit der Gerechtigkeit mit der Sozialstruktur einer Gesellschaft sind in der Realität der globalen Welt die Gräben zwischen unterschiedlichen materialen Gerechtigkeitsauffassungen, durch die

---

[21] *Esther Imhof*, Entwicklungszusammenarbeit und Religion. Fallstudie und ethische Reflexion zu einem angespannten Verhältnis, Stuttgart: Kohlhammer, 2012.

Menschen getrennt sind, weitaus tiefer, als es die Gräben zwischen verschiedenen philosophischen Gerechtigkeitstheorien sind, die von vornherein darin übereinkommen, das Menschsein oder das Bürgersein als die fundamentale soziale Kategorie ins Zentrum zu stellen, und die sich lediglich über die Rechte und Pflichten streiten, die in Bezug auf Menschen oder Bürgerinnen und Bürger gelten.

Man kann die hier vertretene Position relativistisch nennen, und dieser Charakterisierung ist zuzustimmen unter der Bedingung, dass man damit nicht einen Wahrheits-, sondern einen Geltungsrelativismus meint. Wahrheit ist nichtrelativ: Ein Urteil ist wahr oder falsch, aber es ist nicht wahr *für jemanden* (außer in dem Sinne, dass der Betreffende es *für wahr hält*; aber das ist dann keine Aussage über das Urteil und dessen Wahrheit, sondern über den Urteilenden und dessen Überzeugung). Wenn demgegenüber von der *Geltung* eines Urteils die Rede ist, dann bezieht sich dies auf die Anerkennung und Zustimmung, die dieses findet. Wo Menschen sich zu solcher Anerkennung und Zustimmung genötigt oder verpflichtet sehen, da hat das Urteil verbindliche *Geltung für sie*. Wie hieran deutlich wird, ist im Unterschied zur Wahrheit Geltung relativ im Sinne von ‚Geltung für jemanden‘. So begriffen, handelt es sich bei dem, was man metaethischen Relativismus nennt, um einen Relativismus der Geltung, nicht der Wahrheit. Diese Differenzierung ermöglicht es, an Wahrheitsansprüchen festzuhalten, ohne damit Ansprüche auf universale Geltung verbinden zu müssen. Unsere westliche Auffassung von Gerechtigkeit kann wahr sein, und wir können von dieser Wahrheit überzeugt sein, ohne dass wir beanspruchen müssen, dass sie für alle Menschen weltweit gültig ist in dem Sinne, dass sie diese Wahrheit anzuerkennen verpflichtet sind. Ein solcher Anspruch liefe in der Tendenz auf einen Gerechtigkeitsimperialismus hinaus, der die eigenen Gerechtigkeitsvorstellungen als universal gültig dekretiert und dabei die Augen verschließt vor den andersgearteten Sozialstrukturen in anderen Regionen der Welt. Wenn wir von unserer menschenrechtlich-egalitären Auffassung von Gerechtigkeit überzeugt sind, dann werden wir es als eine Herausforderung und Aufgabe betrachten, dafür zu sorgen, dass diese Auffassung auch in anderen Regionen der Welt gültig und über entsprechende soziale Regeln institutionalisiert *wird*. So, wie die Dinge liegen, ist dies ein langer interkultureller Lern- und Überzeugungsprozess.

Religion, Mythos, Spiritualität

Was ist Religion?

Über die Präsenz des Ewigen im Zeitlichen und das Verhältnis von religiöser und säkularer Wirklichkeitsauffassung[1]

1. Einleitung: Ronald Dworkins Programm einer atheistischen Religion

Der bedeutende amerikanische Jurist und Rechtsphilosoph Ronald Dworkin hat zwei Jahre vor seinem Tod im Rahmen der Einstein Lectures in Bern Überlegungen zur Religionsthematik entwickelt, die posthum unter dem Titel „Religion ohne Gott"[2] als Buch erschienen sind. Er vertritt darin die These, dass die Religion ihren Kern in der Überzeugung von der objektiven Wirklichkeit von Werten hat. In dieser Überzeugung können sich nach Dworkins Sicht Gottgläubige und Atheisten treffen. Auch Letztere können hiernach zutiefst religiös sein im Sinne der Überzeugung, „dass ein inhärenter, objektiver Wert alles durchdringt, dass das Universum und seine Geschöpfe Ehrfurcht gebieten, dass das mensch-

---

[1] Teile dieses Textes sind in einem Aufsatz mit dem Titel: „Der Verlust der Wirklichkeitspräsenz. Zu Ronald Dworkins ‚Religion ohne Gott'" in der Zeitschrift „Evangelische Theologie", Bd. 75 (2015), 120–135 erschienen. Neu ausgearbeitet und bisher nicht veröffentlicht wurde die zentrale These des Textes zur Präsenz des Ewigen im Zeitlichen und zum Verhältnis von religiöser und säkularer Wirklichkeitsauffassung.

[2] *Ronald Dworkin*, Religion ohne Gott, Berlin: Suhrkamp, 2014.

liche Leben einen Sinn und das Universum eine Ordnung"[3] hat. Religion ist, so begriffen, nicht an den Glauben an einen personal vorgestellten Gott gebunden. Die Stoßrichtung von Dworkins Überlegungen geht vielmehr dahin, „Religion und Gott auseinanderzudividieren",[4] nicht zuletzt, um die Scharmützel zu beenden, die sich an divergierenden Gottesvorstellungen entzünden. Ersichtlich kommt diese Auffassung von Religion allen entgegen, die mit der Vorstellung eines personalen Gottes grundsätzlich ihre Probleme haben, und hieraus bezieht sie zweifellos eine große Attraktivität.

Die Weichen für Dworkins Auffassung der Religion werden mit einer bestimmten Ontologie gestellt, die Dworkin undiskutiert voraussetzt. Hiernach setzt sich die Wirklichkeit aus zwei Arten von Gegebenheiten zusammen, nämlich *Tatsachen* einerseits und *Werten* andererseits. Tatsachen sind dasjenige, was sprachlich durch wertneutrale Urteile oder Beschreibungen ausgedrückt wird. Paradigmatisch hierfür sind naturwissenschaftliche Tatsachenfeststellungen, und in Dworkins Überlegungen nimmt die Auseinandersetzung mit dem heutigen Stand der physikalischen Kosmologie breiten Raum ein. Derartige Feststellungen beziehen sich auf das, was ist, nicht aber auf etwas, das sein soll, und so besagen sie nichts darüber, wie wir uns im Leben und Handeln orientieren sollen. Dazu bedarf es der anderen Art von Gegebenheiten, nämlich der Werte. Diesbezüglich grenzt Dworkin sich kritisch von einem „Naturalismus" ab, der die Wirklichkeit auf das reduziert, „was von den Naturwissenschaften, die Psychologie eingeschlossen, untersucht werden kann".[5] Im Unterschied zu solchem Naturalismus erkennt

---

[3] AaO. 11.
[4] AaO. 18.
[5] AaO. 21.

eine religiöse Haltung … die vollständige und eigenständige Wirklichkeit von Wert(en) an. Darüber hinaus beinhaltet sie, die folgenden zwei grundlegenden Werturteile für objektiv wahr zu halten: Erstens, dass das menschliche Leben einen objektiven Sinn oder eine objektive Bedeutsamkeit hat. Jeder einzelne von uns hat eine angeborene und unausweichliche Verantwortung, danach zu streben, sein Leben zu einem erfolgreichen zu machen, das heißt: ein gutes Leben zu führen, also anzuerkennen, dass man sich selbst gegenüber in ethischer Hinsicht und Anderen gegenüber in moralischer Hinsicht verpflichtet ist, und dies nicht nur, weil oder falls wir es zufällig für wichtig halten, sondern weil es an sich wichtig ist – ob wir so denken oder nicht. Dem zweiten Urteil zufolge ist das, was wir „Natur" nennen – das Universum als Ganzes und in all seinen Teilen – nicht nur ein Tatsachenzusammenhang, sondern selbst erhaben: intrinsisch wertvoll und ein Wunder. Zusammengenommen verkünden diese zwei umfassenden Werturteile, dass inhärente Werte in beiden Dimensionen des menschlichen Lebens – der biologischen und der biographischen – zu finden sind.[6]

Dworkin ist viel daran gelegen, den Nachweis zu führen, dass die Sphäre der Werte, was deren objektive Wirklichkeit betrifft, unabhängig von der Welt der Tatsachen ist. Sie ist „autark und selbstbeglaubigend".[7] Dworkin wendet sich diesbezüglich kritisch gegen einen „Begründungsrealismus",[8] der ebenfalls mit der Realität von Werten rechnet, aber nur unter der Bedingung, dass diese Realität von einem Standpunkt jenseits der Wertsphäre, und das heißt im Rahmen dieser Ontologie: von der Sphäre der Tatsachen her, begründet werden kann. Von dieser Art ist die Rückführung der Wirklichkeit der Werte auf Gottes schöpferisches Wirken. Dagegen steht Dworkin zufolge das „Humesche Prinzip", wonach „ein Werturteil – eine ethische oder moralische oder

---

[6] AaO. 19.
[7] AaO. 24.
[8] Ebd.

ästhetische Behauptung – nicht durch eine wissenschaftliche
Tatsache darüber gestützt werden [kann], wie die Welt ist
oder war oder sein wird".[9] Aus rein deskriptiven Tatsachenurteilen wie jenem, dass Gott die Werte geschaffen hat,
lassen sich keine wertenden Urteile oder Begründungen für
die Wahrheit von Werturteilen gewinnen. Daher ist

es für die Wahrheit religiöser Werturteile irrelevant, ob es einen
solchen Gott gibt. Wenn er existiert, kann er womöglich Menschen
in einen Himmel oder eine Hölle schicken. Aber er ist nicht im-
stande, richtige Antworten auf moralische Fragen zu kreieren oder
das Universum mit einer Herrlichkeit auszustatten, die ihm ohne
sein Zutun abgehen würde.[10]

Wie sich in diesen Sätzen andeutet, bestimmt die von Dwor-
kin vorausgesetzte dualistische Ontologie, wonach sich die
Wirklichkeit aus Tatsachen und Werten zusammensetzt,
auch Dworkins Sicht auf die herkömmlichen theistischen
Religionen, das Judentum, das Christentum und den Islam.
Diese setzen sich hiernach

aus zwei Komponenten zusammen: einem wissenschaftlichen Teil
und einem Werteteil. Im wissenschaftlichen Teil werden Antworten auf wichtige Tatsachenfragen gegeben, die die Geschichte des
Universums, den Ursprung des menschlichen Lebens und das
Leben nach dem Tod (ob es das gibt oder nicht) betreffen. Diese
Antworten besagen, dass ein allmächtiger und allwissender Gott
das Universum erschaffen hat, über die Leben der Menschen richtet, ein Leben nach dem Tod garantiert und auf Gebete reagiert.[11]

Wissenschaftlich nennt Dworkin diese Komponente der
theistischen Religionen nicht etwa deshalb, weil sich derartige Überzeugungen wissenschaftlich begründen ließen, son-

---

[9] AaO. 33.
[10] AaO. 32.
[11] AaO. 30.

dern deshalb, weil sie sich wie wissenschaftliche Theorien auf Tatsachen beziehen sowie auf „historische oder aktuelle Ursachen und Wirkungen".[12]

Die andere Komponente theistischer Religionen ist, wie gesagt, der Wertebereich, der es mit Überzeugungen darüber zu tun hat, „wie wir unser Leben gestalten und was wir wertschätzen sollen".[13] Dworkin unterscheidet diesbezüglich zwischen zwei Arten von Überzeugungen, solchen, die direkt auf Gott bezogen sind und z. B. gottesdienstliche Pflichten betreffen, und solchen, „die nicht in dieser Weise auf Gott bezogen, jedenfalls formell nicht vom Glauben an einen Gott abhängig sind".[14] Dass auch Theisten derartige von Gott unabhängige Wertüberzeugungen haben (und haben müssen), ergibt sich daraus, dass die Wertsphäre autark und selbstbeglaubigend und nicht auf Gott und sein Wirken rückführbar ist. Die Existenz und das Handeln Gottes können sich auf die Wertsphäre nur dann auswirken, wenn dabei bereits eine übergeordnete wertende Prämisse vorausgesetzt ist, die von Gott unabhängig ist. Dworkins Beispiel: „Gott hat seinen Sohn für uns geopfert, und die Pflicht zur Dankbarkeit gebietet uns, diejenigen Prinzipien zu ehren, für die er am Kreuz gestorben ist."[15] Hier ist die Pflicht zur Dankbarkeit für erwiesene Wohltat die übergeordnete Prämisse, die als solche unabhängig von der Existenz oder dem Handeln Gottes ist. Die Aussage, dass Gott seinen Sohn für uns geopfert hat, fungiert hier als eine Unterprämisse, und aus beiden Prämissen zusammen ergibt sich die genannte Konklusion.

---

[12] Ebd.
[13] Ebd.
[14] AaO. 31.
[15] AaO. 34.

Dworkins zentrale These ist es, wie gesagt, dass die
Religion ihren Kern in der Wertsphäre hat. Die säuberliche
Trennung zwischen der Welt der Tatsachen und der Welt
der Werte und das Insistieren darauf, dass Letztere autark
und selbstbeglaubigend ist, dienen dazu, das, was Dworkin
den „wissenschaftlichen Teil" theistischer Religionen nennt
und was deren eigentliche Glaubensinhalte ausmacht, als
nicht konstitutiv für das Phänomen des Religiösen von diesem Kern abzutrennen. Mögen Theisten und Atheisten hinsichtlich der Welt der Tatsachen unterschiedlicher Meinung
sein: In der Überzeugung von einem objektiven, inhärenten
Wert des menschlichen Lebens und des Universums können
sie sich treffen, und diese Überzeugung ist es, die sie zu religiösen Menschen macht. Diese Gleichsetzung der Religion
mit einem Glauben an die objektive Wirklichkeit von
Werten – Werte „sind so wirklich wie Bäume oder Schmerzen"[16] – läuft in der Tendenz auf eine Ethisierung des Religiösen hinaus. Sie kann auf Akzeptanz rechnen in einer
geistigen Situation, in der viele Menschen mit den überkommenen Glaubensinhalten der verfassten Religionen nicht
mehr viel anfangen können, aber die Dimension des Religiösen auch nicht einfach aus ihrem Leben verbannen und
abschreiben wollen. Da scheint eine Position, wie Dworkin
sie entwickelt, einen Ausweg zu eröffnen. Denn auch nach
dem Abschied vom überkommenen Glauben scheint doch
die Wert- und Sinnfrage virulent zu bleiben, und wenn sie
die eigentlich religiöse Frage ist, dann ergibt sich damit die
Perspektive auf eine „Religion ohne Gott".

Dworkins Überlegungen fordern gerade durch diese
provokante Zuspitzung zu einer Auseinandersetzung mit der
darin vorausgesetzten Ontologie heraus. Die folgenden Aus-

---

[16] AaO. 22.

führungen verfolgen das Ziel, über deren Kritik zu einer Klärung der Frage zu gelangen, was eigentlich eine Religion charakterisiert. Dworkins Überlegungen bieten sich hierfür vor allem auch deshalb an, weil diese Ontologie heute zu den unreflektierten Grundüberzeugungen der meisten Menschen gehört. Auf ihr beruht das wissenschaftliche Weltbild, und sie bestimmt, wie sich noch zeigen wird, das Denken bis in die christliche Theologie der Gegenwart bei ihrem Versuch zu verstehen, was Religion und was christlicher Glaube ist. Demgegenüber ist es die zentrale These der folgenden Ausführungen, dass anders, als es durch diese Ontologie nahegelegt wird, Religion es nicht mit *Tatsachen* zu tun hat, also mit dem, was Dworkin als „wissenschaftlichen Teil" einer Religion bezeichnet, sondern vielmehr mit *Wirklichkeitspräsenz,* und dass das Charakteristische der religiösen Wirklichkeitsauffassung, das sich als *Präsenz des Ewigen im Zeitlichen* beschreiben lässt, nichts anderes als diejenige Form der Welterklärung widerspiegelt, die sich ergibt, wenn Wirklichkeit von ihrer Präsenz her aufgefasst wird.

Dass Religion mit Präsenz, mit Gegenwart, zu tun hat, ist gewiss kein neuer Gedanke. Doch zumeist wird dies auf dem Hintergrund der skizzierten Ontologie so vorgestellt, dass es eine allen Menschen gemeinsame Wirklichkeit gibt, bestehend aus den Tatsachen, und dass die Unterschiede zwischen den Religionen darin bestehen, dass für sie Unterschiedliches *in dieser Wirklichkeit* präsent ist. Übersehen wird dabei, dass die Erkenntnis von Wirklichkeitspräsenz mit einer Veränderung des Orts des Erkennenden verbunden ist, nämlich mit seiner Lokalisierung im Raum der Präsenz des Erkannten. Daher sind verschiedene Religionen nicht auf dieselbe Wirklichkeit bezogen, mit der sie lediglich unterschiedliche Präsenzen verbinden, sondern sie orientieren sich vielmehr in unterschiedlichen *Präsenzräumen*. Wer nicht an dem für eine Religion spezifischen Präsenzraum teilhat, der hat auch keinen Zugang zu der betreffenden Wirklichkeit. Was dies für das Zusammenleben verschiedener Religionen und für das Verhältnis zwischen Religion und säkularer Kultur bedeutet, soll Gegenstand der folgenden Überlegungen sein. Die Probleme, die sich gerade in Bezug auf letzteres Verhältnis ergeben, zeigen sich mit besonderer Schärfe an den Versuchen der christlichen Theologie der Moderne, Religion und wissenschaftliches Weltbild miteinander zu vermitteln. Davon soll am Ende dieser Ausführungen die Rede sein.

Methodisch geht es im Folgenden darum, im Ausgang von Phänomenen, die allgemein und zweifelsfrei als Religion anerkannt sind, nämlich die von Dworkin so genannten „theistischen Religionen", zu analysieren, was sie als Religionen charakterisiert. Der Fokus liegt dabei auf dem Christentum. Die Probe auf das so gewonnene Verständnis von Religion liegt in der erschließenden Kraft, die es im Blick auf materiale religiöse Glaubensüberzeugungen hat, im Falle des Christentums etwa für den Gedanken der Menschwerdung Gottes in Christus.

2. Tatsachen und Werte: Eine Kritik des ontologischen Dualismus

Wie deutlich geworden ist, stehen und fallen Dworkins Überlegungen zur Religionsthematik mit der von ihm vorausgesetzten dualistischen Ontologie. Diesbezüglich steht Dworkin in der Tradition der Wertphilosophie, deren Anfänge in das 19. Jahrhundert zurückreichen, und man kann sich an seinem Buch das Motiv verdeutlichen, das zur Adaption des – ursprünglich in der Ökonomie beheimateten – Wertbegriffs durch die Philosophie geführt hat.

Auslösend hierfür war das wissenschaftliche Weltbild, wie es sich unter der Dominanz des naturwissenschaftlichen Paradigmas herausgebildet hat. Hiernach besteht die Welt aus wertneutralen Tatsachen, und das Wissen, das die Wissenschaft generiert, ist reines Tatsachenwissen. Der Wertbegriff kommt in Gebrauch, um demgegenüber dasjenige zu bezeichnen, was *Orientierung* in der Welt ermöglicht. Dieser Begriff wurde in der Folge durch die Geisteswissenschaften adaptiert, die mit seiner Hilfe ihren Gegenstands- und Aufgabenbereich von demjenigen der Naturwissenschaften zu unterscheiden und abzugrenzen suchten. Während die Naturwissenschaften Tatsachenwissen – oder wie man dann auch sagte: Verfügungswissen – generieren, vermitteln die Geisteswissenschaften Orientierungswissen. So begriffen, reagiert der Wertbegriff ursprünglich nicht auf ein lediglich die Ethik betreffendes Problem, sondern – wie es innerhalb der Wertphilosophie benannt wird – auf das *Sinnproblem*. Bei Heinrich Rickert ist dieser Zusammenhang von Sinn- und Wertproblematik prägnant formuliert: „Das Wertproblem bleibt grundlegend für jede wissenschaftliche Bearbeitung der Sinnprobleme des Lebens oder der allgemeinen Weltanschauung. … Sinnprobleme führen, richtig verstanden, immer auf Wertprobleme, denn den Sinn des Lebens deuten heißt: die Werte zum Bewußtsein bringen, die ihm Sinn verleihen."[17] Bei Rickert ist daher alles Verstehen, qua Sinnverstehen, ein Verstehen des Wertbezugs der zu verstehenden Sache.

---

[17] *Heinrich Rickert*, System der Philosophie, Bd. I, Tübingen: Mohr, 1921, 142.

Im Blick auf Dworkins Einteilung der theistischen Religionen in einen wissenschaftlichen Teil und einen Werteteil ist es von Interesse, dass der Wertbegriff im 19. und 20. Jahrhundert Eingang auch in die Theologie gefunden hat, wobei dort das treibende Motiv war, den Gegenstandsbereich, mit dem es das religiöse Erkennen zu tun hat, von dem Gegenstandsbereich des „theoretischen", wissenschaftlichen Erkennens abzugrenzen. Dabei schwang ein apologetisches Interesse mit, nachdem mit der Verwissenschaftlichung des Wirklichkeitsbezugs der religiöse Glaube ortlos geworden zu sein schien. Für Albrecht Ritschl bewegt sich das religiöse Erkennen in „selbständigen Werturteilen, welche sich auf die Stellung des Menschen in der Welt beziehen …".[18] So erkennen wir das Wesen Gottes, indem wir dessen Wert für uns, d. h. Gottes unsere Seligkeit schaffendes Wirken, erkennen. Ersichtlich geht es hier um etwas anderes als bei Dworkins Gleichsetzung der Religion mit einem Glauben an die objektive Realität von Werten. Bei Ritschl wird das, was Dworkin als den „wissenschaftlichen

---

[18] *Albrecht Ritschl*, Die christliche Lehre von der Rechtfertigung und Versöhnung, Bd. 3: Die positive Entwickelung der Lehre, 2., verbesserte Auflage, Bonn: Marcus, 1883, 191. Im 20. Jahrhundert wird dann bei Georg Wünsch die Transformation von Religion und Theologie in das begriffliche Raster der Wertphilosophie auf die Spitze getrieben. Gott nimmt bei Wünsch die Stellung eines „Hauptwertes" ein. „Wenn ‚Wert' seinem Begriff nach aussagt, dass man im Handeln ihn dem Nicht-Wert oder dem Wertlosen vorzieht bzw. dieses ihm nachsetzt, so ist Gott zweifellos ‚Wert', ja absoluter Wert, da ihm *aller* andere Wert nachgesetzt und er *allem* anderen Wert vorgezogen wird. Der Anspruch *jeden* anderen Wertes hat zurückzutreten vor dem Anspruch Gottes." (*Georg Wünsch*, Evangelische Wirtschaftsethik, Tübingen: Mohr, 1927, 243) Gott garantiert dabei zugleich die Objektivität der Werte: „Gott will, dass Werte sind und wir uns im Streben nach ihnen bemühen, dass gerade im Wertstreben, im Auf und Nieder des Verlangens und Befriedigtseins das Leben besteht und das Gegenteil Tod wäre." (AaO. 250)

Teil" theistischer Religionen in Gestalt der religiösen An-
nahmen über die Wirklichkeit von deren eigentlichem Kern,
nämlich den ihnen inhärenten Überzeugungen von der
Werthaftigkeit der Wirklichkeit, unterscheidet und trennt,
selbst der Wertsphäre zugeschlagen. Gotteserkenntnis ist
nicht Tatsachen-, sondern Werterkenntnis, die sich sprachlich in der Form des Werturteils äußert. Kritiker dieser Position wie Alois Biedermann, Christoph Luthardt oder Otto
Pfleiderer wendeten ein, ob nicht die Erkenntnis des Wertes
des Wesens und Wirkens Gottes *für uns* immer schon die
Annahme der Existenz bzw. des Seins Gottes voraussetzt;
ob sich also Seinsfragen gänzlich aus dem Gebiet des religiösen Erkennens verbannen lassen zugunsten einer Auffassung, die dieses Erkennen mit Wert-Erkenntnis gleichsetzt.
Diese innertheologische Kontroverse verweist auf ein Problem, das auch innerhalb der Wertphilosophie den Gang der
Debatte weithin bestimmte: In welcher Beziehung stehen
die beiden Sphären, in die hier die Wirklichkeit eingeteilt
wird, nämlich die Welt der Tatsachen einerseits und die
Wertsphäre andererseits? Sind sie tatsächlich so trennscharf
geschieden, wie es die Unterscheidung zwischen Tatsachenurteilen und Werturteilen suggeriert?

Man kann sich das Problem an einer Passage in Dworkins Buch verdeutlichen. Gegen einen Naturalismus, wie
Dworkin ihn bei Richard Dawkins findet, der Werte für bloße Illusion hält, wird dort die Wirklichkeit von Werten wie
„gutes Leben, Gerechtigkeit, Grausamkeit oder Schönheit"[19]
verteidigt. Von besonderem Interesse ist hier die Grausamkeit, die mit dieser Aufzählung der Wertsphäre zugeordnet
wird, sozusagen als ein „negativer Wert", wie man dies in
der wertphilosophischen Debatte genannt hat. Für diese

---

[19] *Dworkin*, aaO. 21.

Zuordnung scheint zu sprechen, dass das Wort ‚grausam‘ zweifellos eine wertende Bedeutungskomponente im Sinne von ‚schlecht‘ oder ‚verwerflich‘ enthält. Doch wenn wir eine Handlung als ‚grausam‘ qualifizieren, dann sagen wir ersichtlich mehr als nur dies, dass sie schlecht ist. Wir sagen damit *auch* etwas über die Eigenart dieser Handlung, im Unterschied etwa zu einem rücksichtslosen, fürsorglichen oder liebevollen Handeln. Das bedeutet, dass das Wort ‚grausam‘ sowohl einen *beschreibenden*, die Eigenart der betreffenden Handlung charakterisierenden, als auch einen *wertenden* Bedeutungsgehalt hat, und beides ist unentwirrbar ineinander verschränkt. Aufgrund des beschreibenden Bedeutungsgehalts lässt sich das, was das Urteil ‚Diese Handlung ist grausam‘ ausdrückt, ebenso gut der Welt der Tatsachen zuschlagen, anstatt einseitig der Wertsphäre. So sind denn innerhalb der wertethischen Debatte *thick moral concepts*[20] wie grausam, rücksichtslos, fürsorglich oder liebevoll immer wieder als Belege ins Feld geführt worden dafür, dass eine dualistische Ontologie, die die Wirklichkeit in eine Welt der Tatsachen einerseits und eine Sphäre der Werte andererseits einteilt und zwischen beidem eine strikte Trennung behauptet, der Wirklichkeit nicht gerecht wird, in der wir uns tatsächlich orientieren.

Es gibt eine andere Passage in Dworkins Buch, an der sich dasselbe Problem zeigt, nämlich jene, an der Dworkin auf „Humes Prinzip“ zu sprechen kommt. Diesem zufolge, so Dworkin, lassen sich Werturteile nicht aus Tatsachenurteilen herleiten.

---

[20] Der Terminus „*thick moral concepts*“ bezeichnet Begriffe, die sowohl einen beschreibenden als auch einen wertenden Gehalt haben, im Unterschied zu „*thin moral concepts*“ wie ‚richtig‘, ‚geboten‘ oder ‚gut‘, die allein einen wertenden Gehalt haben.

Richtig ist: Wann immer ich sehe, dass jemand Schmerzen hat oder in Gefahr ist, habe ich eine moralische Verantwortung, ihm zu helfen, sofern mir das möglich ist. Schon das bloße Faktum des Schmerzes oder der Gefahr scheint also aus sich heraus eine moralische Pflicht zu erzeugen. Doch dieser Schein trügt. Der Schmerz und die Gefahr würden keine moralische Pflicht nach sich ziehen, wenn es nicht außerdem wahr wäre (im Sinne einer moralischen Hintergrundwahrheit), dass Menschen eine allgemeine Verpflichtung haben, Leid zu mildern oder zu verhindern.[21]

Dworkin behauptet hier, dass das, was wir „sehen", wenn wir sehen, dass jemand in Lebensgefahr ist, eine wertneutrale Tatsache ist, die als solche uns nicht in moralische Verantwortung nimmt und nehmen kann. Damit es zu solcher Verantwortung kommt, muss vielmehr zu dieser Tatsache ein Wert hinzukommen in Gestalt der besagten allgemeinen Verpflichtung, Leid zu mildern oder zu verhindern. Dworkin lässt sich hier offensichtlich vom Paradigma der Regelethik leiten, dem zufolge die moralische Orientierung eine Orientierung an verpflichtenden Prinzipien oder Regeln ist, die auf wertneutrale Situationstatsachen appliziert werden.

Doch orientieren wir uns tatsächlich in dieser Weise? Was *sehen* wir, wenn wir sehen, wie ein Kind in einem nahen Teich zu ertrinken droht? Eine wertneutrale Tatsache? Und ist das, was uns dazu bringt, ins Wasser zu springen und das Kind retten, das allgemeine moralische Prinzip, dass es eine Verpflichtung gibt, Leid zu verhindern, welches wir auf diese Tatsache angewendet haben? Oder sehen wir nicht vielmehr etwas, von dem eine unmittelbare Nötigung[22] ausgeht, alles zu tun, um das Schreckliche zu verhindern? Ist es

---

[21] *Dworkin*, aaO. 33.

[22] Vgl. zu dieser Art der Nötigung *Peter Winch*, Wer ist mein Nächster, in: ders., Versuchen zu verstehen, Frankfurt a. M.: Suhrkamp, 1992, 213–230.

nicht diese empfundene Nötigung, die uns in Bewegung setzt und ins Wasser springen lässt, um das Kind zu retten? Verhält es sich also nicht so, dass von der Wirklichkeit, wie wir sie *real in ihrer Präsenz erleben*, ein unmittelbarer Anspruch an unser Handeln und Verhalten ausgeht? Die Lebenswirklichkeit, in der wir uns orientieren, ist offensichtlich von völlig anderer Art als jene Welt wertneutraler Tatsachen, die die Naturwissenschaften vor Augen haben und durch die jene dualistische Ontologie von Tatsachen und Werten motiviert ist, die Dworkins Auffassung von Religion zugrunde liegt. Das zeigt sich an solchen Beispielen ebenso wie an *thick moral concepts*. Man kann den entscheidenden Punkt folgendermaßen formulieren: Die dualistische Ontologie, von der Dworkin sich leiten lässt, konzipiert die Wirklichkeit vom Standpunkt des *Urteils* aus. Es gibt Tatsachenurteile und Werturteile, und zwischen beiden gibt es gemäß „Humes Prinzip" keinen Übergang. Dementsprechend wird die Wirklichkeit in die distinkten Sphären von Tatsachen und Werten eingeteilt. Ganz auf derselben Linie konzipiert die Regelethik die moralische Orientierung als eine Orientierung an moralischen Urteilen. Doch wie das Beispiel des ertrinkenden Kindes zeigt, erreicht uns der Anspruch der Lebenswirklichkeit aus einem sehr viel fundamentaleren Bereich, der allem Urteilen vorausliegt. Knud Eilert Løgstrup hat dies so ausgedrückt, dass das, was er „die ethische Forderung" nennt, „stumm"[23] ist, womit gemeint ist, dass diese Forderung nicht die Gestalt formulierter Erwartungen, Forderungen, Imperative, Urteile oder Regeln hat. So ist auch der nötigende Impuls, der von der verzweifelten Situation eines ertrinkenden Kindes ausgeht, stumm. Gewiss kann er

---

[23] *Knud Eilert Løgstrup*, Die ethische Forderung, 2., unveränderte Auflage, Tübingen: Laupp'sche Buchhandlung, 1968, 23.

in ein Urteil überführt werden des Inhalts, dass es eine Pflicht gibt, das Kind zu retten. Doch werden die Dinge ersichtlich auf den Kopf gestellt, wenn der moralische Impuls, das Kind zu retten, auf dieses Urteil zurückgeführt wird.

Nicht zuletzt ist in diesem Zusammenhang auch Dworkins These von der objektiven Wirklichkeit von Werten kritisch zu beurteilen. Das Beispiel sei noch einmal die Grausamkeit. Wie gesagt, ist Dworkin alles daran gelegen, gegenüber einem Naturalismus, der die Wirklichkeit auf die Welt wertneutraler Tatsachen reduziert, darauf zu insistieren, dass es Grausamkeit wirklich gibt, und die meisten Menschen dürften ihm darin zustimmen. Doch in der Welt wertneutraler Tatsachen kommt Grausamkeit nicht vor. Also muss es sich um die Wirklichkeit von etwas anderem als einer Tatsache handeln, nämlich um die Wirklichkeit des (negativen) *Wertes* der Grausamkeit. Damit freilich lädt Dworkin sich ein Problem auf, mit dem die Wertphilosophie seit ihren Anfängen belastet ist, nämlich wie man sich das Wirklichsein von Werten denken soll, ja ob von Werten überhaupt so etwas wie „Sein" oder „Wirklichkeit" ausgesagt werden kann.[24] Für die Verteidiger der Wirklichkeit von Werten ist dabei zumeist ein Argument ausschlaggebend, das auch bei Dworkin begegnet, nämlich dass Werte uns nicht verpflichten könnten, wenn sie bloß subjektive Projektionen in eine an sich wertneutrale Welt wären. Um uns verpflichten zu können, müssen sie uns vorgegeben sein, und diese Vorgegebenheit wird als ihre objektive Wirklichkeit gedacht. Es ist wichtig zu sehen, dass sich dieser ganze Fragenkomplex nur auf dem Hintergrund einer Ontologie

---

[24] Vgl. hierzu *Herbert Schnädelbach*, Philosophie in Deutschland 1831–1933, Frankfurt a. M.: Suhrkamp, 1983, 198–234.

auftut, welche die Wirklichkeit in Tatsachen und Werte als zwei distinkte Sphären einteilt.

Gerade das Beispiel der Grausamkeit ist geeignet, um sich die Fragwürdigkeit dieser Fragestellung zu verdeutlichen. Wenn gefragt wird, ob es Grausamkeit wirklich gibt, dann fungiert dabei das Wort ‚Grausamkeit' als eine *Bezeichnung* für etwas Gedachtes, in Bezug auf das gefragt wird, ob es auch real ist. Man kann dies auch so ausdrücken, dass mit dieser Frage der Grausamkeit eine semantische Existenz im Raum des Bezeichneten zuerkannt wird, in Bezug auf die gefragt wird, ob ihr auch eine reale Existenz korrespondiert. Dagegen lässt sich einwenden, dass uns die Bedeutung dieses Wortes nur über die Anschauung oder Vorstellung grausamen Verhaltens erschlossen ist. Hier ist das Wort nicht Bezeichnung, sondern *Artikulation* von etwas, das uns in seiner realen oder imaginierten Präsenz vor Augen ist. Insofern gibt es hier die Doppelung von semantischer und realer Existenz nicht, wie sie der Frage, ob es das „wirklich" gibt, zugrunde liegt. Die Frage stellt sich nicht, weil wir das, wonach sie fragt, als zur Lebenswirklichkeit gehörend vor Augen haben und *anders gar nicht kennen würden*. Um sich den Unterschied zwischen den sprachlichen Funktionen der Bezeichnung und der Artikulation näher zu verdeutlichen, denke man an eine Metapher wie ‚Achill ist ein Löwe'. Wird in diesem Satz das Wort ‚Löwe' als Bezeichnung einer Klasse von Entitäten – eben Löwen – aufgefasst, dann ist der Satz falsch. Denn Achill ist kein Löwe, sondern ein Mensch. Anders verhält es sich, wenn das Wort ‚Löwe' als Artikulation dessen genommen wird, was sich in den Schilderungen Homers von Achills kriegerischem Wüten vor Troja in seiner imaginierten Präsenz vor das innere Auge stellt. Wird er so verstanden, dann handelt es sich bei diesem Satz um eine treffende Charakterisierung.

Auf der Grundlage dieser Unterscheidung lassen sich die kritischen Anfragen an Dworkins Religionsauffassung wie folgt zuspitzen: Dworkins dualistische Ontologie fasst die Wirklichkeit von der Bezeichnungsfunktion der Sprache her auf, wie sie für das wissenschaftliche Denken charakteristisch ist. Das gilt für die Welt der Tatsachen; und es gilt für die Sphäre der Werte, wie sich dies an der Frage zeigt, ob Werte wirklich sind. Die Lebenswirklichkeit, in der wir uns orientieren, kommt demgegenüber in einer anderen Weise zur Sprache, nämlich in der Weise der Artikulation dessen, was wir in seiner Präsenz erleben und erleiden. Hier geht es nicht um wertneutrale Beschreibungen dessen, was der Fall ist, wie man sie in naturwissenschaftlichen Aussagen antrifft. Vielmehr vollziehen sich solche Artikulationen in anderen sprachlichen Modi wie Schilderungen (Narrativen), Metaphern oder *thick moral concepts*, und es gibt hier den Dualismus distinkter Sphären von Tatsachen und Werten nicht, wie er Dworkins Auffassung der Religion zugrunde liegt. Die entscheidende Frage, die an diese Auffassung zu stellen ist, lautet daher, ob Religion es nicht mit der *Lebenswirklichkeit* zu tun hat, in der Menschen sich orientieren, und ob folglich eine Ontologie, die vom wissenschaftlichen Weltbild her entworfen ist, die Eigenart der Religion nicht bereits im Ansatz verfehlt. Dworkin unterzieht sich nicht der Mühe, seine These, dass religiöser Glaube im Kern ein Glaube an die objektive Wirklichkeit von Werten ist, an den Glaubenszeugnissen der „theistischen Religionen" zu überprüfen. Lässt sich das, was im Neuen Testament ‚Glaube' (*pistis*) heißt, auch nur von Ferne in diesem Sinne verstehen? Würde eine solch weitreichende These, wie Dworkin sie vertritt, nicht eine solche Überprüfung erfordern? Der Grund dafür, warum sich bei Dworkin dergleichen nicht findet, dürfte darin liegen, dass er von der zweifelsfreien

Gültigkeit der Ontologie überzeugt ist, von der er ausgeht. Also *muss* Religion das sein, als was sie im Rahmen dieser Ontologie erscheint.

3. Religion und Lebenswirklichkeit: Die Präsenz des Ewigen im Zeitlichen

Was man Lebenswirklichkeit nennt, das ist, was immer es sonst noch ist, vor allem eines: erlebte und erlittene Wirklichkeit, d. h. Wirklichkeit in Präsenz. Das menschliche Leben bewegt sich dabei im ständigen Wechsel zwischen verschiedenen Präsenzräumen, d. h. „Räumen", die durch die Präsenz von etwas – einem Ereignis, einer Person usw. – bestimmt sind in dem Sinne, dass das Wahrnehmen, Fühlen und Denken durch es in Beschlag genommen und gelenkt wird. Um dies am Beispiel des Kindes zu verdeutlichen, das in einem nahen Teich zu ertrinken droht: Eines ist es, dies in seiner schrecklichen Präsenz zu erleben. Ein anderes ist es, einem anderen Menschen davon zu erzählen. Letzteres vollzieht sich in einem anderen Präsenzraum, nämlich im Raum der Präsenz dieses Menschen. Dieser Raum bedeutet Distanz zur realen Präsenz des Ereignisses. Gleichwohl ist dieses, indem von ihm erzählt wird, innerhalb dieses Raumes auf andere Weise präsent, nämlich in der Vorstellung bzw. Imagination. Es ist dies die Weise, wie Menschen Abstand und Entlastung von solch schrecklichen Erlebnissen suchen, ohne sie einfach zu verdrängen, nämlich indem sie sie im Schutz des Präsenzraums des Zwischenmenschlichen mit anderen Menschen teilen. Schließlich denke man sich den Fall, dass über das Geschehene eine Aussage für ein Polizei-protokoll gemacht werden muss, das darüber angefertigt wird. Hier geht es nicht um die narrative Vergegenwärtigung des Ereignisses, sondern um eine möglichst genaue Beschreibung dessen, was sich zugetragen hat. Auch dies vollzieht sich im Präsenzraum der Intersubjektivität, aber das Ziel ist nicht die geteilte imaginierte Präsenz des Ereignisses, sondern vielmehr die Verständigung über die Tatsachen.

Wie man sich an diesem Beispiel verdeutlichen kann, ist die Eingebundenheit des menschlichen Lebensvollzugs in unterschiedlichste Präsenzräume von fundamentaler *epistemischer* Bedeutung. Ob überhaupt und in welcher Weise etwas zum Gegenstand unseres Wahrnehmens und Erkennens werden kann, das hängt davon ab, in welchem Präsenzraum wir uns orientieren. Das wissenschaftliche Weltbild, von dem her Dworkin die Religion zu begreifen sucht, ist ersichtlich vom Präsenzraum menschlicher Intersubjektivität her konzipiert, wobei Wirklichkeit hier nicht im Modus imaginierter Präsenz vor Augen ist, sondern als Faktizität gegenständlich ist wie bei der Anfertigung des Polizeiprotokolls in oben stehendem Beispiel. Wirklich ist, was in intersubjektiver Verständigung als Tatsache gesichert werden kann. Wie deutlich wurde, bestimmt dieses Verständnis von Wirklichkeit als Faktizität auch Dworkins Verständnis des Glaubens der theistischen Religionen. In seinem „wissenschaftlichen Teil" ist dieser ein Glaube an Tatsachen bzw. an Antworten auf Tatsachenfragen wie die Frage nach dem Ursprung der Welt. Dass Gott die Welt erschaffen hat, das hat hier den Charakter einer Kausalerklärung, die eine Tatsache aus einer anderen Tatsache erklärt, nämlich die Existenz der Welt aus Gottes schöpferischem Wirken.

Zur Suggestivität des wissenschaftlichen Weltbilds gehört, dass es die Vorstellung befördert, wir würden uns als Erkennende in einer fixen Position im Gegenüber zur Welt befinden, von der aus wir die Dinge in den Blick nehmen, um uns ihrer Faktizität zu versichern und sie aufgrund ihrer

Eigenschaften zu unterscheiden und in Beziehung zu setzen.
Doch eine solch fixe Position gibt es nicht. Vielmehr ist
unser Wahrnehmen und Erkennen ständig durch unsere
eigene Lokalisierung in wechselnden Präsenzräumen bedingt
und wird durch diese gesteuert. Der moralische Impuls bzw.
die Nötigung, die von dem ertrinkenden Kind ausgeht, wird
nur von demjenigen wahrgenommen, der dieses Ereignis in
seiner Präsenz vor Augen hat, sei es real oder in der Imagination. In unseren Alltagsdiskursen über moralische Fragen
tragen wir dieser Präsenzbedingtheit der moralischen Erkenntnis dadurch Rechnung, dass wir einander dazu animie-
ren, uns in der Imagination in Situationen und Lebenslagen
hineinzuversetzen, denen Menschen ausgesetzt sind, um einander auf diese Weise davon zu überzeugen, dass in Bezug
auf diese Menschen ein bestimmtes Handeln moralisch
geboten ist. Diese Strategie zielt innerhalb des Präsenzraums
der Intersubjektivität auf eine Erkenntnis, die über die
imaginierte Präsenz entsprechender Situationen und Lebenslagen von Menschen gewonnen wird. Erinnert sei in diesem
Zusammenhang an die Einsichten der Emotionsforschung
bezüglich der Bedeutung von Emotionen für die kognitive
Orientierung in der Welt. Emotionen haben mit der in ihrer
Präsenz erlebten oder imaginierten Wirklichkeit zu tun, und
sie ermöglichen Orientierung innerhalb dieser Wirklichkeit.
Ohne Emotionen wüssten wir nicht, worauf es in einer
Situation ankommt und was wesentlich oder unwesentlich
ist. In diesem Sinne sind Emotionen „Seismographen der
Bedeutung",[25] die die Dinge haben.

Das Besondere der Erkenntnis von Präsenz liegt darin,
dass sich mit ihr der eigene Ort verändert, nämlich im Sinne

---

[25] *Christoph Ammann*, Emotionen – Seismographen der Bedeutung.
Ihre Relevanz für eine christliche Ethik, Stuttgart: Kohlhammer, 2007.

des Lokalisiertwerdens im Raum der Präsenz des Erkannten. In jeder Begegnung mit einem Menschen machen wir diese Erfahrung. Das unterscheidet die Erkenntnis von Präsenz von der Erkenntnis von Faktizität, bei der sich die eigene Position im Präsenzraum menschlicher Verständigung über die Tatsachen nicht verändert. Diesem Sachverhalt kommt fundamentale Bedeutung zu für das Verständnis eines Phänomens, das essenziell zur menschlichen Lebenswirklichkeit gehört, nämlich für das Verständnis des Handelns. Das Beispiel sei eine einfache Armbewegung. Einerseits können wir diese als eine Handlung wahrnehmen, z. B. als ein Zeigen, mit dem der Handelnde sein Gegenüber auf etwas aufmerksam machen möchte. Hier sind wir im Raum der Präsenz des Handelnden lokalisiert, die sich bis in den Vorgang des Zeigens hinein erstreckt (,Er zeigt etwas'), und die Armbewegung ist solchermaßen in einem bestimmten, nämlich durch diese Präsenz bestimmten Wahrnehmungsfeld lokalisiert. Andererseits können wir die Armbewegung als ein Körperereignis wahrnehmen, dessen kausale Verursachung sich über Muskelkontraktionen zurückverfolgen lässt bis zu auslösenden neuronalen Ereignissen. Hier ist die Präsenz der betreffenden Person ausgeblendet zugunsten der Präsenz einer beobachtbaren Ereignisabfolge, und der Vorgang wird in einem anderen Wahrnehmungsfeld lokalisiert. Auch durch noch so intensives Beobachten dessen, was sich auf der Ereignisebene abspielt, können wir nicht der Handlung des Zeigens ansichtig werden. Dies werden wir erst, wenn wir unsere eigene Lokalisierung verändern und in den Präsenzraum des Handelnden wechseln.[26]

---

[26] In dieser Unterscheidung zwischen zwei Präsenzräumen und Wahrnehmungsfeldern liegt der Schlüssel für die Beantwortung der Frage, wie Handlungsfreiheit und kausale Determination zusammen-

Diese Präsenzraumabhängigkeit der Wahrnehmung von Handeln ist von fundamentaler Bedeutung für das Verständnis dessen, was Dworkin die theistischen Religionen nennt. Ist diesen doch gemeinsam, dass sie die Wirklichkeit unter Gottes Handeln wahrnehmen und begreifen. Daher ist religiöser Glaube hier wesentlich ein *Lokalisiertsein im Präsenzraum dieses Handelns*. Anders als dies bei Dworkin unterstellt wird, ist der Schöpfungsglaube nicht Glaube an eine kosmologische Tatsache, nämlich dass Gott die Welt geschaffen hat, sondern vielmehr Wahrnehmung der Präsenz des Wirkens des Schöpfers in den Dingen. Deutlich wird dies an einem religiösen Text wie dem folgenden:

Lobe den Herrn, meine Seele, Herr, mein Gott, du bist sehr herrlich;
du bist schön und prächtig geschmückt.
Licht ist dein Kleid, das du anhast.
Du breitest den Himmel aus wie einen Teppich;
du baust deine Gemächer über den Wassern.
Du fährst auf den Wolken wie auf einem Wagen
und kommst daher auf den Fittichen des Windes,
der du machst Winde zu deinen Boten
und Feuerflammen zu deinen Dienern,
der du das Erdreich gegründet hast auf festen Boden,
dass es bleibt immer und ewiglich.
Mit Fluten decktest du es wie mit einem Kleide,
und die Wasser standen über den Bergen […].
(Ps 104,1–6)

---

bestehen können. Vgl. *Johannes Fischer*, Freiheit des Handelns – Unfreiheit des Willens. Menschliches Verhalten in philosophischer und psychologischer Perspektive, in: Brigitte Boothe/Andreas Cremonini/ Georg Kohler, Psychische Regulierung, kollektive Praxis und der Raum der Gründe. Ein Problemaufriss, Würzburg: Königshausen & Neumann, 2012, 33–54.

Das Schöpferwirken Gottes kommt hier als etwas zur Sprache, das vor Augen ist und in seiner Präsenz erlebt wird. Das hat Konsequenzen für die Art und Weise, wie vom Schöpfungsglauben angemessen zu reden ist, nämlich nicht prädikativ, sondern adverbial: *Im Glauben*, d. h. im Lokalisiertsein im Präsenzraum des Wirkens Gottes, ist die Welt als Schöpfung vor Augen. Die prädikative Rede ,X glaubt, dass die Welt Schöpfung ist' legt demgegenüber das Missverständnis nahe, dass es sich beim Schöpfungsglauben um einen Tatsachenglauben handelt.

Von diesem Präsenzcharakter der Wirklichkeit her erschließt sich das Eigentümliche des Fragens, Denkens und Verstehens in Mythos und Religion. Statt um die kausale Erklärung von Tatsachen aus Tatsachen geht es um das *Verstehen von Präsenz aus Präsenz*: Ausgangspunkt ist die erlebte Präsenz eines raumzeitlichen, sinnenfälligen Ereignisses X, und es wird nach einem Y gesucht, dessen Präsenz sich in der raumzeitlichen Präsenz von X manifestiert. Bei Y kann es sich nicht wiederum um etwas in Raum und Zeit handeln. Denn in diesem Fall wäre die Präsenz von Y lediglich die Präsenz eines anderen raumzeitlichen Ereignisses, das als solches nicht in der raumzeitlichen Präsenz von X in Erscheinung tritt. Es geht nicht um die Erklärung eines raumzeitlichen Ereignisses aus einem anderen raumzeitlichen Ereignis, sondern um die Erklärung der raumzeitlichen Präsenz von etwas aus der Präsenz von etwas anderem. Gesucht ist daher ein Y, das keinen raumzeitlichen Charakter hat und das durch seine (verborgene) Präsenz die raumzeitlich-sinnenfällige Präsenz von X hervorruft. Von dieser Art ist das, was in Mythos und Religion unter den Begriff des *Ewigen* gefasst wird. Gemeint ist nicht unbegrenzte Dauer, was eine zeitliche Kategorie ist, sondern vielmehr das, was von jenseits der Zeit her durch seine verborgene Präsenz das Zeitliche bestimmt.

Auf dem Hintergrund des wissenschaftlichen Weltbilds mag diese Art der Erklärung von Präsenz aus Präsenz auf den ersten Blick befremdlich erscheinen. Doch sieht man genauer zu, dann ist sie der kausalen Erklärung von Tatsachen aus Tatsachen gar nicht so unähnlich. Auch Letztere rekurriert auf Dinge, die sich zwar an raumzeitlichen Ereignissen beobachten lassen, aber selbst keinen raumzeitlichen Charakter haben, wie z. B. Naturgesetze im Fall naturwissenschaftlicher Kausalerklärungen. Eine physikalische Eigenschaft wie Elastizität lässt sich nirgendwo in Raum und Zeit lokalisieren, aber sie kann am Verhalten physikalischer Körper wie z. B. Billardkugeln beobachtet werden. Aber auch daran ist sie nicht direkt sichtbar, sondern sie ist vielmehr etwas *Erschlossenes*. Ausgangspunkt ist die Beobachtung des Verhaltens von Billardkugeln, die zur Suche nach einer Erklärung für dieses Verhalten führt. Die Erklärung ist, dass Billardkugeln die *Eigenschaft* haben, sich so zu verhalten, wie sie sich verhalten, und ebendiese Eigenschaft wird Elastizität genannt. Billardkugeln verhalten sich also so, weil sie elastisch sind. Dies lässt sich in Form des folgenden Syllogismus darstellen:

> (1) Kugeln, die elastisch sind, zeigen das Verhalten F.
> (2) Diese beiden Kugeln sind elastisch.
> _____
> (3) Diese beiden Kugeln zeigen das Verhalten F.

Der Vorteil dieser Betrachtungsweise liegt darin, dass sie die unendliche Mannigfaltigkeit der natürlichen Phänomene, wie sie sich der Anschauung darbieten, auf vergleichsweise wenige Eigenschaften reduziert, die unterschiedlichsten Entitäten gemeinsam sind und die es ermöglichen, Gesetze von der Art der Prämisse (1) in oben stehendem Syllogismus zu formulieren, die das Verhalten der Dinge erklären. Doch gesehen hat diese Eigenschaften, wie gesagt, noch niemand, und die Annahme, dass es diese Eigenschaften gibt, bezieht ihre Plausibilität einzig daraus, dass die Erklärungen des Verhaltens physikalischer Körper mithilfe solcher Eigenschaften *sich bewährt*.

Nicht anders verhält es sich bei der Erklärung von Präsenz aus Präsenz. Das verstetigende, gesetzmäßige Moment, das in der Postulierung und Zuschreibung von physikalischen Eigenschaften wie der Elastizität liegt, kehrt hier in der Weise wieder, dass die Präsenz raumzeitlicher Phänomene auf die Präsenz von etwas anderem, Ewigen, zurückgeführt wird, dessen Eigenart es ist, die Präsenz genau dieser Phänomene hervorzurufen. Auch dies lässt sich in einem Syllogismus darstellen:

(1) Ereignisse, die durch die Präsenz von Y hervorgerufen werden, sind von der Art F.
(2) Dieses Ereignis ist durch die Präsenz von Y hervorgerufen worden.

---

(3) Dieses Ereignis ist von der Art F.

Auch mit dieser Betrachtungsweise wird die unendliche Mannigfaltigkeit der raumzeitlichen Phänomene, wie sie in ihrer Präsenz erfahren werden, auf die verborgene Präsenz vergleichsweise weniger Entitäten in Gestalt mythischer Götter bzw. numinoser Wesen reduziert, durch die sie hervorgerufen wird. Doch auch diese hat niemand je gesehen, und so bezieht auch diese Art der Erklärung ihre Plausibilität einzig daraus, dass sie sich im Umgang mit der Wirklichkeit bewährt und Orientierung in der Welt ermöglicht.[27]

---

[27] Kurt Hübner hat im Einzelnen am Beispiel des griechischen Mythos gezeigt, dass dessen Weltbild genauso rational ist wie das wis-

Nun gibt es freilich, was die Präsenz des Ewigen im Zeitlichen betrifft, einen wesentlichen Unterschied zwischen Mythos und Religion. Für den Mythos ist es ganz unmittelbar die Präsenz der Götter, durch die das Zeitliche bestimmt wird. Die mythischen Götter gehören gewissermaßen zur Welt, wenn auch auf verborgene Weise. Im mythischen Polytheismus spiegelt sich die Vielfalt der innerweltlichen Phänomene wider, deren Präsenz auf die Präsenz je verschiedener Göttinnen und Götter zurückgeführt wird. Die theistischen Religionen kennen demgegenüber nur einen Gott, und angesichts der Vielfalt und Verschiedenheit der innerweltlichen Phänomene lässt sich innerweltliche Präsenz nicht direkt und unmittelbar auf seine Präsenz zurückführen. Er müsste dazu die gegensätzlichen Eigenschaften von Apoll, Aphrodite oder Ares in sich vereinigen. Der Gott der theistischen Religionen ist daher nicht unmittelbar in der Welt präsent, sondern welttranszendent, und seine Präsenz in der Welt ist eine vermittelte, nämlich die Präsenz seines Geistes und Wirkens. In dem oben zitierten Schöpfungspsalm 104 wird dies mit dem Bild des Atems Gottes ausgesagt: „Du sendest aus deinen Odem, so werden sie geschaffen, und du machst neu die Gestalt der Erde." (Ps 104,31) Aufgrund dieser Welttranszendenz wird es hier zu einer Frage, wer oder was es ist, der oder das in dieser vermittelten Weise verborgen in der Welt präsent ist. Anders als im Mythos, in dem dies unmittelbar aus den innerweltlichen Phänomenen abgeleitet wird, und zwar über die Erkenntnis, dass die jeweiligen mythischen Erklärungen von Präsenz aus Präsenz sich bewähren, steht diese Möglichkeit hier nicht zur Verfügung. Daher braucht es hier ein anderes

---

senschaftliche Weltbild. Vgl. *ders.*, Die Wahrheit des Mythos, München: C. H. Beck, 1985, bes. 239–298.

Erkenntnismittel, um jene Frage zu beantworten, und hier liegt die Bedeutung der *Offenbarung*. Die theistischen Religionen sind Offenbarungsreligionen. Darauf ist gleich zurückzukommen.

Es ist nach dem Gesagten klar, dass religiöse Glaubensaussagen sich nicht auf die raumzeitliche Welt beziehen, sondern auf das Ewige, d. h. dasjenige, was von jenseits der Zeit her in der Präsenz raumzeitlicher Phänomene verborgen präsent ist. Für den Schöpfungsglauben wurde dies oben an Psalm 104 illustriert. Es ist daher ein Missverständnis solchen Glaubens, wenn man meint, ihn mit der physikalischen Kosmologie abgleichen zu sollen, die sich auf die raumzeitliche Welt bezieht. Ein anderes Beispiel ist der Glaube an Kreuz und Auferstehung Jesu Christi, der im Zentrum der christlichen Religion steht. Er bezieht sich nicht bloß auf Geschehnisse in der Vergangenheit, sondern auf etwas, das verborgen gegenwärtig ist in der Präsenz dessen, was Menschen erleben und erleiden. Ein Beispiel hierfür sind die folgenden Sätze des Apostels Paulus, die er im Blick auf eigene Bedrängnis und Verfolgung schreibt:

Wir sind von allen Seiten bedrängt, aber wir ängstigen uns nicht. Uns ist bange, aber wir verzagen nicht. Wir leiden Verfolgung, aber wir werden nicht verlassen. Wir werden unterdrückt, aber wir kommen nicht um. Wir tragen allezeit das Sterben Jesu an unserem Leibe, damit auch das Leben Jesu an unserem Leibe offenbar wird. (2. Kor 4,8–10)

Im Unterschied zum Mythos, der nach einer berühmten Definition von Salustios[28] von etwas erzählt, das *niemals war* und doch *immer ist* – was nichts anderes als eine treffende Charakterisierung des *Ewigen* ist –, sind Kreuz und Auf-

---

[28] *Saloustios*, Des dieux et du monde, Paris: Les Belles Lettres, 1960, IV, 9.

erstehung nach Überzeugung der christlichen Überlieferung
etwas, das *tatsächlich war* und sich in geschichtlich einmaliger
Weise ereignet hat und das gleichwohl wie hier bei Paulus
„allezeit" bzw. immer ist. Die christliche Theologie hat
diesem Sachverhalt mit den Aussagen über die Menschheit
und Gottheit Jesu Christi Rechnung getragen.[29] Er ist
Mensch als der geschichtliche Jesus, der vor 2000 Jahren
gelebt hat und unter dem römischen Prokurator Pontius
Pilatus ans Kreuz geschlagen worden ist; und er ist Gott als
der Ewige, der *Christus praesens*, der allezeit im Zeitlichen
gegenwärtig ist und dessen Kreuz und Auferstehung solchermaßen die Lebenswirklichkeit im Ganzen qualifizieren.
So begriffen, heißt an die Gottheit Jesu glauben: die Lebenswirklichkeit im Lichte der Texte wahrnehmen, die seine Geschichte erzählen, so, wie dies in dem oben stehenden
Paulus-Zitat geschieht. Das Skandalon des christlichen
Glaubens liegt darin, dass es die Geschichte eines endlichen,
leidensfähigen, schmachvoll gekreuzigten Menschen ist, von
dem her die Lebenswirklichkeit im Ganzen ihre präsentische
Bestimmtheit bezieht, das heißt aber: in der Gott begegnet.
Gott ist dem Menschen damit gerade in seiner Verlassenheit
nahe, und das bedeutet zugleich, dass die menschliche
Verlassenheit als Präsenz des „Sterbens Jesu" unter das Vorzeichen der Auferstehung als Präsenz des „Lebens Jesu"
rückt. Von dieser Art ist die christliche Hoffnung: Sie ist
nicht auf das Zeitliche gerichtet in Gestalt von Ereignissen
in der Zukunft, sondern auf das Ewige, nämlich dass es an
uns, die wir im Zeitlichen leben, offenbar werde. Nicht
zuletzt ist dieses Verständnis der Lebenswirklichkeit in
ethischer Hinsicht von Bedeutung gewesen im Hinblick auf

---

[29] *Johannes Fischer*, Wahrer Gott und wahrer Mensch. Zur bleibenden
Aktualität eines alten Bekenntnisses, in: NZSTh 37 (1995), 165–204.

die Sensibilisierung für jene, die auf der Schattenseite des Lebens stehen, und auch hier geht es um die Präsenz des Ewigen im Zeitlichen, etwa im Sinne von Matth 25,35f., wonach Christus im Hungernden, Kranken, Gefangenen oder Fremden gegenwärtig ist.

Der Begriff des Ewigen bereitet heutigem Denken Schwierigkeiten. Das hat seinen Grund darin, dass man sich darunter etwas im Bereich des Faktischen vorzustellen sucht. Der Ausdruck ‚das Ewige‘ fungiert dann als Bezeichnung für etwas Gedachtes, und die Frage ist, wie dieses angemessen und präzise zu denken ist und ob das so Gedachte real existiert. Nach dem Gesagten jedoch geht es bei diesem Begriff um die Tiefendimension von Wirklichkeitspräsenz, nämlich um das Präsentsein von etwas, das selbst keinen raumzeitlichen Charakter hat, in der raumzeitlichen Präsenz von etwas anderem. Wie man sich unschwer klarmachen kann, gehört so begriffen das Ewige auch zur Lebenswirklichkeit des heutigen Menschen, unabhängig davon, ob dieser religiös ist oder nicht. Oben war die Rede davon, welche Rolle Präsenz in moralischen Zusammenhängen spielt, z. B. wenn wir jemandem von der Notlage eines Menschen erzählen, um ihn mit der imaginierten Präsenz von dessen Situation und dem davon ausgehenden moralischen Impuls zu konfrontieren und ihn so davon zu überzeugen, dass Hilfe in diesem Fall moralisch geboten ist. Was zu dieser moralischen Einsicht nötigt, ist nicht die Tatsache, dass es sich um *diesen bestimmten* Menschen in *dieser bestimmten* Situation handelt, sondern vielmehr die Tatsache, dass es sich um *einen* Menschen in einer *solchen* Situation – einer Notlage – handelt, den wir in diesem bestimmten Menschen vor uns haben. Denn Moral hat es nicht mit Singulärem, sondern mit Allgemeinem zu tun. Der Ausdruck ‚ein Mensch in einer Notlage‘ bezeichnet ein unbestimmtes Individuum, das als solches nirgendwo in Raum und Zeit existiert. Und gleichwohl ist es in der Präsenz dieses Menschen präsent, und von dieser seiner Präsenz geht die Nötigung aus, auf der die moralische Einsicht beruht. Auch hierin zeigt sich die Struktur von Wirklichkeitspräsenz als Präsentsein von etwas in etwas, und was dabei Orientierung für das eigene Verhalten gibt, das ist dasjenige, *was* in der Präsenz von etwas präsent ist, so wie in diesem Fall ein Mensch in einer Notlage in der Person dieses Menschen. Es ist dies dieselbe Struktur, welche in religiöser Perspektive als Präsenz *des Nächsten* in der Person des anderen Menschen oder als Präsenz *Jesu Christi* im kranken oder hungernden Menschen begegnet. Die religiöse Tradition hat in diesem Sinne Muster der Präsenzwahrnehmung geprägt, die bis in die säkulare Moral der Gegenwart wirksam sind im Umgang mit Schwachen, Benachteiligten und Notleidenden.

Auch die Menschenwürde hat diese Struktur: Sie ist die Würde *eines Menschen* im Sinne eines unbestimmten Individuums, das wir in seiner Präsenz *in jedem Menschen* vor uns haben. Wird dies in die Tatsachenperspektive transformiert, dann verwandelt sich der Ausdruck ‚ein Mensch‘ in ein Prädikat, das einen Allgemeinbegriff beinhaltet: ‚Peter ist ein Mensch‘. Bekanntlich gibt es seit der Antike eine Kontroverse darüber, ob Allgemeinbegriffe (Universalien) wie ‚Mensch‘, ‚der Mensch‘ oder ‚die Menschheit‘ real existieren oder nur gedankliche Gebilde sind. In der Präsenzperspektive löst sich das Rätsel dahin gehend auf, dass sie *als solche*, d. h. als unbestimmte Individualitäten, nirgends in Raum und Zeit existieren und gleichwohl raumzeitlich präsent sind, nämlich in der Präsenz konkreter Individuen oder Entitäten.

Schließlich ist in diesem Zusammenhang auch an die *thick moral concepts* zu erinnern. Freundliches, gütiges oder barmherziges Verhalten kann in seiner jeweiligen konkreten zeitlichen Gestalt von sehr unterschiedlicher Art sein. Das Gemeinsame, das es erlaubt, diese unterschiedlichen Gestalten mit demselben Wort zu bezeichnen, besteht in der Tatsache, dass sich in ihm Freundlichkeit, Liebe oder Barmherzigkeit mitteilen, Dinge, die als solche nirgendwo in Raum und Zeit existieren und die dennoch in der Präsenz solchen Verhaltens präsent sind und von Menschen erfahren werden. In der Sprache der Religion findet dieser Ewigkeitscharakter seinen Ausdruck in der Rede vom *Geist* der Freundlichkeit, Güte, Liebe, Barmherzigkeit usw.

Dies führt zurück zu der Frage, was Religion charakterisiert. Oben war vom Präsenzraum menschlicher Intersubjektivität die Rede, in welchem Menschen sich über die Wirklichkeit verständigen, sei es über die Wirklichkeit in ihrer imaginierten Präsenz oder über die Wirklichkeit als Faktizität. Das bedarf nun einer Erweiterung und Präzisierung im Hinblick auf die religiöse Kommunikation. Menschen können sich auch über Gott verständigen, und zwar über Gott nicht als eine gedachte Tatsache, sondern über Gott als den Ewigen, d. h. den, der mit seinem Geist und Handeln in der menschlichen Lebenswirklichkeit verborgen präsent ist. Solche Verständigung vollzieht sich ebenfalls im Präsenzraum menschlicher Intersubjektivität. Doch im Unterschied zum Beispiel des ertrinkenden Kindes handelt es sich hierbei nicht um die Verständigung über ein Ereignis in Raum und Zeit, sondern um die Verständigung über eine Wirklichkeit, die zeitlos präsent ist und durch ihre Präsenz das Zeitliche bestimmt. Nach dem Gesagten besteht die epistemische Besonderheit der Erkenntnis von Präsenz in der Lokalisierung des Erkennenden im Raum der Präsenz des Erkannten. Daher ist solche Verständigung über Gott als den Ewigen nur unter religiös Glaubenden möglich, die verbindet, dass sie ihre Lebenswirklichkeit von Gottes verborgener Gegenwart her begreifen. Indem sie sich verständigen, sind sie, wie gesagt, im Präsenzraum menschlicher Intersubjektivität lokalisiert. Doch nehmen sie dabei auf Gott als den Bezug, in dessen verborgener Gegenwart sie gemeinsam lokalisiert sind, und dies noch in ihrer Verständigung über Gott. Daher ist hier der eigentlich fundamentale Präsenzraum Gottes verborgene Gegenwart.

Oben war davon die Rede, dass das menschliche Wahrnehmen und Erkennen entscheidend davon abhängt, in welchem Präsenzraum sich ein Mensch orientiert. Im Falle des religiösen Wahrnehmens und Erkennens ist dies nach dem soeben Gesagten nicht der Präsenzraum *der Erkennenden* in Gestalt der menschlichen Intersubjektivität, von dem aus die Wirklichkeit in ihrer Faktizität sichergestellt wird und auch Gott nur, wie bei Dworkin, als eine mögliche Tatsache in Betracht kommt, sondern der Präsenzraum *des Erkannten* in Gestalt von Gottes verborgener Gegenwart, der auch noch die Erkennenden umfasst und ihr Wahrnehmen und Erkennen bestimmt. Dies kennzeichnet die *religiöse Rede von Gott*:

Ist Gott für uns, wer mag wider uns sein? Der auch seinen eigenen Sohn nicht verschont hat, sondern hat ihn für uns alle dahingegeben – wie sollte er uns mit ihm nicht alles schenken? … (Röm 8,31f)

Charakteristisch für die religiöse Rede von Gott ist die Bezugnahme auf die gemeinsame Lokalisierung von Sprecher und Adressaten im Horizont der Wirklichkeit, von der die Rede ist, wie sie hier in der ersten Person Plural erfolgt. Zum Kontrast mag man sich den objektivierenden Duktus vergegenwärtigen, mit dem in Texten der wissenschaftlichen Theologie oder in religionsphilosophischen Texten von

Gott gehandelt wird. Wenn Gott ewig ist, dann kann die Wirklichkeit Gottes überhaupt nur und ausschließlich in religiöser Rede angemessen zur Sprache kommen. Denn das Wort ‚ewig' bezeichnet nach dem Gesagten nicht eine Eigenschaft Gottes, sondern die Weise, wie er wirklich ist, nämlich seine zeitlose Präsenz. Die Bezugnahme auf Gottes Wirklichkeit setzt daher die Lokalisierung des Sprechers im Raum dieser Präsenz voraus, und ebendies findet seinen Ausdruck in der religiösen Rede von Gott. Von daher wird verständlich, dass es in den Religionen immer wieder Tendenzen gegeben hat, die Wirklichkeit Gottes als ein Geheimnis, ein Arkanum, zu hüten, von dem zu reden nur den „Eingeweihten" gestattet ist, damit es nicht im allgemeinen Gerede zerredet wird.

Doch wie kommt man da hinein? Bei allem, wovon bisher die Rede war, handelte es sich um eine Beschreibung der Religion aus der Perspektive menschlicher Intersubjektivität. Die Präsenz des Ewigen im Zeitlichen, die Qualifizierung der Lebenswirklichkeit durch den *Christus praesens* und seine Geschichte, die Teilhabe an dieser Geschichte und die darin liegende Stärkung und Tröstung – all das ist in dieser Perspektive *Gedanke*, nicht erfahrene Wirklichkeit. Es gibt keine Brücke von der Perspektive des Präsenzraums menschlicher Intersubjektivität zur Binnenperspektive religiösen Glaubens. An früherer Stelle wurde ausgeführt, dass Dworkin unter Berufung auf „Humes Prinzip" der Tatsache große Bedeutung zumisst, dass die Sphäre der Werte „autark und selbstbeglaubigend" ist. Das gilt auch für die Wirklichkeit, auf die Religion bezogen ist, wenn auch aus einem anderen Grund. Der Glaube an Gott ist, wie gesagt, in einen eigenen Präsenzraum eingebunden, nämlich den Präsenzraum von Gottes verborgener Gegenwart. Aufgrund der Präsenzraumbedingtheit aller Erkenntnis kann die Wirklichkeit, auf die er bezogen ist, von keinem anderen Präsenzraum her eingesehen und erkannt werden. Es gibt keinen Standpunkt außerhalb, von dem aus sie beglaubigt werden könnte. Was bringt dann aber Menschen überhaupt dazu, an Gott zu glauben, wenn von außerhalb solchen Glaubens nichts über dessen Wahrheit oder Falschheit, Wirklichkeitsadäquatheit oder -inadäquatheit ausgemacht werden kann? Es müsste nach dem Gesagten etwas sein, das in den Präsenzraum von Gottes Gegenwart vermittelt.

Hier liegt die Bedeutung der *religiösen Praxis*. Denn es ist genau dies, was religiöse Rituale und Praktiken leisten. Ihnen ist gemeinsam, dass sie den, der an ihnen teilhat, in den Präsenzraum des Heiligen vermitteln. Daher gibt es religiösen Glauben nicht ohne religiöse Praxis. Der Praxis kommt dabei ein Primat in dem Sinne zu, dass überhaupt erst sie religiösen Glauben ermöglicht. Es verhält sich nicht so, dass der Glaubende zuerst glaubt und deshalb an religiöser Praxis teilnimmt, sondern er glaubt – im Sinne des Lokalisiertseins im Präsenzraum von Gottes Gegenwart –, weil er an religiöser Praxis teilhat.

Wenn soeben gesagt wurde, dass religiöse Rituale und Praktiken in den Präsenzraum des Heiligen vermitteln, dann bedarf dies nach dem früher Gesagten einer Präzisierung. Es war vom Ewigen bisher so die Rede, dass es *in der Präsenz des Zeitlichen* verborgen präsent ist, d. h. auf eine durch das Zeitliche *vermittelte* Weise, so wie nach Psalm 104 Gottes Atem oder Geist im Gedeihen der Natur verborgen präsent ist. Es kennzeichnet demgegenüber die religiöse Praxis, dass sie den, der an ihr teilhat, *unmittelbar* im Präsenzraum des Heiligen lokalisiert. Augenfällig ist dies beim Gebet, mit dem der Beter sich in die Gegenwart dessen begibt, den er anruft. In den oben zitierten Versen aus Psalm 104 sind beide Weisen der Präsenz des Ewigen miteinander verknüpft. Der

Psalmbeter begibt sich mit ihnen in die unmittelbare Gegenwart dessen, den er anruft, um vor seinen Augen die Welt als einen Raum vorüberziehen zu lassen, durch den sich die verborgene Gegenwart des Angerufenen vermittelt.

Doch woher weiß der Glaubende, mit *wessen* Präsenz er es zu tun hat, sei es vermittelt oder unvermittelt? Die Antwort wurde bereits mit dem Hinweis auf die Bedeutung der Offenbarung in den theistischen Religionen angedeutet. Wissen von Gott als dem Ewigen gibt es nur aufgrund von seiner Offenbarung. In den Schriftreligionen hat diese die Gestalt von heiligen Texten, deren Heiligkeit darin besteht, dass sich in ihnen Gott als der Ewige mitteilt, was erstens bedeutet, dass sie selbst an Gottes Ewigkeit teilhaben, d. h. von jenseits der Zeit her hier und jetzt ins Zeitliche sprechen, wodurch sie sich von allen menschlichen Worten unterscheiden,[30] und was zweitens bedeutet, dass sie Gott als den Ewigen, der zeitlos im Zeitlichen gegenwärtig ist, zum Inhalt haben. Dem entspricht auf Seiten der Glaubenden eine bestimmte Einstellung diesen Texten gegenüber, nämlich einerseits in Gestalt von Ehrfurcht mit Blick auf ihre Heiligkeit und andererseits in Gestalt eines „Hörens“, das das, was sich in den Texten mitteilt, in die Welt- und Lebensbezüge *abbildet* und auf diese Weise der Präsenz des Ewigen im

---

[30] „Der fromme Mensch muss in der Tat die heilige Schrift so verehren und mit einer solcher Hingabe kennenlernen, dass er annimmt, er lese sozusagen kein totes Buch noch dringe er in die Schriften eines noch so heiligen, ehrwürdigen und weisen Menschen ein, sondern er erforsche die Worte des lebendigen Gottes selbst, der jetzt dort mit ihm handelt.“ *Matthias Flacius Illyricus*, Über den Erkenntnisgrund der Heiligen Schrift (De Ratione Cognoscendi Sacras Literas, 1567), lat.-dt. Parallelausgabe, übers., eingeleitet und mit Anmerkungen versehen von Lutz Geldsetzer (Instrumenta Philosophiica, Series Hermeneutica 3), Düsseldorf: Stern-Verlag, 1968, 89.

Zeitlichen gewahr werden lässt, so des *Christus praesens* im menschlichen Leiden, aber auch in den mancherlei Auferstehungen, die es im zeitlichen Leben, manchmal inmitten von Leiden, geben kann. In solchem Abbilden und Wiedererkennen des Ewigen im Zeitlichen besteht das Eigentümliche und die Kreativität religiösen Wahrnehmens, Erkennens und Meditierens. Auf diese Weise werden Muster der Präsenzwahrnehmung geprägt.

Hervorzuheben ist das in Abgrenzung zu einer anderen Auffassung des Ewigen, wonach dieses das bloße Jenseits der Zeit ist statt dasjenige, das von jenseits der Zeit her verborgen im Zeitlichen präsent ist. Bei dieser Auffassung hat die Offenbarung Gottes nichts mit der zeitlichen Welt zu tun, wie sie in ihrer Präsenz erfahren wird. Sie hat vielmehr Gott und die ewigen Dinge jenseits der Zeit zum Inhalt. Daher gibt es bei dieser Auffassung des Ewigen kein kreatives Abbilden und Wiedererkennen des Ewigen im Zeitlichen. Vielmehr ist der Glaube, der dem Menschen durch diese Art der Offenbarung abverlangt wird, ein Glaube an ewige Tatsachen. In dieser Tatsachenperspektive findet die Frage, wie Jesus Christus zugleich Mensch und Gott sein kann, ihre Antwort in der Zweinaturenlehre, die sein Menschsein und Gottsein über menschliche und göttliche Eigenschaften definiert, die er in sich vereinigt.

Nun wurde oben gesagt, dass es Wissen von Gott als dem Ewigen nur aufgrund von Gottes Offenbarung gibt. Doch kann ein Mensch überhaupt von Gott *wissen*? Ist Gott nicht allein dem *Glauben* offenbar? Die Frage führt noch einmal zurück zu etwas, wovon an früherer Stelle die Rede war. Dort wurde gesagt, dass der Glaube wesentlich ein Lokalisiertsein im Präsenzraum von Gottes Geistwirken und Handeln ist und dass dies sprachlich seinen angemessenen Ausdruck darin findet, dass vom Glauben nicht prädikativ, sondern adverbial zu reden ist: *Im Glauben* ist die Welt als Schöpfung vor Augen. Ersichtlich sagt man nichts anderes, wenn man feststellt, dass *im Glauben* der Glaubende um die Welt als Schöpfung *weiß*. Glaube und Wissen sind hier keine Alternativen. Vielmehr trägt diese Formulierung mit der adverbialen Voranstellung des Glaubens der Präsenzraumabhängigkeit von Wissen Rechnung. Diese Abhängigkeit charakterisiert nach dem Gesagten sämtliches Wissen, nicht nur das religiöse Wissen. Es macht also Sinn, in Bezug auf den religiös Glaubenden zu sagen, dass er ein Wissen von Gott hat. Demgegenüber werden bei der prädikativen Redeweise ‚X glaubt, dass die Welt Schöpfung Gottes ist' Glaube und Wissen zu Alternativen. Bei dieser Redeweise wird die Schöpfung als eine Tatsache thematisch, und die Frage ist dann, ob es von dieser Tatsache ein Wissen geben kann oder ob an sie lediglich geglaubt werden kann. Der Glaube erscheint dann gegenüber dem Wissen als eine minderwertige Form von kognitiver Orientierung.

Schließlich sei noch ein Hinweis zur ethischen Seite der Religion angefügt. Wenn das, was in der Welt geschieht, aufgrund der verborgenen Präsenz des Ewigen geschieht, dann bedeutet das für das menschliche Verhalten und Handeln, dass es auf die Herbeiführung solcher Präsenz gerichtet sein muss. Die Befolgung der göttlichen Gebote zielt auf die *Gegenwart des Lebens* als einer geistlichen Realität, in der sich das Ewige mitteilt und die als Verheißung auf den Geboten liegt – „Der Mensch, der sie tut, wird durch sie leben" (Lev 18,5). Die Haltung der Feindesliebe und des Gewaltverzichts zielt auf die *Gegenwart des Schalom* als einer geistlichen Realität, die Menschen zu einem entsprechenden zeitlichen Umgang miteinander bewegt. Es geht in ethischer Perspektive nicht um die weltimmanent-kausale Beeinflussung und Veränderung der Zustände in der Welt, sondern darum, das

Ewige ins Zeitliche zu ziehen, damit es darin Gestalt gewinnt.[31] Dies vollzieht sich zuerst und vor allem über die
eigene Person und das eigene Verhalten, weshalb für eine
religiöse Ethik die Frage nach dem Geist zentral ist, von
dem sich Menschen in ihrem Verhalten und Handeln bestimmen lassen. (Gal 5,25) Erinnert sei an das, was oben
über den geistlichen Charakter von Phänomenen wie
Freundlichkeit, Güte, Liebe, Barmherzigkeit usw. gesagt
wurde.

Blickt man zurück auf den bisherigen Überlegungsgang,
dann ist die eigentliche Frage, vor die die Religion stellt,
nicht die Frage nach ihrer Wahrheit, also ob Gott und die
Schöpfung und all das andere existiert, was Inhalt religiösen
Glaubens ist und was bei Dworkin als ihr „wissenschaftlicher Teil" zusammengefasst wird. Es geht vielmehr um
eine praktische Frage, und zwar weil der Zugang zur religiösen Wirklichkeitsauffassung durch religiöse Praxis vermittelt
wird. Warum soll man sich auf solche Praxis einlassen?
Niemand ist genötigt, dies zu tun. Es handelt sich vielmehr
um eine mögliche Option, die man ergreifen oder nicht
ergreifen kann. Was sie allen Vorurteilen über die Religion
zum Trotz zu einer zumindest ernstzunehmenden Option
macht, ist die Tatsache, dass trotz wissenschaftlichen
Weltbilds das Leben auch des Menschen der Gegenwart sich
unter den Bedingungen von Wirklichkeitspräsenz vollzieht
und dass sich hier sein Wohl und Wehe entscheidet. Religion ist reflektierter Umgang mit Wirklichkeitspräsenz, was
sich nicht zuletzt im Reichtum ihrer Sprache niederschlägt,

---

[31] Dietrich Bonhoeffer hat dies so formuliert, dass „das Problem
der christlichen Ethik … das Wirklichwerden der Offenbarungswirk-
lichkeit Gottes in Christus unter seinen Geschöpfen" ist. *Dietrich Bonhoeffer*, Ethik, München: Chr. Kaiser, 1992, 34.

die Artikulation von Erfahrungen von Wirklichkeitspräsenz ist. Die auf die Bezeichnungsfunktion reduzierte Sprache der Tatsachen-Werte-Ontologie ist demgegenüber arm. Die Konfrontation mit existenziellen Präsenzerfahrungen droht hier in Sprachlosigkeit zu stürzen. Letztlich geht es bei jener Option um die Frage, welchem letzten, allumfassenden Präsenzhorizont Menschen sich mit ihrem Leben anvertrauen wollen, nicht zuletzt um eine heilsame Distanz zu gewinnen zu den vielfältigen innerweltlichen Präsenzräumen und Präsenzerfahrungen – sinnverheißenden und sinnlosen –, denen ihr Leben ausgesetzt ist, damit es nicht durch diese beherrscht und verschlungen wird. Das betrifft auch die Gegenwart mythischer Schicksalsmächte. Der Mythos ist keineswegs nur ferne Vergangenheit. Die Attraktivität und der Einfluss mythischen Denkens reichen vielmehr bis in die Gegenwart, z. B. in der Beschwörung von Schicksalsmächten wie Volk oder Nation, die verborgen die Geschicke der Menschen bestimmen. Aufgrund seines Transzendenzbezugs kann religiöser Glaube Distanz zu derartigen innerweltlichen Mächten ermöglichen. Wie angedeutet, geht es schließlich auch um die Stärkung und Tröstung, die Religion spenden kann. Sie besteht nicht darin, dass Religion alles zum Guten wendet und Sinnlosigkeit in Sinn verwandelt, sondern darin, dass sie es Menschen ermöglicht, sich in Anbetracht von Sinnlosigkeit und der Realität des Bösen im Präsenzraum des Heiligen zu bergen, ohne doch dabei die Welt preiszugeben und sich selbst zu überlassen. Denn auch die Welt verdankt sich allem gegenteiligen Anschein zum Trotz der verborgenen Präsenz des Ewigen.

4. Die Pluralität der Religionen als Herausforderung für das menschliche Zusammenleben

Die bisherigen Überlegungen haben deutlich gemacht, dass unterschiedliche Religionen nicht lediglich unterschiedliche Deutungen derselben *einen* Wirklichkeit sind, sondern dass sie unterschiedliche Wirklichkeiten implizieren, durch die die Menschen, die ihnen anhängen, getrennt sind. Darin liegt eine fundamentale Herausforderung für das menschliche Zusammenleben. Doch anders, als man auf den ersten Blick meinen könnte, muss dies nicht zwangsläufig Konflikte heraufbeschwören. Begünstigt doch die Tatsache, dass unterschiedliche Religionen in unterschiedliche Präsenzräume eingebunden sind, einen religiösen Pluralismus, bei dem *im Prinzip* keine Religion sich durch das Vorhandensein anderer Religionen bedroht und infrage gestellt fühlen muss. Vielmehr ist eine Koexistenz denkbar und möglich, bei der jede Religion die anderen Religionen gelten lassen kann. Das hat seinen Grund darin, dass jede Religion autark und selbstbeglaubigend ist und dass es daher keinen Standpunkt außerhalb gibt, insbesondere nicht den einer anderen Religion, von dem aus einer Religion ihr Recht bestritten werden könnte. Auch der Monotheismus stellt hier keine Ausnahme dar, jedenfalls nicht der Monotheismus im Sinne des 1. Gebots des biblischen Dekalogs, das sich an eine bestimmte Glaubensgemeinschaft wendet und dieser gebietet, keine anderen Götter zu haben neben dem Gott, der sich als ihr Gott offenbart hat. Das schließt das Vorhandensein anderer Götter nicht aus und auch nicht andere Religionen, die in demselben Sinne monotheistisch sind. Auch in dem Fall, dass sich ein Gott als der schlechthin einzige Gott offenbart, gilt diese Einzigkeit doch nur für den Präsenzraum, der durch seine Offenbarung erschlossen ist und in dem sich diejenigen orientieren, denen er dies offenbart. Daher lässt sich hieraus kein Anspruch gegenüber anderen Religionen ableiten.

Anders verhält es sich allerdings bei dem *monotheistischen Exklusivanspruch* darauf, dass es nur einen Gott gibt und dass nur eine Religion wahr ist, nämlich die Religion dieses Gottes. Mit diesem Anspruch wird die Binnenperspektive religiösen Glaubens verlassen und ein Standpunkt außerhalb bezogen, von dem aus Behauptungen *über* religiösen Glauben aufgestellt werden. Das vollzieht sich in einem anderen Präsenzraum, nämlich dem der menschlichen Intersubjektivität und Verständigung über die Wirklichkeit. Gott und die Götter sind hier *Gegenstand* dieser Verständigung, und als solcher sind sie ihres Präsenzcharakters beraubt. Es geht um ihre Tatsächlichkeit. Insofern enthalten derartige Exklusivbehauptungen einen pragmatischen Selbstwiderspruch, da die Wirklichkeit, die behauptet wird, gar nicht den Charakter einer behauptbaren Tatsache hat, sondern sich vielmehr durch ihre eigene Präsenz beglaubigt. Sie kann nicht *behauptet*, sondern nur *bezeugt* werden, und zwar von denen, die an ihr teilhaben.[32] Da derartige Behauptungen aufgrund ihrer Selbstwidersprüchlichkeit nicht einlösbar sind, lassen sich die Konflikte, die sie auslösen, auch nicht in vernünftiger Verständigung befrieden.

Sind religiöse Überzeugungen erst einmal zum Gegenstand von Behauptungen gemacht worden, dann ergibt sich im Resultat jene Ontologie, die Dworkins Sicht auf die Religion bestimmt. Wie an früherer Stelle ausgeführt wurde, geht

---

[32] *Johannes Fischer*, Behaupten oder Bezeugen? Zum Modus des Wahrheitsanspruchs christlicher Rede von Gott, in: ZThK 87 (1990), 224–244.

Dworkins Intention dahin, „Religion und Gott auseinanderzudividieren", um die Scharmützel zu beenden, die sich
an divergierenden Gottesvorstellungen entzünden. Doch
nach dem Gesagten ist klar, dass ein Pluralismus von Religionen mit unterschiedlichen Gottesvorstellungen nicht *per
se* in Scharmützel verstrickt. Das kann nur innerhalb dieser
Ontologie so erscheinen, bei der divergierende Gottesvorstellungen unterschiedliche und sich wechselseitig ausschlie-
ßende Tatsachenbehauptungen zu implizieren scheinen. Das
kann dann theologische oder religionsphilosophische Befrie-
dungsversuche auf den Plan rufen nach Art einer inklusivis-
tischen Theorie der Religionen, der zufolge alle Religionen
letztlich auf dieselben transzendenten Tatsachen bezogen
und daher gleichermaßen wahr sind und sich nur in der Beschreibung dieser Tatsachen unterscheiden. Stellt man hingegen in Rechnung, dass unterschiedliche religiöse Überzeugungen in unterschiedliche Präsenzräume eingebunden sind,
dann braucht es dergleichen nicht. Dann können sie *im Prinzip* konfliktfrei nebeneinander bestehen.

Gewiss kann man das, was Dworkin auf dem Hintergrund seiner dualistischen Ontologie als Religion begreift,
nämlich das objektive Für-wahr-Halten von „zwei umfassenden Werturteile[n]", nämlich „dass inhärente Werte in
beiden Dimensionen des menschlichen Lebens – der biologischen und der biographischen – zu finden sind",[33] ‚Religion' nennen. Aber man sollte doch sehen, dass ein solches
Für-wahr-Halten von Werturteilen in Verbindung mit dem
Glauben an die Objektivität von Werten etwas fundamental
anderes ist als die Erfahrung des Heiligen und der Präsenz
des Ewigen im Zeitlichen. Insofern ist zu fragen, ob Dworkins Gebrauch des Wortes ‚Religion' überhaupt etwas

---

[33] *Dworkin*, aaO. 19.

gemein hat mit dem Gebrauch, den man von diesem Wort macht, wenn man von der christlichen oder der jüdischen oder der hinduistischen Religion spricht.

5. Religion, wissenschaftliches Weltbild und säkulare Kultur: Zur Rolle der wissenschaftlichen Theologie

Es ist nicht möglich, zwei Religionen gleichzeitig anzugehören, also zum Beispiel Christ und Moslem zu sein. Aber es ist möglich, Christ oder Moslem zu sein und gleichzeitig am wissenschaftlichen Weltbild zu partizipieren. Dass das Erste nicht möglich ist, hat seinen Grund darin, dass Religionen mit Wirklichkeitspräsenz zu tun haben, und zwar jeweils mit einem letzten, allumfassenden Horizont der Präsenz des Ewigen im Zeitlichen, der engstens verwoben ist mit einer bestimmten, gemeinschaftlich geübten religiösen Praxis. Entweder orientiert man sich im Präsenzraum und Praxiszusammenhang der einen Religion oder in dem der anderen. Beides zugleich ist nicht möglich. Dass demgegenüber das Zweite möglich ist, das hat seinen Grund darin, dass es sich einerseits um eine religiöse und andererseits um eine nicht-religiöse Wirklichkeitsauffassung handelt. Erstere begreift Wirklichkeit als Wirklichkeitspräsenz, für Letztere besteht die Wirklichkeit aus Tatsachen. Dabei ist auch Letztere in einem Präsenzraum fundiert, nämlich dem der menschlichen Intersubjektivität und Verständigung. Wirklichkeit kommt hier als das in den Blick, was Gegenstand von Verständigung ist und durch wahre Urteile ausgedrückt wird. So gesehen ist die Vereinbarkeit von religiöser und wissenschaftlicher Wirklichkeitsauffassung darin begründet, dass Menschen sowohl an einem letzten, allumfassenden religiösen Horizont der Präsenz des Ewigen im Zeitlichen als auch am

Präsenzraum menschlicher Intersubjektivität partizipieren können, ohne dass darin ein Widerspruch liegt. Vielmehr können sie den Präsenzraum menschlicher Intersubjektivität in ihre religiöse Sicht der Wirklichkeit integrieren, ohne dass sie ihm dazu sein Eigenrecht bestreiten müssen. In den religiösen Traditionen findet sich dafür die Auffassung, dass Gott auch die menschliche Vernunft geschaffen hat. Es liegt kein Widerspruch darin, hinsichtlich der Welt der Tatsachen die wissenschaftliche Erkenntnis als maßgebend zu erachten und hinsichtlich der Lebenswirklichkeit mit Gottes verborgener Gegenwart zu rechnen.

Probleme ergeben sich allerdings dann, wenn mit dem wissenschaftlichen Weltbild ein *Exklusivanspruch* verbunden wird in dem Sinne, dass wirklich nur das ist, was innerhalb des Präsenzraums menschlicher Intersubjektivität in diskursiver Verständigung über die Welt als Tatsache gesichert werden kann. Von dieser Art war der Anspruch der Aufklärung bei ihrer Kritik an überkommenen religiösen Weltbildern. Paradigmatisch hierfür ist die Frage, ob Gott existiert, sowie die Destruktion der vermeintlichen Beweise für seine Existenz. Im Rahmen dieser Wirklichkeitsauffassung ist für die Religion kein Platz. Doch gilt das nicht nur für sie. Alles, was mit Präsenz zu tun hat, wird mit diesem Exklusivanspruch aus dem Bereich des Wirklichen verbannt. Von dem Ereignis des ertrinkenden Kindes bleiben nur die Tatsachen übrig, die im Polizeiprotokoll stehen. Wie dieses Ereignis in seiner Präsenz erlebt worden ist, das besagt nichts über seine Wirklichkeit. Vielmehr gilt im Unterschied zu den Tatsachen, auf die man sich intersubjektiv verständigen kann, solches Erleben als bloß subjektiv. So schrumpft auch der Holocaust auf die Tatsachen zusammen, die die Geschichtswissenschaft feststellen kann. Das Entsetzliche daran ist nicht real, sondern bloße Gefühlsreaktion. Daher ist die Frage, wie dieses Entsetzliche geschehen konnte, schlicht abwegig. Sinnvoll kann nur nach einer Erklärung für die Tatsachen gefragt werden, in denen der Holocaust besteht, und diese Frage ist durch die Geschichtswissenschaft längst beantwortet. Wenn nun aber die in ihrer Präsenz erlebte Wirklichkeit bloß subjektiv ist, dann gilt dies auch für den moralischen Impuls, der sich in solchem Erleben vermittelt. Daher muss auch die Moral und mit ihr die Ethik auf eine andere Grundlage gestellt werden als auf Wirklichkeitspräsenz, nämlich auf intersubjektiv gültige Regeln, Prinzipien und Werte. Dem wissenschaftlichen Weltbild entspricht die Verwissenschaftlichung des ethischen Denkens. Präsenz wird demgegenüber aus dem Bereich des Wirklichen in den Bereich des Ästhetischen, des Fiktionalen, der Kunst ausgelagert. Hier ist nun der Ort, an dem die Lebenswirklichkeit zur Darstellung, Artikulation und Reflexion gelangt.

Nun hört freilich die Religion nicht einfach auf zu existieren dadurch, dass für das wissenschaftliche Weltbild ein Exklusivanspruch erhoben wird. Die Kirchen spielen im Leben von Menschen auch weiterhin eine wichtige Rolle. Ihre Priester und Pfarrer haben selbst eine wissenschaftliche Ausbildung durchlaufen. Nimmt doch auch die christliche Theologie für sich in Anspruch, eine Wissenschaft zu sein. Ja, im Gefolge der Aufklärung hat sich zumindest die protestantische Theologie zum überwiegenden Teil jenen Exklusivanspruch sogar selbst zu eigen gemacht hat. Auf den ersten Blick scheint dies in Widerspruch zu stehen zu der Feststellung, dass im Rahmen des wissenschaftlichen Weltbilds für die Religion kein Platz ist. Tatsächlich ist es so gewesen, dass die protestantische Theologie der zurückliegenden 300 Jahre sich daran abgearbeitet hat, der Religion im Rahmen dieses Weltbilds einen Platz zu sichern.

Grob lassen sich dabei zwei Grundrichtungen unterscheiden. Für die eine Richtung ist auf dem Hintergrund der
Metaphysikkritik der Aufklärung die Einsicht grundlegend,
dass religiöser Glaube etwas fundamental anderes ist als
Wissen im Sinne der Wissenschaft. Daher scheidet die Möglichkeit aus, dem religiösen Glauben seinen Platz innerhalb
des wissenschaftlichen Weltbilds dadurch zu sichern, dass
man das, woran er glaubt, nämlich Gott und die Wirklichkeit
in ihrer Beziehung zu Gott, zum Gegenstand wissenschaftlicher Erkenntnisbemühungen macht. Als möglicher Gegenstand derartiger Erkenntnis kommt nicht Gott, sondern nur
der menschliche Glaube an Gott bzw. das menschliche
Bewusstsein von Gott in Betracht. So wird das religiöse Bewusstsein zum eigentlichen Gegenstand der wissenschaftlichen Theologie, und der Religion wird ihr Platz im Rahmen
des wissenschaftlichen Weltbilds dadurch gesichert, dass
dem religiösen Bewusstsein sein legitimer Ort im Gesamt-
zusammenhang der Tätigkeiten des menschlichen Geistes
bestimmt wird. Teils ergeben sich dabei strukturelle Paralle-
len zur Figur der Präsenz des Ewigen im Zeitlichen, nämlich
in der Weise, dass das religiöse Bewusstsein als eine Form
von nichtgegenständlichem Bewusstsein aufgefasst wird, das
– analog zur Präsenz des Ewigen im Zeitlichen – in allem
gegenständlichen Bewusstsein begleitend präsent ist. Bahn-
brechend für diese Subjektivierung der Religion war die
Theologie Friedrich Schleiermachers,[34] und es zieht sich von
dort eine breite Spur bis in die protestantische Theologie der
Gegenwart. Auch Rudolf Bultmanns Programm der Entmythologisierung der neutestamentlichen Verkündigung ist

---

[34] *Friedrich Schleiermacher*, Der christliche Glaube nach den Grund-
sätzen der evangelischen Kirche im Zusammenhang dargestellt, 2 Bde.,
7. Auflage, Berlin: De Gruyter, 1960.

dieser Richtung zuzuordnen – bei Bultmann im Sinne der existentialen Interpretation religiöser Glaubensinhalte[35] –, wobei gerade Bultmann zur Begründung dieses Programms mit besonderer Emphase auf das wissenschaftliche Weltbild verweist, das in der Moderne unhintergehbar und daher maßgebend für das Wirklichkeitsverständnis auch von Christen sei.[36]

Für die andere theologische Richtung ist die Einsicht grundlegend, dass der christliche Glaube mit der intentionalen Unterstellung verbunden ist, dass das, woran er glaubt, Wirklichkeit ist. Wenn nun gemäß dem Exklusivanspruch für das wissenschaftliche Weltbild wirklich nur das ist, was (im Prinzip) wissenschaftlich gesichert werden kann, dann kann dem christlichen Glauben ein Platz im Rahmen dieses Weltbilds nur gesichert werden, wenn gezeigt werden kann,

---

[35] „Der eigentliche Sinn des Mythos ist nicht der, ein objektives Weltbild zu geben; vielmehr spricht sich in ihm aus, wie sich der Mensch selbst in seiner Welt versteht; der Mythos will nicht kosmologisch, sondern anthropologisch – besser: existential interpretiert werden." *Rudolf Bultmann*, Neues Testament und Mythologie. Das Problem der Entmythologisierung der neutestamentlichen Verkündigung (1941), in: H.-W. Bartsch (Hg.), Kerygma und Mythos, Bd. 1 (1948), 4. Auflage, Hamburg-Volksdorf: Reich, 1960, 15–48, 22. Eine treffende Kritik an Bultmanns Verständnis des Mythos und an seinem Entmythologisierungsprogramm findet sich bei *Kurt Hübner*, Die Wahrheit des Mythos, aaO. 324–348.

[36] Auch die tiefenpsychologische Deutung der Religion ist dieser Richtung zuzuordnen, so z. B. *Eugen Drewermann*, Tiefenpsychologie und Exegese, Bd. 1: Traum, Mythos, Märchen, Sage und Legende, 3. Auflage, Olten u. a.: Walter, 1985, Bd. 2: Wunder, Vision, Weissagung, Apokalypse, Geschichte, Gleichnis, 3. Auflage, ebd. 1987. Kritisch dazu *Johannes Fischer*, Heilendes Bild oder Wirklichkeit schaffendes Wort? Zu Eugen Drewermanns „Tiefenpsychologie und Exegese", in: ders., Glaube als Erkenntnis, München: Chr. Kaiser, 1989, 119–143.

dass das, woran er glaubt, wissenschaftlich bewahrheitet oder doch zumindest als Hypothese vorläufig bewährt werden kann. Der Schöpfungsglaube zum Beispiel muss dann an der naturwissenschaftlichen Erkenntnis überprüfbar sein.[37] In diesem Sinne haben Teile der protestantischen Theologie den Anschluss an den jeweiligen aktuellen Stand der Wissenschaftstheorie gesucht, um sich von dorther die Kriterien vorgeben zu lassen, nach denen das christliche Wirklichkeitsverständnis wissenschaftlich überprüft bzw. bewährt werden muss.[38] Dass religiöser Glaube autark und selbstbeglaubigend ist, das liegt gänzlich außerhalb dieser Perspektive. Es ist vielmehr die wissenschaftliche Theologie, die den Glauben darüber aufklärt, dass das, woran er glaubt, mit dem wissenschaftlichen Weltbild vereinbar ist und dass der Glaube daher nicht unvernünftig ist, sondern gute Gründe auf seiner Seite hat. An die Stelle des dem Glauben selbst eigenen Wissens – erinnert sei an die Formulierung, dass der Glaubende *im Glauben* von Gott *weiß* – tritt das Wissen der

---

[37] „Die Unerreichbarkeit für naturwissenschaftliche Kritik bedeutet nämlich zugleich die Irrelevanz der theologischen Aussagen nicht nur für die Arbeit des Naturwissenschaftlers, sondern auch für das mit Recht an den Ergebnissen der Naturwissenschaften orientierte Weltbild der heutigen Menschheit. Gerade die von der Naturwissenschaft erforschte Natur müsste von der Theologie als Schöpfung Gottes in Anspruch genommen werden." *Wolfhart Pannenberg*, Kontingenz und Naturgesetz, in: A. M. K. Müller/W. Pannenberg, Erwägungen zu einer Theologie der Natur, Gütersloh: Mohn, 1970, 33–80, 35. Vgl. hierzu *Johannes Fischer*, Kann die Theologie der naturwissenschaftlichen Vernunft die Welt als Schöpfung verständlich machen?, in: FZPhTh 41 (1994), 491–514.

[38] *Wolfhart Pannenberg*, Wissenschaftstheorie und Theologie, Frankfurt a. M.: Suhrkamp, 1977. Ähnlich wie Pannenberg orientiert sich auch Wilfried Härle am Kritischen Rationalismus bei seinem Versuch, den Wissenschaftsstatus der Theologie zu klären. Vgl. *ders.*, Dogmatik, Berlin/New York: De Gruyter, 1995, 3–28.

theologischen Wissenschaft. Damit verschieben sich in problematischer Weise die Gewichte zugunsten der Letzteren. Der Glaube wird gewissermaßen theologisch entmündigt.

Freilich ist das nicht nur hier, sondern auch schon bei der ersten, zuvor genannten theologischen Grundrichtung der Fall. Auch dort beansprucht die Theologie, aufgrund ihres Wissenschaftsstatus besser über den Glauben Bescheid zu wissen als dieser über sich selbst. In seiner eigenen Perspektive begreift sich der Glaube von dem her, woran er glaubt, nämlich von Gottes Wirklichkeit und ewiger Gegenwart her. In der Perspektive der theologischen Wissenschaft wird umgekehrt das, woran der Glaube glaubt, vom Glauben als religiösem Bewusstsein bzw. als Manifestation menschlicher Subjektivität her begriffen. Bei Schleiermacher findet das seinen Ausdruck in dem Grundsatz, dass Sätze über Gott als Sätze über das fromme Bewusstsein reformulierbar sein müssen.

Nun lässt sich gewiss nicht die gesamte evangelische Theologie seit der Aufklärung einer dieser beiden Grundrichtungen zuordnen. Im 20. Jahrhundert nimmt vor allem die Theologie Karl Barths eine herausragende Sonderstellung ein. Sie weigert sich, das wissenschaftliche Weltbild und die ihm zugrunde liegende Ontologie als den Rahmen vorauszusetzen, innerhalb dessen der christliche Glaube verortet werden muss. Der Grund hierfür liegt in der Erkenntnis, dass es für die christliche wie überhaupt für jede religiöse Wirklichkeitsauffassung konstitutiv ist, dass sie auf Offenbarung beruht. Daher wird die Wirklichkeit, auf die der christliche Glaube bezogen ist, von vornherein verfehlt, wenn stattdessen auf der Grundlage des wissenschaftlichen Weltbilds darüber entschieden wird, was als wirklich in Betracht kommt und was nicht, und wenn das christliche Wirklichkeitsverständnis diesem Maßstab unterworfen wird.

Von Gott und der Wirklichkeit in ihrer Beziehung zu Gott
kann allein aufgrund von Gottes Offenbarung angemessen
geredet und gedacht werden. Daher muss das Wort Gottes,
wie es durch die Heilige Schrift bezeugt wird, Grundlage der
Theologie sein.

Man hat der Barth'schen Theologie vorgeworfen, vor-
modern und rückwärtsgewandt zu sein und hinter die Aufklärung zurückzufallen. Doch folgt man der Linie der bisherigen Überlegungen, dann hat die von ihr geübte Kritik an
allen Versuchen, die christliche Religion mit dem wissenschaftlichen Weltbild kompatibel zu machen, ihr unbeding-
tes Recht. Gleichwohl krankt auch die Barth'sche Theologie
an einer Aporie, die mit dem wissenschaftlichen Weltbild in
Zusammenhang steht. An früherer Stelle wurde gesagt, dass
Gott allein in religiöser Rede angemessen zur Sprache kommen kann. Das ist Rede, die im Präsenzraum von Gottes verborgener Gegenwart situiert ist und auf Gott als verborgen
Gegenwärtigen Bezug nimmt. Wie exemplarisch verdeutlicht
wurde, ist in dieser Weise in den paulinischen Briefen von
Gott die Rede. Doch gilt das nicht für Karl Barths Dogmatik. Barth hat immer an dem doppelten Anspruch festgehal-
ten, dass einerseits Gott, wie er sich in seinem Wort offenbart, das Thema der Theologie ist und dass andererseits die
Theologie eine Wissenschaft ist. Als solche vollzieht sie sich
im Präsenzraum menschlicher Intersubjektivität und nicht
im Präsenzraum von Gottes Gegenwart. Gott ist hier
Gegenstand des Diskurses der Theologen. Barth hat den
Wissenschaftsanspruch für seine Theologie insbesondere gegenüber den kritischen Anfragen von Heinrich Scholz be-
kräftigt, der Barth vorgehalten hatte, dass wissenschaftliche
Aussagen bestimmten Kriterien und hier insbesondere dem
Kriterium der Nachprüfbarkeit genügen müssen und dass
die Aussagen der Barth'schen Dogmatik über Gott dieses

Kriterium nicht erfüllen.[39] Daher sei diese Dogmatik nicht Wissenschaft, sondern „ein jeder irdischen Nachprüfung entzogenes persönliches Glaubensbekenntnis im dezidiertesten Sinne des Wortes".[40] Barths Antwort auf diese Kritik fiel nicht eben befriedigend aus.[41] Der theologischen Konzeption Barths entsprechend, wonach Gott Thema und Gegenstand der Theologie ist, hatte Scholz in seiner Kritik die Barth'sche Dogmatik dem Typus der Wirklichkeitswissenschaft zugeordnet, darin der Physik vergleichbar. Barth hat dem nicht widersprochen und war wohl selbst der Auffassung, dass seine Dogmatik diesem Wissenschaftstypus zugehört. Doch lässt sich für eine Wissenschaft dieses Typs die Forderung der Nachprüfbarkeit ihrer Aussagen zurückweisen?

Man entgeht dieser Aporie, wenn man als Gegenstand der theologischen Wissenschaft nicht Gott, sondern das *Verständnis Gottes* bestimmt, wie es ausweislich der Zeugnisse der christlichen Glaubensüberlieferung dem christlichen Glauben eigentümlich ist. Aufgabe der Theologie ist es dann, dieses Verständnis systematisch zu explizieren, und zwar mit dem Ziel, den Glauben zu einem genaueren Verständnis dessen anzuleiten, was er glaubt. Ihre diesbezüglichen Aussagen sind an der christlichen Glaubensüberlieferung nachprüfbar und erfüllen somit das von Scholz eingeforderte Kriterium der Nachprüfbarkeit. Die Theologie ist dann allerdings keine Wirklichkeitswissenschaft, sondern eine hermeneutische Disziplin. Man kann die Barth'sche Theologie in diesem Sinne reformulieren. Doch so nahe-

---

[39] *Heinrich Scholz*, Wie ist evangelische Theologie als Wissenschaft möglich?, in: Gerhard Sauter (Hg.), Theologie als Wissenschaft. Aufsätze und Thesen, München: Chr. Kaiser, 1971, 221–264.

[40] AaO. 259.

[41] *Karl Barth*, Kirchliche Dogmatik, Bd. I/1, 8. Auflage, Zürich: TVZ, 1964, 1–10.

liegend dies ist, es bliebe doch immer noch eine einseitige Auffassung von Theologie, und zwar deshalb, weil dabei die christliche Religion primär als eine Wirklichkeitsauffassung begriffen wird statt als eine *Praxis*, die in den Präsenzraum des Ewigen in Gestalt von Gottes Gegenwart vermittelt. Vor allem im Blick auf die Kirche und die dort zu beklagende Krise der Spiritualität müsste der wissenschaftlichen Theologie eigentlich alles daran gelegen sein, das Bewusstsein für diesen Primat der Praxis zu schärfen.

Es ließe sich noch manches anfügen zu den theologischen Versuchen, sich mit dem wissenschaftlichen Weltbild zu arrangieren. So war oben davon die Rede, dass im Rahmen dieses Weltbilds Präsenz aus dem Bereich des Wirklichen in den Bereich des Ästhetischen ausgelagert wird. Die Kunst in Gestalt von Literatur, Film, bildender Kunst usw. wird zum privilegierten Ort der Artikulation und Reflexion der Lebenswirklichkeit. Insofern ist es folgerichtig, dass sich innerhalb der Theologie eine breite Strömung der Auseinandersetzung mit der Kunst entwickelt hat unter der Zielsetzung, in ihrem Bereich religiöse Motive und Symbole zu identifizieren und zu reflektieren. So erhellend das ist, so wirft doch auch dies Fragen auf. Wenn das Religiöse nur noch im Bereich des Ästhetischen als einer vom Wirklichen separierten Sphäre aufgesucht wird, dann wird der für die Religion essenzielle Anspruch preisgegeben, es mit Gottes allumfassender *Wirklichkeit* in Gestalt der Präsenz des Ewigen im Zeitlichen zu tun zu haben. Es gibt keinen Zugang zu dieser Wirklichkeit außer über religiöse Praxis. Die Kunst kann zwar Möglichkeitsräume erschließen, aber nicht in diese Wirklichkeit vermitteln, es sei denn, sie steht selbst im Dienst der religiösen Praxis.

Es scheint, dass heute ein gewisser Erschöpfungszustand eingetreten ist, was die alten Kontroversen über die Frage betrifft, wie theologisch auf die Herausforderungen der Aufklärung und des wissenschaftlichen Weltbilds reagiert werden soll. Man hat den Eindruck, dass die Theologie in eine Dauerkrise geraten ist. Kann man noch, und wie kann man noch, theologisch von Gott reden? Und wenn nicht: Was sonst kommt dann als Gegenstand der Theologie in Betracht, von dem her sie ihre Einheit als wissenschaftliche Disziplin gewinnen kann? Oder ist sie, wie Schleiermacher meinte, eine praktische Disziplin, die ihre Einheit in der Vielfalt ihrer Fächer von einem bestimmten Zweck her gewinnt? Doch was wäre dieser Zweck? Jene alten Kontroversen waren dadurch charakterisiert, dass hier die Religion um ihrer selbst willen im Fokus des Interesses stand. Ihr Existenzrecht war infrage gestellt, und so ging es darum, unter nachaufklärerischen Bedingungen ihre Legitimität zu verteidigen. Heute hat es demgegenüber den Anschein, als ob sich der Fokus des theologischen Interesses verlagert dergestalt, dass die Religion nicht um ihrer selbst willen, sondern um der Gesellschaft willen theologische Aufmerksamkeit auf sich zieht, nämlich als eine Ressource für gesellschaftliche Orientierung. Das mag nicht zuletzt mit der fortschreitenden Säkularisierung und mit dem Bedeutungsverlust der Kirche in Zusammenhang stehen, die in der Vergangenheit ganz selbstverständlich der primäre Adressat der Theologie gewesen ist. Und natürlich geht es dabei auch um die gesellschaftliche Relevanz und Legitimität der Theologie selbst als einer aus öffentlichen Mitteln finanzierten akademischen Disziplin. Im deutschsprachigen Raum beruft man sich für diese theologische Wende hin zur „Welt" in Gestalt der gesellschaftlichen und politischen Öffentlichkeit teilweise auf Dietrich Bonhoeffer. Ob dies zu Recht geschieht, ist zumindest fraglich. Bonhoeffer ging es nicht um eine Theologie für die Welt, sondern um eine Kirche, die Kirche für die Welt ist.[42] Daher hat seine Theologie die Kirche zum Adressaten, nicht die Gesellschaft.

Einen wichtigen Vorläufer dieser Entwicklung kann man in der Theologie Ernst Troeltschs sehen. Sie steht unter dem Einfluss des Historismus und unternimmt es, die Gegenwartsbedeutung der christlichen Religion über die Untersuchung ihrer historischen Genese und Wirkungsgeschichte zu erhellen unter der Fragestellung, welche Werte und Ideale sie hervorgebracht hat, die das Selbstverständnis der Gegenwart prägen. Für Troeltsch ist dies vor allem der Wert der Individualität, ohne den die moderne Welt nicht zu verstehen ist. Im Fokus steht hier nicht die christliche Wirklichkeitsauffassung als solche oder der christliche Glaube als solcher, sondern die Christentums- und Theologiegeschichte und die hieran aufgewiesene Kulturbedeutung des Christentums. Die historische Rekonstruktion geschieht dabei nicht in bloß historischer Absicht, sondern mit dem Ziel, die Gegenwart über sich und ihre Werte und Ideale aufzuklären und dadurch Orientierung zu bieten, nicht zuletzt in ethischen Fragen.[43]

Anders als diese historisch und kulturell orientierte Konzeption zielen jene theologischen Ansätze, die heute unter der Bezeichnung ‚*Öffentliche Theologie*‘ firmieren, zumeist darauf ab, die christliche Sicht der Wirklichkeit mitsamt ihren ethi-

---

[42] „Die Wirklichkeit Gottes erschließt sich nicht anders als indem sie mich ganz in die Weltwirklichkeit hineinstellt, die Weltwirklichkeit aber finde ich immer schon getragen, angenommen, versöhnt in der Wirklichkeit Gottes vor." *Dietrich Bonhoeffer*, Ethik, München: Chr. Kaiser, 1992, 40.

[43] Eine sorgfältige Rekonstruktion der Troeltsch'schen Zielsetzung und Methode im Sinne einer „affirmativen Genealogie" findet sich bei *Hans Joas*, Die Sakralität der Person. Eine neue Genealogie der Menschenrechte, Berlin: Suhrkamp, 2011.

schen Implikationen für die Selbstverständigungsdiskurse
der gesellschaftlichen Öffentlichkeit fruchtbar zu machen.
Es ist hier nicht der Ort für eine tiefer gehende Auseinandersetzung mit den sehr heterogenen Ansätzen, die sich
dieser theologischen Richtung zuordnen. Aber es sei doch
ein Problem markiert, mit dem ein derartiges Unternehmen
konfrontiert ist, und zwar weil hier die Frage des Verhält-
nisses von religiöser und wissenschaftlicher bzw. säkularer
Wirklichkeitsauffassung in anderer Gestalt wiederkehrt. Im
Kern geht es um die Frage, wie eine präsenzorientierte religiöse Wirklichkeitsauffassung in die dualistische Ontologie
von Tatsachen und Werten soll überführt werden können,
die auf dem Hintergrund des wissenschaftlichen Weltbilds
das gesellschaftliche Gemeinbewusstsein bestimmt. So ist es
ersichtlich *zweierlei*, nach dem Fall der Berliner Mauer Dank-
gottesdienste zu feiern *oder* mit dem Anspruch wissenschaftlicher Theologie zu urteilen, dass dieses Ereignis auf Gottes
verborgenes Wirken zurückzuführen ist. Das Erste ist eine
angemessene religiöse Reaktion auf dieses Ereignis, die darin
die Präsenz des Ewigen im Zeitlichen, von Gottes Geist in
der friedlichen Überwindung gewaltbewehrter Grenzen
wahrnimmt. Das Zweite hingegen wirft die Frage auf, was
eine solche theologische Geschichtsdeutung von einer pseu-
dowissenschaftlichen Ideologie unterscheidet. Muss nicht
auch hier auf dem von Scholz gegenüber Barth eingeforder-
ten Kriterium der Nachprüfbarkeit bestanden werden? Und
muss das nicht im Blick auf alle theologischen Geschichts-
und Gesellschaftsdeutungen[44] gelten, wenn verhindert wer-

---

[44] Exemplarisch hierfür *Max L. Stackhouse*, God and Globalization,
Volume 4: Globalization and Grace, London: Bloomsbury Academic,
2007. Stackhouse gehört zu den prominenten Vertretern Öffentlicher
Theologie im amerikanischen Kontext.

den soll, dass dem ideologischen Missbrauch der Religion Tor und Tür geöffnet werden? Eine präsenzorientierte religiöse Wirklichkeitsauffassung lässt sich nicht in eine Tatsachen/Werte-Ontologie überführen. Deutlich dürfte überdies sein, dass es hierbei nicht einfach nur um ein semantisches Problem geht im Sinne einer Übersetzung aus einer religiösen in eine säkulare Sprache.[45]

Andere Vertreter der Öffentlichen Theologie sehen die theologische Aufgabe vor allem auf dem Gebiet der ethischen Orientierung für die Gesellschaft. Doch gibt es hier ein analoges Problem. So ist es ersichtlich zweierlei, die für die christliche Ethik zentrale *Liebe zum Nächsten* als Liebe zu dem zu begreifen, der im notleidenden Menschen in seiner *Präsenz* vor uns ist, *oder* sie als eine Einstellung oder ein Verhalten gegenüber einer *Klasse* von Menschen zu verstehen, die dieselbe *Tatsache* verbindet, nämlich dass sie notleidend sind, worauf dann die Norm Anwendung findet, dass solchen Menschen geholfen werden soll. Als Ausdruck der religiösen Sprache bezeichnet der Ausdruck ‚der Nächste‘ immer einen konkreten Anderen in seiner Präsenz – vgl. Luk 10,30ff – und nicht einen generalisierten Anderen im Sinne einer Klasse von Menschen. Doch der Nächste wird unvermeidlich zum generalisierten Anderen, wenn die präsenzorientierte religiöse Wirklichkeitsauffassung in die Ontologie von Tatsachen und Werten übersetzt wird. Die Folge ist ethische Überforderung.[46]

---

[45] *Jürgen Habermas*, Religion in der Öffentlichkeit. Kognitive Voraussetzungen für den ‚öffentlichen Vernunftgebrauch‘ religiöser und säkularer Bürger, in: ders., Zwischen Naturalismus und Religion. Philosophische Aufsätze, Frankfurt a. M.: Suhrkamp, 2005, 119–154, 135f.

[46] Vgl. dazu den Text „Der konkrete und der generalisierte Andere. Über das Verhältnis von Moral und Politik" (siehe oben S. 99–114).

Braucht die Gesellschaft überhaupt Orientierung seitens der Theologie? Charakterisiert es nicht die Moral der Moderne, dass sie sich von Gottes Gebot als Letztinstanz und Kriterium für die Unterscheidung zwischen Gut und Böse, Richtig und Falsch frei gemacht und auf eigene Füße gestellt hat? Letztinstanz für diese Unterscheidung ist die Gesellschaft als *moral community*, die sich über die Bewertung von Handeln und Verhalten sowie über die Festlegung entsprechender moralischer und rechtlicher Normen verständigt.[47] Dazu bedarf sie keiner theologischen Belehrung. Doch steht es religiös eingestellten Menschen natürlich frei, sich an diesem Verständigungsprozess zu beteiligen. Ja, recht betrachtet ist eigentlich dies der Weg, wie religiös fundierte ethische Auffassungen öffentlich wirksam werden, nämlich über die Menschen, die mit ihrer Person für sie einstehen und sie gegenüber anderen vertreten. Ihnen geht es nicht darum, der Gesellschaft ethische Orientierungen zu vermitteln, sondern darum, das, was sie für richtig halten, in den allgemeinen Verständigungsprozess einzubringen, damit es dort wirksam wird.

Zu diesen Menschen gehören auch theologische Ethikerinnen und Ethiker. Sie haben anderen Menschen lediglich dies voraus, dass die Beschäftigung mit ethischen Fragen ihr Beruf ist. Nun ist es sicherlich richtig, dass die Auffassungen religiös eingestellter Menschen im öffentlichen Raum nur dann auf Gehör rechnen können, wenn sie mit Gründen vorgebracht werden, die auch von Menschen rezipiert werden können, die nicht die christliche Wirklichkeitssicht teilen. Doch bedarf es dazu keiner „Übersetzung". Oben

---

[47] Vgl. hierzu den Text „Über das Moralische an der Moral. Der evaluative Charakter moralischer Wertungen und die Problematik deontischer Moralauffassungen" (siehe oben S. 23–98).

war davon die Rede, dass die christliche Tradition Muster der Präsenzwahrnehmung geprägt hat, die bis in die säkulare Moral der Gegenwart nachwirken, z. B. im Umgang mit Bedürftigen und Schwachen. Die gesellschaftlichen Vorstellungen von Humanität sind von diesen Mustern durchwirkt. Es sollte daher das Kennzeichen christlicher Stellungnahmen in öffentlichen ethischen Debatten sein, dass sie hieran anknüpfen und mit präsenzorientierten Gründen zu überzeugen suchen, indem sie z. B. auf Situationen und Lebenslagen aufmerksam macht, denen Menschen ausgesetzt sind, um auf diese Weise moralische Einsicht zu erzeugen. Auf diese Weise bezeugen sie öffentlich ihren eigenen präsenzorientierten religiösen Hintergrund und bleiben ihrer Bindung an die Lebenswirklichkeit treu. Das unterscheidet sie von dem prinzipiellen Denken der Regelethik, wie es die ethischen Diskurse weithin bestimmt.

Die Vorstellung, es bedürfe für die Beteiligung an öffentlichen ethischen Debatten einer Übersetzung aus einer religiösen in eine säkulare Sprache, dürfte im Übrigen daher rühren, dass man das regelethische Paradigma, bei dem aus Prämissen in Gestalt von normativ gehaltvollen Prinzipien Konklusionen in Gestalt von Handlungsnormen abgeleitet werden, auf die christliche Ethik projiziert. Das Charakteristische der christlichen Ethik scheint dann darin zu bestehen, dass sie von religiösen Prämissen ausgeht, während die philosophische Ethik von jedermann zugänglichen Vernunftprinzipien ausgeht.[48] Um in öffentlichen Debatten Gehör finden zu können, muss daher die theologische Ethik die religiösen Prämissen in allgemein rezipierbare Gründe über-

---

[48] Ein Beispiel für diese Auffassung von theologischer Ethik ist: *Wilfried Härle*, Ethik, Berlin/New York: De Gruyter, 2011.

setzen. Doch ist dies nach dem Gesagten ein Missverständnis christlich-ethischen Denkens.

Letztlich sind es zwei irrige Vorstellungen, die in den Debatten über Religion und säkulare Kultur zusammentreffen, nämlich zum einen die Vorstellung, dass sich beides auf verschiedene Menschengruppen verteilt, nämlich religiöse Menschen einerseits und säkulare Menschen andererseits, und zum anderen die Vorstellung, dass es Aufgabe der wissenschaftlichen Theologie ist, die Brücke vom einen zum anderen zu schlagen, sei es im Zusammendenken von Religion und wissenschaftlichem Weltbild oder im „Übersetzen" religiöser Auffassungen in säkulare Kontexte. Demgegenüber gilt es zu sehen, dass auch religiöse Menschen an der säkularen Kultur partizipieren und dass die Vermittlung zwischen Religion und wissenschaftlichem Weltbild bzw. zwischen Religion und Säkularität nicht auf der Ebene der theologischen Wissenschaft geleistet und an diese delegiert werden kann, sondern stets aufs Neue in der gelebten Existenz religiöser Menschen geleistet werden muss, nämlich in der Teilhabe an unterschiedlichen Präsenzräumen, religiösen und nichtreligiösen, mit unterschiedlichen Auffassungen von Wirklichkeit, zum einen als Präsenz und zum anderen als Faktizität in Verbindung mit Normativität bzw. Werten. Wie gesagt, schließt sich beides nicht aus, auch wenn es, besonders auf dem Gebiet des Ethischen, immer wieder zu Spannungen zwischen religiöser und säkularer Sicht kommen kann, die zu Akkommodierungen nach beiden Seiten hin nötigen. Man kann dies als eine Bürde betrachten, die religiöse Menschen unter nachaufklärerischen Bedingungen zu tragen haben – oder als eine Chance, welche Kreativität freisetzt und Freiheitsgrade eröffnet, da beide Perspektiven sich immer wieder befruchten können.

Weltgestaltung als ethische Aufgabe

Über die Bedeutung der Reformation für die Entstehung des ethischen Denkens der Moderne[1]

Im November 2016 erschien im deutschen Nachrichtenmagazin DER SPIEGEL ein Artikel mit dem Titel „Deutsche Protestantische Republik".[2] Der Autor vertrat darin die These, dass Deutschland immer noch ein zutiefst protestantisch geprägtes Land ist, und dies, obgleich die Kirchenmitgliedschaft gerade in der evangelischen Kirche in den letzten Jahren dramatisch zurückgegangen ist. Der Autor hatte dabei weniger die politische Führungselite in Deutschland im Blick, an die man hier zuerst denken mag, mit der Pfarrerstochter Angela Merkel als Kanzlerin, dem ehemaligen Pfarrer Joachim Gauck als Bundespräsidenten und einer stattlichen Reihe von Bundespräsidenten aus dem protestantischen Milieu. Der Protestantismus habe die deutsche Gesellschaft vielmehr in *moralischer* Hinsicht geprägt im Sinne des protestantischen Ideals „verantwortungsvoller, pflichtbewusster Lebensführung, fußend auf freien, individuellen Entscheidungen". Der damit einhergehende hohe morali-

---

[1] Überarbeitete Fassung eines Vortrags, den der Verfasser am 23. Januar 2017 an der Fachhochschule St. Gallen im Rahmen der Ringvorlesung „Reformation und Ethik" gehalten hat. Der ursprüngliche Text ist erschienen in *Mathias Lindenau/Daniel Schmid Holz* (Hg.), Moral – Gnade – Tugend – Recht. Ethische und rechtliche Blicke zur Reformation, Wiesbaden: Springer VS, 2018, 17–36.

[2] *Tobias Becker*, Deutsche Protestantische Republik, in: DER SPIEGEL, Ausgabe vom 26. November 2016, 140–145.

sche Anspruch drücke in Deutschland auch dem politischen Diskurs seinen Stempel auf. Der Autor zitiert den Zeithistoriker Paul Nolte mit der Feststellung, dass „das Moralisieren" und „die Bewertung von Politik unter ethischen Gesichtspunkten" auf jeden Fall „sehr protestantisch sei". Nirgendwo sonst seien die neuen sozialen Bewegungen der Achtzigerjahre so stark gewesen wie in Deutschland. „Die Friedensbewegung, die Anti-Atomkraft-Proteste, die ökologische Wende: Das waren Einfallstore für einen neuen protestantischen Geist in unserer Kultur." Diesem Geist verdanke insbesondere die Partei der Grünen ihren politischen Erfolg. Noch einmal Nolte: „Die Grünen verkörpern eine Politik des schlechten Gewissens. Sie sind eine ungemein protestantische Partei."

Dass „das Moralisieren auf jeden Fall sehr protestantisch" ist, das klingt nicht unbedingt schmeichelhaft. Aber es fügt sich zu der Beobachtung, dass auch die evangelische Kirche selbst sich in der Öffentlichkeit vor allem auf dem Gebiet von Moral und Ethik zu profilieren sucht, und zwar mit einer kaum noch überschaubaren Zahl von öffentlichen Stellungnahmen und Orientierungshilfen zu unterschiedlichsten ethischen Themen, von der Sterbehilfe über nachhaltiges Wirtschaften bis hin zum Streitthema der Inklusion.[3] Dahinter steht auch ein theologisches Konzept, nämlich das einer „Öffentlichen Theologie", die es als Aufgabe der Kirche als öffentlicher Kirche betrachtet, der Gesellschaft ethische Orientierung zu vermitteln.[4] Innerhalb der evangeli-

---

[3] *Johannes Fischer*, Kirche und Theologie als Moralagenturen der Gesellschaft. Acht Thesen zur Rolle der Moral in öffentlichen kirchlichen Stellungnahmen zu ethischen Fragen, in: Evangelische Theologie 76/2 (2016), 150–160.

[4] *Johannes Fischer*, Gefahr der Unduldsamkeit. Die „Öffentliche Theologie" der EKD ist problematisch, in: zeitzeichen 5/2016, 43–45.

schen Kirche gibt es dazu allerdings auch kritische Stimmen. So beklagte der damalige Bundesfinanzminister Wolfgang Schäuble, selbst ein engagierter Protestant, in einem Beitrag aus Anlass des Reformationsjubiläums[5] eine einseitige Politisierung der deutschen Protestanten, die nicht selten mit Unduldsamkeit gegenüber Andersdenkenden einhergehe. Vor allem aber sei über dem politischen Engagement der „spirituelle Kern" abhandengekommen, ohne den „die bestgemeinte politische Programmatik schal und ihr selbstgestecktes Ziel … unerreicht" bleibe. Sicherlich liegt in dieser Sicht eine gewisse Einseitigkeit, und sie lässt sich gewiss nicht auf das gesamte kirchliche Leben verallgemeinern. Aber man kann ihr auch nicht absprechen, dass sie einen wichtigen Punkt trifft, was das Erscheinungsbild des heutigen Protestantismus betrifft.

Woher kommt es, dass die Kirchen der Reformation gerade auf dem Gebiet von Moral und Ethik eine solche Wirkungsgeschichte entfaltet haben, und das bis in die Gegenwart? Auf diese Frage will ich mit den folgenden Ausführungen eine Antwort versuchen. Meine These wird sein, dass die Reformation nicht nur den Inhalt unserer moralischen Überzeugungen beeinflusst hat, also unsere Vorstellungen davon, was gut oder schlecht ist, wie wir unser Leben gestalten und welche Normen unser Zusammenleben bestimmen sollen. Viel bedeutsamer noch ist, dass sie das Verständnis davon, was Moral und was Ethik ist, wesentlich geprägt hat. Was wir heute unter Moral und Ethik verstehen, das gibt es überhaupt nur aufgrund von Weichenstellungen, die durch die Reformation geschehen sind. Aus diesen Weichenstellungen ist das ethische Denken der Moderne

---

[5] *Wolfgang Schäuble*, Das Reformationsjubiläum 2017 und die Politik in Deutschland und Europa, in: Pastoraltheologie 105/1 (2016), 44–53.

hervorgegangen, ohne das die gesellschaftliche und politische Ordnung westlicher Gesellschaften nicht zu verstehen ist. Insofern reicht die Bedeutung der Reformation weit über den religiösen und kirchlichen Bereich hinaus.

Um diese These einsichtig zu machen, will ich von einer Unterscheidung ausgehen, die sich in Darstellungen der Geschichte der Ethik eingebürgert hat. Man unterscheidet dort zwischen zwei Grundparadigmen von Ethik, die nicht nur in der Sache verschieden sind, sondern auch zu verschiedenen Zeiten in Geltung standen, nämlich zwischen der *antiken Ethik* einerseits und der *modernen Ethik* andererseits. Die antike Ethik hatte ihre Zeit bis zur Reformation und teils noch darüber hinaus, und sie wurde dann nach und nach abgelöst durch die Entstehung des modernen ethischen Denkens. Historisch ist hier daran zu erinnern, dass zur Zeit der Reformation die Ethik eine rein philosophische Disziplin gewesen ist. Es gab damals noch keine theologische Ethik als eigene Wissenschaftsdisziplin. Wenn Theologen sich mit Ethik befassten – und dies zu tun, gehörte damals zur theologischen Bildung –, dann befassten sie sich mit philosophischer Ethik, und hier vor allem mit der „Nikomachischen Ethik" des Aristoteles, des bedeutendsten Vertreters der antiken Ethik. Viele bedeutende Theologen schrieben Kommentare zur „Nikomachischen Ethik". Demgegenüber bezeichnet man mit dem Ausdruck ‚*moderne Ethik*' jene Richtung des ethischen Denkens, die sich im 18. Jahrhundert im Zeitalter der Aufklärung vollends herausgebildet hat. Sie ist verbunden mit Namen wie Immanuel Kant, Jeremy Bentham oder John Stuart Mill, und sie ist bis in die Gegenwart prägend geblieben für das Verständnis dessen, was Moral oder was Ethik ist.

Gewöhnlich unterscheidet man antike und moderne Ethik anhand zweier verschiedener Fragestellungen. Danach ist für die antike Ethik die Frage nach dem *guten Leben* leitend, während für die moderne Ethik die Frage nach dem *richtigen Handeln* im Zentrum steht. Charakteristisch für die antike Ethik ist dabei der Typus der *Tugendethik*. So ist für Aristoteles das gute Leben, zu dem der Mensch durch seine Natur bestimmt ist, ein Leben gemäß der Vernunft. Für ein solches Leben aber ist es notwendig, dass der Mensch einen entsprechenden Charakter ausbildet, der ihn dazu befähigt, sich tatsächlich in allen Lebenslagen so verhalten zu können, wie es der Vernunft gemäß ist. Das geschieht über die Aneignung entsprechender Tugenden, also von Charaktereigenschaften wie Besonnenheit, Klugheit, Mut oder Gerechtigkeit. So begriffen, liegt also die Bestimmung des Menschen in einem Leben gemäß den Tugenden. In ihnen liegt daher das in ethischer Hinsicht Entscheidende, und das bedeutet, dass dem konkreten Handeln und Verhalten nur in einer *abgeleiteten* Weise ethische Qualität zukommt: Großzügiges Verhalten ist ethisch gut, wenn und insofern mit ihm die Tugend der Großzügigkeit aktualisiert wird, in welcher das eigentlich Gute liegt. Demgegenüber besteht, wie gesagt, für die moderne Ethik das ethisch Entscheidende im richtigen Handeln und Verhalten. Daher sind es hier die Einstellungen und Charaktereigenschaften, denen in nur *abgeleiteter* Weise ethische Qualität zukommt: Die Einstellung der Hilfsbereitschaft ist gut, weil sie zu hilfsbereitem Verhalten befähigt, in welchem das eigentlich Gute liegt. Dies also markiert den entscheidenden Unterschied: Die aristotelische Ethik hat ihr Zentrum in der Tugend, die moderne Ethik hat ihr Zentrum im Handeln und Verhalten. Die These meines Vortrags ist, dass es zu einem wesentlichen Teil die Reformation gewesen ist, die die Weichen in Richtung auf diese handlungszentrierte Auffassung von Ethik gestellt hat.

Immer wieder sind Philosophinnen und Philosophen auf die Tatsache aufmerksam geworden, dass die moderne Ethik sich nicht nur in ihrer Fragestellung, nämlich der Frage nach dem richtigen Handeln, sondern dass sie sich auch in ihrer Sprache von der antiken Ethik unterscheidet.[6] Charakteristisch für die moderne Ethik sind bestimmte Ausdrücke wie ‚*sollen*‘, ‚*geboten*‘, ‚*verboten*‘ oder ‚*Pflicht*‘, und zwar in einer ganz bestimmten, nämlich *moralischen* Bedeutung. Danach bringt man, wenn man von einer Handlung sagt, dass sie nicht nur geboten, sondern dass sie moralisch geboten ist, einen unbedingten, letztgültigen Verpflichtungscharakter zum Ausdruck. Diese moralische Bedeutung kommt bei Aristoteles nirgends vor. Aristoteles kannte die Art von Moral nicht, auf der die moderne Moralphilosophie beruht und die bis heute das moralische Alltagsbewusstsein prägt und die Moraldiskurse westlicher Gesellschaften bestimmt. Woher ist diese Moralauffassung aber dann gekommen?

Gerade wenn man den unbedingten Verpflichtungscharakter in Rechnung stellt, den in der modernen Moralauffassung Ausdrücke wie ‚geboten‘ oder ‚verboten‘ haben, dann drängt sich die Antwort geradezu auf, dass diese Auffassung religiösen Ursprungs ist, nämlich dass sie das säkularisierte Relikt einer religiösen Gebotsethik ist. In einem vielbeachteten Aufsatz über „Moderne Moralphilosophie“ hat die englische Philosophin Elizabeth Anscombe diesen Sachverhalt so formuliert:

---

[6] *G. E. M. Anscombe*, Moderne Moralphilosophie, in: Günther Grewendorf/Georg Meggle (Hg.), Seminar: Sprache und Ethik. Zur Entwicklung der Metaethik, Frankfurt a. M.: Suhrkamp, 1974, 217–243.

Zwischen Aristoteles und uns kam das Christentum mit seiner *Gesetzeskonzeption* der Ethik. Das Christentum nämlich leitete seine ethischen Begriffe von der Thora her. … Infolge der jahrhundertelangen Vorherrschaft des Christentums haben sich die Begriffe der Pflicht, des Erlaubten, der Vergebung tief in unsere Sprache und in unser Denken eingebettet.[7]

Wenn Anscombe recht hat mit dieser Diagnose und wenn also die Moral der Moderne ihre geschichtlichen Wurzeln in der jüdisch-christlichen Tradition hat, dann drängt sich freilich die Frage auf, *wie denn*, und vor allem: *wann denn* das Christentum mit seiner Gesetzeskonzeption der Ethik „zwischen Aristoteles und uns" gekommen ist. Anscombe selbst gibt auf diese Frage keine befriedigende Antwort.[8] Doch gerade wenn man sich vergegenwärtigt, dass bis zur Reformation das ethische Denken maßgeblich von Aristoteles geprägt gewesen ist, dann lässt sich diese Frage kaum anders beantworten als so, dass das, was Anscombe das Dazwischenkommen des Christentums zwischen Aristoteles und uns nennt, die Reformation gewesen ist.

---

[7] AaO. 223.

[8] Für Anscombe liegt die Bedeutung der Reformation nicht darin, dass sie der Gesetzesethik zum Durchbruch verholfen hat, sondern ganz im Gegenteil darin, dass sie die Gesetzesethik aus religiöser Perspektive problematisiert hat, indem sie die Möglichkeit der Gesetzesbefolgung in Abrede stellte: „Der Protestantismus leugnete nicht die Existenz eines göttlichen Gesetzes; aber seine bezeichnendste Lehre bestand darin, dass dieses Gesetz nicht gegeben sei, um befolgt zu werden, sondern um zu zeigen, dass der Mensch – selbst im Zustand der Gnade – unfähig ist, es zu befolgen …" (AaO. 242, Anm. 5) Nach Anscombes Auffassung wurde damit der Gesetzesethik die Grundlage entzogen. Sie wirkt zwar in der Moralsprache der Moderne nach. Aber ohne religiösen Bezugsrahmen hat diese Sprache ihren Sinn verloren, weshalb Anscombe dafür plädiert, die Ethik von diesen sprachlichen Überresten zu reinigen und zu Aristoteles zurückzukehren.

Doch warum die Reformation? Ist das Christentum nicht viel älter? Hätte also der Paradigmenwechsel von der antiken Ethik zur modernen Ethik nicht viel früher erfolgen müssen? Was ist das Besondere an der Reformation gewesen, dass sie eine solche Zäsur in der Geschichte des ethischen Denkens markiert?

Diese Frage führt zu der zentralen These meines Vortrags: Dass es gerade die Reformation gewesen ist, durch welche die entscheidende Weichenstellung in Richtung auf die moderne Ethik erfolgt ist, das hat seinen Grund darin, dass die Reformation ganz im Gegensatz zu ihrem eigenen Selbstverständnis eine grundsätzlich andere Auffassung des christlichen Lebens und Handelns entwickelt hat als die christliche Überlieferung, auf die sie sich berief. Man muss sich hierzu in Erinnerung rufen, dass es das zentrale Anliegen der Reformation gewesen ist, sich auf die Heilige Schrift als alleinige Quelle von Gottes Offenbarung zurückzubesinnen. Die Schrift allein sollte maßgebend sein in Fragen des christlichen Glaubens und der christlichen Lebensführung. In ihr fand Martin Luther den für seine gesamte Theologie zentralen Gedanken von der Rechtfertigung des Menschen vor Gott nicht durch gute Werke und Leistungen, sondern allein durch den Glauben an Jesus Christus. Seine klassische Formulierung hatte dieser Gedanke durch den Apostel Paulus im Brief an die Römer gefunden: „So halten wir nun dafür, dass der Mensch gerecht wird ohne des Gesetzes Werke durch den Glauben." (Röm 3,28) In seiner Auslegung dieses theologischen Fundamentalsatzes glaubte Luther, in völliger Übereinstimmung mit Paulus zu sein. Tatsächlich jedoch hat Luther diesem Satz in einem entscheidenden Punkt eine andere Interpretation gegeben als Paulus, und das hat ein fundamental anderes Verständnis christlichen Lebens und Handelns zur Folge gehabt, als man es bei Paulus findet.

Man kann sich den Unterschied zwischen Paulus und Luther an der Frage verdeutlichen, worauf es im Leben von Christinnen und Christen in ethischer Hinsicht letztlich ankommt. Für Paulus liegt das Entscheidende darin, dass durch Christinnen und Christen Liebe, Güte, Frieden, aber auch Vernunft und Besonnenheit in die Welt kommen. All das sind für Paulus Gaben des Heiligen Geistes, und so kann man auch sagen, dass für Paulus das ethisch Entscheidende in dem *Geist* liegt, von dem Christinnen und Christen sich in ihrem Leben und Handeln bestimmen und leiten lassen (vgl. Gal 5,25). Heute würde man vielleicht von einem spirituellen Verständnis des Ethischen sprechen.

Für Luther liegt demgegenüber das ethisch Entscheidende im *Handeln* von Christinnen und Christen, nämlich dass sie den Nutzen und das Wohlergehen ihrer Mitmenschen fördern. In seinem Freiheitstraktat[9] von 1520 legt Luther die Botschaft von der Rechtfertigung allein aus Glauben ohne die Werke des Gesetzes dahin gehend aus, dass die Werke hierdurch davon entlastet sind, bei Gott etwas bewirken zu müssen im Sinne des eigenen Seelenheils, und dass sie sich daher ganz am Nutzen des Nächsten orientieren können. In dieser Umorientierung der Werke vom Ziel des Heils bei Gott auf das Ziel des Wohles des Nächsten liegt gewissermaßen die ethische Pointe der lutherischen Rechtfertigungslehre. Der evangelische Ethiker Trutz Rendtorff hat diesbezüglich von einem „christlichen Utilitarismus" gesprochen, bei dem „die konkrete Bedürftigkeit, der Nutzen für die Nächsten zum neuen Kanon der ethischen Praxis ausgeru-

---

[9] *Martin Luther*, Von der Freiheit eines Christenmenschen, WA 7,20–38.

fen wird".[10] Damit werden die Weichen gestellt in Richtung auf ein ethisches Denken, für welches das menschliche Handeln und dessen Wirkungen in der Welt im Zentrum stehen.

Wie kommt es zu diesem Unterschied zwischen Paulus und Luther? Darauf will ich etwas genauer eingehen, weil hier der Schlüssel liegt zum Verständnis des tiefen Umbruchs, der in der Reformation sowohl in religiöser Hinsicht als auch im Hinblick auf das ethische Denken geschehen ist. Was zunächst Paulus betrifft, so ist es nicht ganz einfach, seine spirituelle Auffassung des Ethischen dem heutigen Verstehen zu erschließen. Man muss sich dazu das religiöse Wirklichkeitsverständnis vor Augen führen, von dem das Denken des Paulus bestimmt ist, und man muss sich dazu von gewissen gedanklichen Klischees frei machen, die in heutigen Auffassungen von Religion begegnen. So ist die Meinung verbreitet, dass Religion in einem Glauben an irgendwelche metaphysischen Tatsachen besteht wie zum Beispiel an die Tatsache, dass es einen Gott gibt, oder an die Tatsache, dass die Welt in sieben Tagen erschaffen worden ist. Auf Paulus und die Bibel trifft das nicht zu. Hier ist Religion nicht bloßer Tatsachenglaube, sondern etwas von Grund auf anderes, nämlich ein hochreflektierter Umgang mit *Wirklichkeitspräsenz*, also mit der Wirklichkeit, wie sie von Menschen im Hier und Jetzt erlebt und erlitten wird. Will man sich dies an einem Beispiel verdeutlichen, dann denke man an das Werden und Gedeihen in der Natur, wie es in jedem Frühling aufs Neue zu erleben ist. Dem Denken der Moderne entspricht es, dies kausal zu erklären. Dabei geht es um eine Tatsache, wie sie durch ein konstatierendes Urteil formuliert wird – z. B. „Die Blumen erblühen", „Die

---

[10] *Trutz Rendtorff*, Art. „Ethik. VII. Ethik der Neuzeit", TRE 10, 481–517, 485.

Wiesen werden grün" –, und diese Tatsache wird aus anderen Tatsachen wie z. B. klimatischen Bedingungen erklärt, die hierfür ursächlich sind. Im Fokus des religiösen Denkens steht demgegenüber nicht die Tatsache, sondern vielmehr die erlebte *Präsenz* des Werdens und Gedeihens in der Natur, wie sie z. B. an einem herrlichen Frühlingstag vor Augen ist, und diese Präsenz wird auf die *Präsenz* von etwas anderem zurückgeführt, nämlich auf die Präsenz von Gottes Atem oder Geist: „Du sendest aus deinen Odem, so werden sie geschaffen, und du machst neu die Gestalt der Erde" (Ps 104,30). Unmittelbar sinnenfällig präsent ist dabei nur das Blühen und Gedeihen der Natur. Gottes Atem hingegen als dasjenige, worauf dieses zurückgeführt wird, ist nur indirekt und mittelbar *in* diesem Blühen und Gedeihen sinnenfällig präsent. Unabhängig davon ist seine Präsenz den Sinnen entzogen, ist er unsichtbar.

Innerhalb dieser Wirklichkeitsauffassung ist ein Gedanke, wie er im mechanistischen Weltbild der Moderne entwickelt worden ist, nämlich dass Gott die Welt wie ein aufgezogenes Uhrwerk geschaffen hat, das sich fortan aus eigenem Antrieb bewegt, völlig undenkbar. Vielmehr existiert die Welt in jedem Augenblick aus der Präsenz von Gottes Atem oder Geist. In dieser Weise wird das, was in der Zeit geschieht, auf etwas zurückgeführt, das durch seine Präsenz in die Zeit hineinwirkt, aber – wie Gottes Geist – selbst nicht der Zeit unterworfen ist und in diesem Sinne der Sphäre des *Ewigen* zugehört. Ewigkeit ist hier kein quantitativer Begriff. Gemeint ist nicht unbegrenzte Dauer, sondern vielmehr das, was vom Jenseits der Zeit her das Zeitliche bestimmt. Bei dieser Wirklichkeitsauffassung ist die alles entscheidende Frage im Blick auf das menschliche Leben, welche numinosen, d. h. der Sphäre des Ewigen zugehörigen Mächte es durch ihre Präsenz beherrschen.

Von dieser Frage ist auch das Verständnis menschlicher Praxis bestimmt. Sie zielt nicht darauf ab, rein weltimmanent die Tatsachen in der Welt zu beeinflussen und zu verändern. Sie zielt vielmehr auf die Präsenz des Ewigen im Zeitlichen. Denn was in der Welt geschieht, das geschieht durch diese Präsenz. Dies ist der Grund dafür, warum für den Apostel Paulus das ethisch Entscheidende im Leben von Christinnen und Christen darin liegt, dass durch sie Liebe, Güte, Frieden oder Besonnenheit in die Welt kommen. Denn bei alledem geht es um die Gegenwart des Ewigen im Zeitlichen. So hat Liebe diese Struktur: Sie ist als solche den Sinnen entzogen, man kann sie nirgends sehen. Sinnenfällig erfahrbar ist sie nur mittelbar, nämlich so, dass sie in der sinnenfälligen Präsenz eines entsprechenden, „liebevollen" Verhaltens gegenwärtig ist. Auf diese verborgene Gegenwart bezieht sich die Rede vom „Geist der Liebe" (2. Tim 1,7). Es ist dabei kein Zufall, dass das hebräische, das griechische und das lateinische Wort für ‚Geist' zugleich ‚Atem', ‚Hauch' oder ‚Wind' bedeuten. In dieser Bedeutungsnuance wird die Vorstellung von etwas, das in der sichtbaren Welt durch seine Präsenz unsichtbar wirkmächtig ist, so wie der Wind in der Bewegung der Blätter eines Baumes, unmittelbar anschaulich. Das meint ‚Spiritualität' im christlichen Sinne: Sie hat es mit einer Tiefendimension der Wirklichkeit zu tun, die in der sinnenfälligen Präsenz der Phänomene unsichtbar gegenwärtig ist.

Diese spirituelle Verfasstheit der Wirklichkeit ist als solche für Paulus keine Frage religiösen Glaubens, sondern unmittelbares, alltägliches Erleben. Der Glaube bezieht sich auf das Verborgene, Unsichtbare, das in der sinnenfälligen Präsenz der Wirklichkeit gegenwärtig ist, und das ist für Paulus mit dem Namen Jesus Christus verbunden. Nach dem Gesagten ist auch klar, dass die paulinische Auffassung des Ethischen nicht unter das Paradigma der antiken Ethik subsumiert werden kann. Anders als später bei Thomas von Aquin ist die Liebe für Paulus keine Tugend, sondern Präsenz des Ewigen im Zeitlichen. Überhaupt spielt der Begriff der Tugend in der Bibel so gut wie keine Rolle. Was bei Aristoteles Tugend ist, wie z. B. die Besonnenheit, das ist hier Geist (vgl. 2. Tim 1,7). Wenn es eine Parallele zu Aristoteles gibt, dann nicht im Begriff der Tugend, sondern im aristotelischen Begriff der *Eudaimonia*, der gemeinhin als ‚Glück' verdolmetscht wird. Anders als der moderne Glücksbegriff meint dieser Begriff keinen Zustand, etwa im Sinne eines Glücksgefühls, sondern etwas, das sich wie ein guter Dämon durch seine Präsenz, d. h. seine Anwesenheit oder Abwesenheit, bekundet. Wo in einem Gemeinwesen die Tugend herrscht, da ist Gegenwart der *Eudaimonia*.

Was dieses präsenzorientierte Wirklichkeitsverständnis konkret für die ethische Praxis bedeutet, kann man sich exemplarisch am religiösen Pazifismus verdeutlichen, wie er auch heute noch durch die christlichen Friedenskirchen vertreten wird und dem bekanntlich auch der Theologe Dietrich Bonhoeffer nahestand. Der religiöse Pazifismus steht quer zu einem ethischen Denken, das Ethik auf das menschliche Handeln und dessen innerweltliche Folgen reduziert. Ihm geht es nicht um die Herbeiführung von Frieden als einem innerweltlichen Zustand, z. B. in Gestalt des Schweigens der Waffen. Ihm geht es vielmehr darum, der *Präsenz des Friedens* in den innerweltlichen Verhältnissen Raum zu verschaffen, und zwar durch eine Praxis, die diese Präsenz mit sich führt und an sich selbst bezeugt. Wo immer Gewaltverzicht geübt und dem Gebot der Feindesliebe entsprechend gehandelt wird, da *ist* Gottes *Schalom* inmitten einer friedlosen Welt *gegenwärtig*. In diesem Sinne zielt auch der religiöse Pazifismus auf das Gegenwärtigwerden des Ewigen im Zeitlichen, des Geistes des Friedens gegen den Ungeist des Hasses, der Menschenverachtung und der Gewalt. Auf den Einwand, dass dies naiv sei und dass man auf diese Weise die Welt nicht retten kann vor Krieg, Unrecht und Gewalt, würde ein religiöser Pazifist antworten, dass es nicht die Aufgabe des Menschen sei, die Welt zu retten. Krieg könne nur geistlich überwunden werden, weil er geistliche Ursachen hat, und hierin liege die Aufgabe von Christinnen und Christen, den Geist des Friedens in die Welt zu tragen.

Es ist dieses spirituelle Verständnis des menschlichen Handelns, das sich durch die Geschichte der christlichen Liebestätigkeit zieht, in der Sorge für Kranke und Gebrechliche, in der Armenfürsorge oder im Bereich der Erziehung und Bildung. Es geht nicht um die weltimmanent-kausale Veränderung der Welt zum Besseren, etwa im Sinne eines instrumentellen Handelns, das auf die Mehrung des allgemeinen Nutzens gerichtet ist. Es geht vielmehr darum, dass Gottes Geist in den zeitlichen Verhältnissen Gestalt gewinnt.

So viel zur spirituellen Auffassung des Ethischen bei Paulus. Um nun den Unterschied zu Luther genau lokalisieren zu können, muss noch etwas zum Verständnis der Thora bei Paulus gesagt werden, also zum Verständnis des Gesetzes in Gestalt der Gebote Gottes. Ich habe Elizabeth Anscombe zitiert, die die Moral und Ethik der Moderne mit ihrem Fokus auf den Begriffen des moralischen Sollens und der moralischen Pflicht auf das Christentum zurückführt, nämlich auf die Tatsache, dass das Christentum seine ethischen Begriffe aus der Thora abgeleitet habe. Ich glaube nicht, dass man sich hierfür auf Paulus berufen kann, sondern dass Anscombe hier durch ein Verständnis der Thora geleitet ist, das sich erst mit der Reformation durchgesetzt hat. Bei Paulus findet sich im Römerbrief der Satz, dass „das Gebot zum Leben gegeben war" (Röm 7,10). Es ist nicht einfach Forderung, Vorschrift oder Verpflichtung, sondern es hat den Charakter einer *Weisung*, man könnte auch sagen: einer *Einweisung ins Leben*. Der Zusammenhang zwischen Gebot und Leben wird dabei nicht durch den Verdienstgedanken gestiftet in dem Sinne, dass das Leben die Belohnung ist, die Gott für den Gehorsam gegenüber seinen Geboten gewährt. Vielmehr muss man sich auch diesen Zusammenhang von der Figur des Gegenwärtigwerdens des Ewigen im Zeitlichen her verdeutlichen: des Ewigen in Gestalt des von Gott her kommenden Lebens, das sich in den Geboten der Thora vermittelt, die Gott seinem Volk beim Bundesschluss am Sinai gegeben hat („Der Mensch, der sie tut, wird *durch sie* leben" [Lev 18,5]); und des Zeitlichen in Gestalt der konkreten menschlichen Lebensführung gemäß den Geboten der Thora. Das verheißene Leben erweist sich *in* dieser Lebensführung als gegenwärtig; *in ihr* gewinnt es zeitliche Gestalt. Darin liegt der spirituelle Charakter des Lebens nach den Geboten der Thora, wie er bis heute in der jüdischen Frömmigkeit begegnet.

Diese Erinnerung an Paulus und sein Verständnis der Thora war notwendig, weil erst von hierher der Bruch verständlich wird, der sich gerade unter Berufung auf Paulus in der Reformation vollzieht. Wie gesagt, glaubte Luther mit seiner Rechtfertigungslehre in Übereinstimmung mit dem Apostel Paulus zu sein. Tatsächlich jedoch weicht er in einem entscheidenden Punkt von Paulus ab, was sich aus der geschichtlichen Situation erklärt, in der er seine Rechtfertigungslehre formuliert. Luther reagierte mit ihr auf die spätmittelalterliche Bußpraxis, insbesondere auf deren Auswüchse im Ablasshandel, die im Jahr 1517 der Anlass gewesen sind für Luthers 95 Thesen. Ziel dieser Bußpraxis war das ewige Seelenheil, über das in Gottes Gericht entschieden wird. Diese Praxis folgte der instrumentellen Logik des Verdienstgedankens: Die Werke der Buße sind Mittel, um sich das ewige Seelenheil bei Gott zu verdienen. Adressat dieser Werke ist Gott. Selbst wenn das gute Werk im Almosengeben für die Armen besteht, so zielt es doch nicht eigentlich auf die Armen, sondern auf Gott, der dieses Werk als Verdienst anrechnen soll. Der Antrieb zu dieser Praxis speiste sich aus der ständigen Ungewissheit und Angst, nicht genug an guten Werken getan zu haben, um in Gottes Gericht bestehen zu können, und diese Angst wurde kirchlicherseits durch das Buß- und Ablasswesen gefördert und im Interesse kirchlicher Machtausübung instrumentalisiert. Nur auf diesem Hintergrund wird verständlich, welch ungeheure Befreiung für die Menschen damals in der ja zutiefst pessimistischen Botschaft lag, dass der Mensch durch und durch Sünder ist und unfähig, sich sein Heil selbst zu verdienen, und dass ihm dieses Heil allein durch Gottes Gnade in Christus zuteil wird. Das bedeutete Befreiung aus der Knechtschaft und Gängelung des Lebens durch jede Menge kirchlicher Vorschriften. Die Menschen ihres Heils gewiss zu machen und sie aus der ständigen Angst darum zu befreien, dies war das seelsorgerliche Anliegen von Luthers Rechtfertigungslehre.

Hier nun, in dieser Bußpraxis, haben die Gebote Gottes, oder was kirchlicherseits als solche ausgegeben wurde, den Charakter von *Forderungen*, von *Imperativen* oder *Sollensvorschriften*, deren Erfüllung oder Nichterfüllung über das eigene Seelenheil entscheidet, im Unterschied zu Weisungen bzw. Einweisungen ins Leben, wie dies soeben für Paulus verdeutlicht wurde. Wenn Elizabeth Anscombe den Gebots- bzw. Pflichtcharakter der Moral und Ethik der Moderne auf das Christentum mit seiner Gesetzesethik zurückführt, dann trifft dies auf das Gesetzesverständnis zu, wie es für die spätmittelalterliche Bußpraxis charakteristisch war, auf die die Reformation reagiert.

In seiner Kritik an dieser Praxis hat Luther nicht nur dieses Verständnis der Gebote als Forderungen übernommen – nämlich als Forderungen, die den Menschen im Blick auf seine Beziehung zu Gott mit seinem Sündersein konfrontieren, d. h. mit seinem Unvermögen, die Gebote zu erfüllen –, sondern er hat auch das instrumentelle Verständnis der menschlichen Werke übernommen, und das gibt seiner Rechtfertigungslehre ihre spezifische Zuspitzung. Während bei Paulus der Satz, dass die Gerechtigkeit vor Gott nicht aus den Werken des Gesetzes kommt, seine Begründung darin hat, dass aufgrund der menschlichen Sündhaftigkeit *faktisch* kein Mensch das Gesetz erfüllt und erfüllen kann, ist für Luther bereits der Versuch Sünde, Gerechtigkeit vor Gott durch Erfüllung des Gesetzes zu erlangen. Denn Luther denkt dies instrumentell, so als solle die Gerechtigkeit vor Gott durch die Erfüllung des Gesetzes wie der Zweck durch das Mittel bewirkt werden. Damit wird die Gerechtigkeit zu einem Werk des Menschen, statt sich allein der freien Gnade Gottes zu verdanken. Dieses Verständnis des Gesetzes, wie es im Begriff der „Werkgerechtigkeit" seinen Niederschlag gefunden hat, bestimmt nicht zuletzt Luthers Bild von den Juden und ihrem Thoragehorsam: Juden sind es, die vor Gott durch ihre Werke gerecht werden wollen und die deshalb die Erlösung durch Christus nicht annehmen. Der Antijudaismus vor allem des späten Luther hat hier seine Wurzeln, und Luthers Bild von den Juden und ihrer vermeintlichen Werkgerechtigkeit hat im Protestantismus bis in die Gegenwart nachgewirkt. Der religiöse Sinn der Thora, wie ihn Paulus vor Augen hatte, überhaupt der spirituelle Charakter des Thoragehorsams im Sinne des Gegenwärtigwerdens des Ewigen im Zeitlichen, des von Gott her kommenden Lebens in der täglichen Einhaltung der Gebote, bleibt hier unverstanden.

Meine These ist nun, dass die Ethik Luthers die Folge dieses instrumentellen Verständnisses der menschlichen Werke gewesen ist. Es ist nach dem Gesagten klar, dass bei diesem Verständnis die Gottesbeziehung von den Werken freigehalten werden muss und allein auf den Glauben an Christus gegründet bleiben muss. Was die Beziehung zu Gott betrifft, so können die Werke des Menschen nichts erreichen, und sie machen daher keinen Unterschied. In seinem „Sermon von den guten Werken"[11] von 1520 führt Luther aus, dass in dieser Hinsicht kein Werk größer oder kleiner, verdienstvoller oder weniger verdienstvoll ist als ein anderes, sondern dass hier alle Werke gleich seien, mögen wir essen, trinken, gehen, stehen, wallfahren oder Almosen geben. Damit entfällt Gott als Adressat der guten Werke des Menschen, der er in der spätmittelalterlichen Bußpraxis gewesen ist. Das Handeln des Christen wird frei für die Welt. Hier können die Werke des Menschen sehr viel erreichen, nämlich im Sinne des Nutzens des anderen: in der Sorge für die Familie, in der gewissenhaften Ausübung des Berufs, in der Wahrnehmung von Verantwortung für das politische Gemeinwesen, überhaupt in der Förderung des allgemeinen Nutzens im Sinne eines „christlichen Utilitarismus", kurzum, in der „Bejahung des gewöhnlichen Lebens",[12] wie Charles Taylor es genannt hat, im Unterschied zum Streben nach einem höheren, einem heiligen Leben im Sinne der Zweistufenethik, die bis zur Reformation in Geltung stand. Über die gesellschaftliche, wirtschaftliche und politische Dynamik, die hierdurch freigesetzt worden ist, ist viel geschrieben worden. Erinnert sei an dieser Stelle an die These Max

---

[11] *Martin Luther*, Von den guten Werken, WA 6, 204–250.

[12] *Charles Taylor*, Quellen des Selbst. Die Entstehung der neuzeitlichen Identität, Frankfurt a. M.: Suhrkamp, 1996, 373–535.

Webers, dass die protestantische Ethik, und zwar vor allem in ihrer calvinistischen, weniger in ihrer lutherischen Gestalt, aufgrund ihrer Verbindung von rastloser Arbeit und innerweltlicher Askese wegbereitend für die kapitalistische Wirtschaftsweise gewesen ist.[13]

Treffen diese Überlegungen zu, dann hat die Reformation in zweierlei Hinsicht Weichen gestellt hat für die Entstehung des ethischen Denkens der Moderne, nämlich zum einen, indem sie einer instrumentellen, weltimmanent-kausalen Auffassung des christlichen Handelns den Weg gebahnt hat im Sinne der Orientierung am Nutzen des Nächsten, und zum anderen mit einer strikt deontischen Auffassung der göttlichen Gebote im Sinne von Sollensforderungen, unter denen das menschliche Handeln steht. Dass freilich diese Auffassungen sich haben durchsetzen können, dafür bedurfte es noch anderer Voraussetzungen als nur der Weichenstellungen durch die reformatorische Rechtfertigungslehre. Wie gesagt, hat bis zur Reformation Aristoteles bestimmenden Einfluss auf das ethische Denken gehabt. Dass seine ethische Konzeption ihre beherrschende Stellung in den von der Reformation erfassten Gebieten und Ländern verloren hat, das hat seinen Grund in dem Exklusivanspruch, den die Reformation für Gottes Wort und Gebot als alleinige Richtschnur christlichen Lebens und Handelns erhoben hat. *Sola scriptura*, lautete die reformatorische Forderung, allein die Schrift soll maßgebend sein in Fragen des Glaubens und der Lebensführung. Das lässt keinen Platz mehr für die dezidiert profane Ethik eines Philosophen wie Aristoteles, mag diese auch von noch so großer Weisheit zeugen. Hinzu kommt,

---

[13] *Max Weber*, Die protestantische Ethik und der Geist des Kapitalismus, in: ders., Gesammelte Aufsätze zur Religionssoziologie I, Tübingen: Mohr Siebeck, 1988, 1–206.

dass die Reformation zugleich eine Bildungsbewegung gewesen ist, die dadurch motiviert war, dass jeder selbst die Heilige Schrift als Urkunde von Gottes Offenbarung lesen und sich ein eigenes Urteil bilden können sollte. Das Ziel war die Erziehung zum Selbstdenken und zur Mündigkeit in Fragen des Glauben und Lebens. So hat die kirchlich beherrschte Erziehungs- und Bildungsarbeit in den von der Reformation erfassten Gebieten das Ihre getan, jenem Exklusivanspruch zur Durchsetzung zu verhelfen, was bis in die kirchlichen und theologischen Widerstände gegen das aufkommende Naturrechtsdenken (Pufendorf, Thomasius, Wolff) zu Beginn der Aufklärung im 17. und 18. Jahrhundert reichte.[14] Dass dann aus alledem ein neuer Typus des philosophisch-ethischen Denkens, nämlich die *moderne Ethik*, hervorgegangen ist, das ist eine überaus komplexe Entwicklung gewesen,[15] die sich über fast drei Jahrhunderte hinzog und bei der natürlich auch der Rationalisierungsschub im Zeitalter der Aufklärung eine wesentliche Rolle gespielt hat, dem die modernen ethischen Theorien ihre logisch stringente Gestalt verdanken.

Sucht man nach einer Definition für das, was der Ausdruck ‚moderne Ethik' bezeichnet, und zwar nach einer Definition, die die verschiedenen Varianten der modernen Ethik in Gestalt der kantischen Ethik einerseits und des Utilitarismus andererseits gleichermaßen einschließt, dann könnte es die folgende sein, die sich in einem verbreiteten Lehrbuch der Ethik findet. Ethik ist danach das Nachdenken über Fragen der Moral, wobei „im Mittelpunkt der

---

[14] *Steffen Martus*, Aufklärung. Das deutsche 18. Jahrhundert, Berlin: Rowohlt, 2015.

[15] Vgl. hierzu besonders die Analysen *Charles Taylors* in „Quellen des Selbst".

Moral … Urteile [stehen], durch die ein menschliches Handeln positiv oder negativ bewertet, gebilligt oder missbilligt wird".[16] Deutlich ist in dieser Definition der Fokus der modernen Ethik beim menschlichen Handeln. Wie gesagt markiert dies den entscheidenden Unterschied zur antiken Ethik: Während der aristotelischen Ethik die Idee zugrunde liegt, dass das menschliche Zusammenleben seine Grundlage in den *Tugenden* hat – wenn alle gemäß den Tugenden und hier vor allem gemäß der Tugend der Gerechtigkeit leben, dann ist sowohl im Leben des Einzelnen als auch im Gemeinwesen die *Eudaimonia* gegenwärtig –, liegt der modernen Ethik die Idee zugrunde, dass das menschliche Zusammenleben seine Grundlage in der Koordinierung der menschlichen *Handlungen* durch ihre ethische Normierung hat – wenn alle sich in ihrem Handeln nach den für alle geltenden Normen richten, dann ist für einen Zustand des verträglichen Zusammenlebens gesorgt. Im Sinne einer solchen Koordinierung des Handelns lassen sich sowohl der Kategorische Imperativ Kants als auch das utilitaristische Prinzip der Glücksmaximierung verstehen. Es muss hier nicht ausgeführt werden, wie viel wir dem ethischen Denken der Moderne verdanken. Ohne es gäbe es die Form des gesellschaftlichen und politischen Zusammenlebens nicht, die wir verinnerlicht haben und die wir schätzen.

Ich komme zum Ende meines Vortrags und will hier noch einmal auf die Gegenwart zu sprechen zu kommen, mit der ich meine Ausführungen begonnen habe. Die Frage liegt ja nahe: Welchen Nutzen haben solche historischen Erinnerungen, wie ich sie vorgetragen habe? Ist das nicht lediglich noch von historischem Interesse? Mag ja sein, dass

---

[16] *Dieter Birnbacher*, Analytische Einführung in die Ethik, Berlin/New York: De Gruyter, 2003, 12.

durch die Reformation Weichen für das moderne ethische Denken gestellt worden sind. Doch hat sich das heutige ethische Denken nicht längst von diesen religiösen Ursprüngen emanzipiert? Werden die heutigen öffentlichen ethischen Debatten zu moralisch kontroversen Fragen nicht mit rein säkularen Argumenten geführt ohne jeden religiösen Bezug? Wozu also die Erinnerung an die religiösen Wurzeln des heutigen ethischen Denkens in Christentum und Reformation?

Meine abschließende These ist, dass uns diese religiösen Wurzeln weitaus näher sind, als dies gemeinhin bewusst ist. Dazu sei noch einmal an Elizabeth Anscombes These erinnert, dass die moderne Moralauffassung mit ihrem Fokus auf Begriffen wie geboten, verboten, Pflicht usw. das Relikt einer religiösen Gesetzesethik ist. Anscombe war der Meinung, dass diese Begriffe nur innerhalb dieser religiösen Gesetzesethik Sinn gemacht haben und dass sie mit deren Ende gewissermaßen in der Luft hängen. Setzt nicht der Begriff des Gebotenseins einer Handlung eine Instanz voraus, die gebietet? Was sollte diese Instanz sein, wenn Gott dafür nicht mehr in Betracht kommt? Andererseits, wenn es keine solche Instanz gibt, wie erklärt sich dann die Tatsache, dass das deontische moralische Vokabular sich bis heute so hat halten können?

Die naheliegende Antwort ist, dass die Moral selbst zu dieser Instanz geworden ist. Der Ausdruck ‚moralisch geboten‘ bedeutet dann so viel wie ‚durch die Moral geboten‘, oder in kantischer Terminologie: ‚durch das Sittengesetz geboten‘. So begriffen, fungiert die Moral als verpflichtende Letztinstanz in Bezug auf das menschliche Handeln und Unterlassen, deren Anspruch alle anderen Ansprüche übertrumpft, ganz so, wie dies bei Gottes Gebot der Fall ist, dem mehr gehorcht werden muss als den Menschen (Apg 5,29).

Lässt sich bestreiten, dass die Moral in heutigen gesellschaftlichen und politischen Debatten in ebendieser Funktion in Anspruch genommen wird? Wie es in religiös geprägten Zeiten wichtig war, Gott auf seiner Seite zu haben, so ist es heute wichtig, die Moral auf seiner Seite zu haben. Man kann diesbezüglich von einer *Zivilreligion der Moral* sprechen, der entscheidende Bedeutung für den Zusammenhalt moderner Gesellschaften in normativen Fragen zukommt, nachdem unter den Bedingungen der Säkularisierung und des weltanschaulichen Pluralismus die institutionell verfasste Religion ihre gesellschaftliche Orientierungsfunktion in normativen Fragen weithin verloren hat. Wie ich eingangs schon sagte, haben auch die Kirchen diese Zivilreligion als eigenes Betätigungsfeld entdeckt, wenn sie sich selbst die Aufgabe zuschreiben, nicht etwa nur ihren eigenen Mitgliedern, sondern der Gesellschaft insgesamt moralische bzw. ethische Orientierung zu vermitteln.

In gewissem Sinne kehren in der säkularen Moralreligion Probleme wieder, an denen sich schon die religiöse Tradition abgearbeitet hat. So sind wir im Zeitalter der Globalisierung stärker als frühere Zeiten auch mit den Grenzen und Aporien eines Denkens konfrontiert, das auf Weltgestaltung durch moralisches Handeln setzt. Scheint sich doch durch die Globalisierung die moralische Verantwortung ins schier Grenzenlose erweitert zu haben. Wie weit reicht der Horizont unserer Verantwortung in Anbetracht weltweiter Flüchtlingsnot und Armutsmigration? Dem Postulat eines universellen humanitären Imperativs im Sinne einer prinzipiellen moralischen Allzuständigkeit für das Elend der Welt steht die nüchterne Erkenntnis gegenüber, wie wenig das menschliche Handeln angesichts weltweiter Not und vor allem in Anbetracht der Realität des Bösen tatsächlich ausrichten kann. So schwankt das moralische Lebensgefühl zwischen Omnipotenzvorstellungen und Ohnmachtsdepression, und es hat das schlechte Gewissen zum ständigen Begleiter. Denn auch der Grundsatz, dass niemand über sein Können hinaus verpflichtet ist (*ultra posse nemo obligatur*), kann hier das Gewissen nicht erleichtern, sät er doch den ständigen Zweifel, ob man nicht immer noch mehr tun kann. Es ist derselbe Zweifel wie bei der spätmittelalterlichen Bußpraxis, nur dass es hier keinen Ablass gibt.

Dies führt noch einmal zurück zu der Frage, anhand deren ich den Unterschied zwischen Paulus und Luther erläutert habe, nämlich was im Leben eines Christen, man könnte verallgemeinern: im Leben eines Menschen in ethischer Hinsicht letztlich zählt. Ist dies sein Handeln und das, was er mit ihm in der Welt bewirkt, im Guten wie im Bösen? Oder ist dies der Geist, von dem sich ein Mensch in seinem Fühlen und Denken bestimmen lässt und zu dessen Ausbreitung in der Welt er mit seinem Leben und Handeln beiträgt, im Guten wie im Bösen? In einer Zeit, in der das Leben von moralischen Imperativen umstellt ist, kann eine Lebenseinstellung, wie sie mit dem Beispiel des religiösen Pazifisten illustriert wurde, vielleicht eine andere Perspektive eröffnen. Danach ist es nicht Aufgabe des Menschen, durch sein Handeln die Welt zu retten, sondern vielmehr menschliche Bestimmung, den Geist des Friedens, der Vernunft und der Liebe in die Welt zu tragen. Diese Einstellung bedeutet ja nicht, dass man die Hände in den Schoß legt. Aber sie ermöglicht es, Grenzen zu akzeptieren aus der Einsicht heraus, dass nicht alles machbar ist durch menschliches Handeln.

Über die spirituelle Dimension der Medizin[1]

1. Einleitung

Spiritualität ist in den zurückliegenden Jahren vermehrt zu einem Thema in Medizin und Pflege geworden. Es herrscht heute weitgehend Konsens, dass zur umfassenden Betreuung des Kranken auch die Berücksichtigung seiner spirituellen Bedürfnisse gehört. Weniger klar ist, welcher Zusammenhang zwischen Krankheit und Spiritualität besteht. In früheren Zeiten und auch heute noch in anderen Kulturen war und ist ein solcher Zusammenhang vollkommen selbstverständlich. Krankheit wird hier mit der Präsenz von Geistern und Dämonen in Verbindung gebracht, die sich des Lebens des Kranken bemächtigt haben. Das kann sich mit der Vorstellung verbinden, dass man den Kranken in einen anderen Präsenzraum, nämlich den des Heiligen, z. B. in Gestalt eines Tempels, bringen muss, damit er Heilung finden kann. In der wissenschaftlich entzauberten Welt der Moderne mutet diese Vorstellung primitiv an. In ihr ist das

---

[1] Überarbeitete und erweiterte Fassung eines Vortrags, den der Verfasser bei einer Tagung der Evangelischen Akademie zu Berlin zum Thema „‚Was willst Du, dass ich Dir tun soll?' Geistesgegenwärtigkeit in der medizinischen Praxis" am 28. und 29. April 2016 in Berlin gehalten hat. Der ursprüngliche Vortragstitel lautete: „Geistesgegenwärtigkeit: Welche Haltungen braucht es in der medizinischen Praxis?" Der Text ist erschienen in *Isabelle Noth / Eduard Schweizer / Georg Wenz* (Hg.), Seelsorge und Spiritual Care in interkultureller Perspektive, Göttingen: Vandenhoeck & Ruprecht, 2017, 39–56.

Bewusstsein für diesen Präsenzcharakter von Krankheit weithin verloren gegangen, damit aber auch, wie ich im Folgenden verdeutlichen will, das Verständnis für die spirituelle Dimension von Krankheit. Krankheit ist nach dieser Sicht ein medizinisch diagnostizierbarer somatischer oder psychischer Zustand. Die spirituellen Fragen und Bedürfnisse des Kranken sind eine Reaktion auf diesen Zustand, aber sie gehören nicht zum Wesen der Krankheit selbst. Dem entspricht die Aufgabenteilung, die sich in unseren Kliniken etabliert hat: Für die Krankheit ist der Arzt zuständig, für die spirituelle Bedürftigkeit des Kranken der Seelsorger. Allerdings ist diese Aufteilung nicht gänzlich unbestritten. Die Attraktivität nicht weniger alternativmedizinischer Angebote dürfte zu einem wesentlichen Teil darauf beruhen, dass viele Menschen mit ihnen ein ganzheitliches Verständnis von Krankheit verbinden, das sowohl deren medizinische als auch deren spirituelle Aspekte umfasst.

Bevor man die Medizin mit dem Thema ‚Spiritualität‘ in Verbindung bringt, sollte man sich allerdings Rechenschaft darüber geben, wie sich dies zum Status der Medizin als Wissenschaft verhält. Gerade hierauf bezieht sich die Skepsis nicht weniger Medizinerinnen und Mediziner. Sie fürchten um das wissenschaftliche Ethos, ja um die Seriosität der Medizin, wenn sie sich mit derlei Dingen befassen soll. Und sie haben zweifellos Recht, wenn sie darauf insistieren, dass diejenigen, die die Medizin mit dieser Thematik befassen wollen, zunächst einmal genau angeben müssen, an welcher Stelle sie denn für die Medizin relevant wird.

Die Medizin ist eine praktische Wissenschaft. Im Unterschied zu theoretischen Wissenschaften wie der Physik oder der Soziologie, die ihre Einheit von ihrem Gegenstandsbereich her beziehen, gewinnt die Medizin ihre Einheit von den Zielen her, auf die sie gerichtet ist. Das ermöglicht es ihr, die verschiedensten theoretischen Wissenschaften unter ihrem Dach zu vereinen. Forschungen sind medizinische, wenn und insofern sie den Zielen der Medizin dienen. Abgesehen davon gehören sie den jeweiligen theoretischen Wissenschaften an. Diese Ziele werden im Begriff des Wohles des Kranken zusammengefasst. Dabei ist die Zuständigkeit der Medizin für dieses Wohl auf die *Krankheit* beschränkt, insofern sie die *Ursache* ist für Beeinträchtigungen dieses Wohls, sei es, dass es ihr gelingt, die Krankheit zu heilen, oder sei es in Gestalt der Behandlung ihrer Symptome. Diese Beschränkung ist wichtig, bewahrt sie doch die Medizin vor der Gefahr der Allzuständigkeit für alle Aspekte des Wohles einer kranken Person. So ist die Medizin nicht für Beeinträchtigungen des Wohles eines Kranken zuständig, die sich als Folge der Krankheit ergeben, ohne selbst den Charakter einer Krankheit zu haben, wie z. B. Berufsunfähigkeit. Dies ist der entscheidende Punkt im Hinblick auf die Frage, ob Spiritualität als ein Thema der Medizin in Betracht kommt: Handelt es sich dabei um etwas, das als Folge einer Krankheit relevant wird in Gestalt von „spirituellen Fragen" oder „spirituellen Bedürfnissen", die durch die Krankheit ausgelöst werden? Oder hat Krankheit als solche eine spirituelle Dimension, die sich beeinträchtigend auf das Wohl des Kranken auswirkt? Nur wenn Letzteres der Fall ist, ist es sinnvoll, die Zuständigkeit der Medizin für das Wohl des Kranken auch auf diese Dimension auszuweiten. Als medizinischer Wissenschaft fällt ihr dann die Aufgabe zu, diesen Aspekt von Krankheit in ihre Forschungen einzubeziehen. Und als ärztliche Kunst muss sie bei der Sorge für das Wohl des Kranken auch diesem Aspekt Rechnung tragen. Im Folgenden werde ich für die These argumentieren, dass Krankheit in der Tat eine spirituelle Dimension hat und dass daher diese Dimension die Medizin essenziell angeht.

2. Krankheit und Spiritualität

Um das, was ich hier noch vage und vorläufig als ‚Präsenzcharakter' und ‚spirituelle Dimension' bezeichne, näher zu
verdeutlichen und es von anderen Bestimmungen und Er-
scheinungsformen von Krankheit abzugrenzen, möchte ich
bezüglich der Frage, wie Krankheit in den Blick treten und
thematisch werden kann, vier Ebenen unterscheiden. Die
elementarste Ebene ist diejenige des Erlebens von somatischen oder psychischen Beschwerden. Der Kranke verspürt
Schmerzen, er fühlt sich unwohl, schwach, niedergeschlagen
oder unkonzentriert, er registriert bestimmte somatische
Veränderungen, oder er bemerkt, dass Dinge, die ihm sonst
leichtgefallen sind, plötzlich nicht mehr von der Hand gehen
und zur hohen Hürde für ihn werden. Vielleicht bemerkt
auch sein soziales Umfeld Veränderungen oder Verhaltens-
auffälligkeiten, die in das gewohnte Bild dieses Menschen
nicht passen. Das ist die Ebene, mit der Ärztinnen und Ärzte zuerst konfrontiert werden, wenn Patientinnen und Patienten oder ihre Angehörigen sie zur Konsultation aufsuchen. Die Krankheit wird hier in der Form der *Schilderung*
von solchen Befindlichkeiten, Zuständen oder Verhaltens-
auffälligkeiten thematisch. Schilderungen oder Narrative
vergegenwärtigen Befindlichkeiten oder Auffälligkeiten im
Hinblick darauf, wie sie von den Betroffenen erlebt werden.

Die professionelle Aufmerksamkeit heutiger Ärztinnen
und Ärzte bei einer solchen Konsultation ist freilich nicht
primär auf diesen Erlebensaspekt gerichtet. Vielmehr besteht ihre ärztliche Kompetenz darin, das, was die Patienten
oder ihre Angehörigen schildern, mit einem bestimmten
Krankheitsbild in Verbindung zu bringen. Dies führt zur
zweiten der vier Ebenen, wie Krankheit thematisch werden
kann. Hier geht es nicht um die Schilderung dessen, wie

Krankheit erlebt wird, sondern um die *Beschreibung* der Krankheit, indem ihre Symptome benannt werden und hieraus eine bestimmte Diagnosestellung abgeleitet wird. Der Arztbericht z. B. zuhanden einer Krankenversicherung ist im Stil einer solchen Beschreibung abgefasst, und auch die subjektiven Erlebenszustände des Patienten tauchen hier in der distanzierten Form der Beschreibung auf: Der Patient berichtet über rezidivierende rechtsseitige Kopfschmerzen, über Halluzinationen oder über ein permanentes Schwächegefühl usw. Auf dieser zweiten Ebene wird eine Objektivierung der Krankheit vollzogen. Krankheit ist dasjenige, was in dieser Weise einem Krankheitsbild zugeordnet und somit als Krankheit beschrieben werden kann. Diese Perspektive haben längst auch die Patientinnen und Patienten internalisiert. Dass sie krank sind und welche Krankheit sie haben, wissen sie definitiv erst dann, wenn der Arzt eine entsprechende Diagnose stellen kann.

Die entscheidende Frage, die die Unterscheidung zwischen diesen beiden ersten Ebenen aufwirft – die in der Literatur als *illness* und *disease* unterschieden werden –, geht dahin, welche Ebene darüber entscheidet, ob eine Befindlichkeit als Krankheit einzustufen ist. Ist dies unabhängig davon, wie die betreffende Störung durch die betroffene Person erlebt wird bzw. was sie für deren Leben bedeutet? Lässt sich dies allein an bestimmten Symptomen oder Ursachen für somatische oder psychische Zustände festmachen? Man muss sich hier vergegenwärtigen, dass sich auch für viele Befindlichkeiten und Zustände, die wir nicht als Krankheit auffassen, sondern die wir noch dem Bereich des Normalen oder Gesunden zuordnen, wie Alterswarzen, Stimmungsschwankungen oder Unruhezustände, somatische oder psychische Ursachen finden lassen. Die bloße Rückführbarkeit auf derartige Ursachen macht sie noch nicht zu

Krankheiten. Wenn unsere menschliche Natur genetisch so beschaffen wäre, dass alle Menschen ab dem 60. Lebensjahr eine schwere Demenz bekommen würden, dann würden wir dies vermutlich als eine normale Entwicklung im Rahmen des Alterungsprozesses und nicht als Krankheit begreifen. Wir haben eine bestimmte Vorstellung davon, wie menschliches Leben verläuft, und auf dem Hintergrund dieser Vorstellung erleben wir bestimmte somatische oder psychische Widerfahrnisse als massive Beeinträchtigungen des normalen Lebensverlaufs oder gar als abrupte Verkürzung des Lebens, und ebendies nennen wir Krankheit. Dem ordnet die Medizin dann objektive Krankheitsbilder zu. Aber dass es sich hierbei um Krankheitsbilder und nicht um Bilder von etwas handelt, das noch im Bereich des Gesunden und Normalen liegt, das hat damit zu tun, wie Menschen solche Widerfahrnisse erleben und was sie für ihr Leben bedeuten. Daher hat man von Krankheit auch schon zu Zeiten gewusst, als es die moderne Medizin mit ihren objektivierenden Diagnosemöglichkeiten noch nicht gab. Diese haben eine bestimmte Suggestivität geschaffen dergestalt, als ob es sich bei Krankheit um etwas handelt, das gewissermaßen objektiv, d. h. unabhängig davon, wie Menschen Befindlichkeiten und Zustände erleben, definiert und festgelegt werden kann. Die Folgen dieser Suggestivität erleben wir heute z. B. in der *Enhancement*-Debatte, die uns mit der Unmöglichkeit konfrontiert, eine solche objektive Grenze zwischen Krankheit und Gesundheit zu ziehen.

Die dritte Ebene der Thematisierung von Krankheit hat mit der Einführung der solidarischen Krankenversicherung zu tun. Diese hat zur Folge, dass Krankheit zu etwas wird, das auf *Anerkennung* beruht durch Instanzen, denen hierzu die Befugnis übertragen worden ist. Gewiss war auch schon in früheren Zeiten der Status des Kranken ein sozialer Status, der auf sozialer Anerkennung beruhte. Wer krank war, der genoss einen sozialen Schonraum und war von bestimmten Pflichten entlastet, denen der Gesunde unterworfen war. Deshalb kam man auch zu jenen Zeiten nicht darum herum festzustellen, ob jemand zum Beispiel bloß simulierte, um in den Vorteil dieses Schonraums zu kommen, oder ob er tatsächlich krank war. Nur demjenigen, der als wirklich krank anerkannt zu werden verdiente, wurde im Nahbereich der sozialen Beziehungen dieser Schonraum gewährt. Demgegenüber wird mit der Einführung der Krankenversicherung die Solidargemeinschaft über den Nahbereich der sozialen Beziehungen hinaus auf die Gesamtheit der Versicherten ausgeweitet. Damit aber bedarf es, um einer ausufernden oder missbräuchlichen Inanspruchnahme von Versicherungsleistungen vorzubeugen, allgemeiner Festlegungen in Bezug darauf, was als Krankheit anerkannt werden soll und was nicht.

Das, was heute als ‚Medikalisierung' diskutiert wird, hat es mit dieser dritten Ebene der Thematisierung von Krankheit zu tun, auf der es um deren Anerkennung geht. Der kritische Punkt in dieser Debatte betrifft die Unterscheidung zwischen *Erkennen* und *Anerkennen*. Wenn man an neue Phänomene wie ADHS oder Borderline denkt: Handelt es sich hierbei um etwas, das mit einer rein medizinischen Betrachtungsweise *als Krankheit erkannt* werden kann? Oder werden solche Phänomene erst dadurch zu Krankheiten, dass sie *als Krankheiten anerkannt* werden? Mit dem Begriff des Erkennens verbinden wir die Vorstellung, dass dasjenige, was erkannt wird, schon existiert und lediglich entdeckt wird. Der Begriff der Anerkennung bezeichnet demgegenüber einen kreativen Akt, der dasjenige allererst hervorbringt, was anerkannt wird. Ebendies geschieht mit der Anerkennung von Störungen wie ADHS oder Borderline als Krankheiten: Damit wird ein rechterelevanter Status geschaffen, der den Betroffenen einen Anspruch auf Unterstützung durch die Solidargemeinschaft verleiht.

Damit komme ich zur vierten Ebene, wie Krankheit ins Blickfeld rücken kann, und sie hat es mit dem zu tun, was ich einleitend als Präsenzcharakter von Krankheit und als deren spirituelle Dimension bezeichnet habe. Man versetze sich in einen Menschen, der soeben die Diagnose einer terminalen Erkrankung erfahren hat. Er tritt hinaus aus der Klinik auf die Straße und findet alles so vor wie eine Stunde zuvor: Die Sonne scheint, die Bäume stehen im Grün des Sommers, die Leute gehen inmitten des pulsierenden Verkehrs ihren Geschäften nach, in den Parkanlagen spielen die Kinder. Alles ist wie zuvor – und dennoch ist nichts mehr wie zuvor. Denn dazwischen ist das Gefühl getreten, dass dies das Leben der anderen ist und dass das eigene Leben seinen Ort darin verloren hat. In dieser Erfahrung ist Krankheit mehr als nur ein soeben diagnostizierter somatischer Zustand. Sie gewinnt in diesem Augenblick eine alles bestimmende Präsenz im Leben dieses Menschen, die sein Wahrnehmen, Fühlen und Denken beherrscht und die sich im Weiteren in einer dramatischen Veränderung aller Lebensumstände manifestiert: anstelle der vertrauten häuslichen Umgebung der Aufenthalt in Kliniken und Rehabilitationseinrichtungen; anstelle des gewohnten Rhythmus von Arbeit und Familie die Zeit des Wartens, bis lebensverlängernde Therapien anschlagen; anstelle der selbstbestimmten Gestaltung des eigenen Lebens die Abhängigkeit von der Hilfe und Zuwendung anderer; anstelle eines offenen Horizonts der Zukunft des eigenen Lebens die enge Befristung, die die Krankheit diesem Leben setzt. Dies ist gemeint, wenn von der Präsenzerfahrung einer Krankheit die Rede ist. Krankheit wird nicht nur in Gestalt von somatischen und psychischen Beschwerden erlebt, sondern – zumindest bei schweren Erkrankungen – auch und vor allem in Gestalt dieser das ganze Leben eines Menschen in Beschlag nehmenden und sein ganzes Erleben kontaminierenden Präsenz.

Einleitend war von den Verständnisbarrieren die Rede, die den Blick auf diesen Aspekt von Krankheit verstellen. Sie haben ihre Ursache in der Verwissenschaftlichung des Wirklichkeitsbezugs, die für das Denken der Moderne charakteristisch und prägend ist. Wissenschaft hat es nicht mit der Präsenz der Wirklichkeit zu tun, wie sie von Menschen erlebt wird. Sie zielt vielmehr auf objektive Tatsachenerkenntnis. In der Perspektive der medizinischen Wissenschaft besteht die Krankheit dieses Menschen in einem somatischen Zustand, der sich einem bestimmten Krankheitsbild zuordnen lässt. Und was dieser Mensch als alles verändernde Präsenz seiner Krankheit erlebt, das reduziert sich für die wissenschaftliche Betrachtungsweise auf einen innerpsychischen Vorgang, auf eine Art Schockzustand, für dessen Analyse und Beschreibung die Psychologie zuständig ist.

Man muss Beispiele aus anderen Lebensbereichen suchen, um das Kontraintuitive dieser reduktionistischen Betrachtungsweise plastisch vor Augen zu stellen. Man stelle sich einen Verkehrsunfall vor. Da ist einerseits das Ereignis in seiner Präsenz, seinem ganzen Schrecken: quietschende Reifen, ein dumpfer Aufprall, ein Mensch, der bewusstlos in seinem Blut auf dem Straßenpflaster liegt. Das ist die Weise, wie sich der Unfall für das Erleben der zufällig anwesenden Passanten manifestiert. Anders hingegen liest es sich in dem Protokoll, das die Polizei über den Unfallhergang anfertigt. Darin wird das Ereignis nicht in seiner Präsenz vergegenwärtigt, sondern auf die feststellbaren Tatsachen reduziert: die Länge der Bremsspur, die Geschwindigkeit des Unfallwagens, der Promillegehalt im Blut des Fahrers, die Aussagen der Zeugen usw. Wäre es nicht höchst irritierend, wenn jemand sich zu der Behauptung versteigen würde, dass das, was dieses Ereignis recht eigentlich ausmacht, nicht in dem besteht, was die Passanten als dessen schreckliche Präsenz erleben bis hin zu jenem bewusstlos daliegenden Menschen, sondern dass es vielmehr in den nüchternen, erlebens-neutralen Tatsachen besteht, die das polizeiliche Protokoll festhält? Doch genau so verhält es sich, wenn Krankheit auf die somatischen oder psychischen Zustände reduziert wird, die die medizinische Diagnostik an Menschen feststellt, und wenn die Art und Weise, wie sie vom Kranken *erlebt* wird, abgespalten und ausgeblendet wird. Es ist schließlich die in ihrer Präsenz erlebte und erlittene Wirklichkeit und nicht die Welt der wissenschaftlich objektivierten Tatsachen, in der sich das menschliche Leben abspielt und in der sich sein Wohl und Wehe entscheidet.

Dass Krankheit nicht auf somatische oder psychische Zustände reduziert werden kann, sondern als ein Präsenz-phänomen begriffen werden muss, das lässt sich nicht zuletzt an der Debatte über den Gesundheitsbegriff verdeutlichen. Wird Krankheit mit derartigen Zuständen gleichgesetzt, dann liegt es nahe, auch ihr Gegenteil, die Gesundheit, als einen Zustand zu definieren. Dabei wird zumeist Wert dar-auf gelegt, dass dieser Zustand nicht bloß negativ im Fehlen eines Krankheitszustands besteht, sondern positiv qualifi-ziert ist. Beispielhaft hierfür ist die viel kritisierte Gesund-heitsdefinition der WHO, wonach Gesundheit „ein Zustand des vollständigen körperlichen, geistigen und sozialen Wohl-befindens und nicht nur das Fehlen von Krankheit und Ge-brechen" ist. Das Fragwürdige derartiger Definitionen liegt ebendarin, dass sie Krankheit und Gesundheit als *Zustände* fassen und dabei den Präsenzcharakter dieser Phänomene ignorieren. Darin hat die WHO-Definition ja recht: Gesund-heit ist mehr als bloß das Fehlen von Krankheit und Gebrechen im Sinne somatischer oder psychischer Zustände, wie sie Gegenstand medizinischer Diagnosen sind. Aber dieses „Mehr" ist nun nicht selbst ein Zustand, und sei er noch so positiv definiert, sondern es ist die *Abwesenheit* von Krankheit, und zwar in dem präzisen Sinne von *Nichtpräsenz* von Krankheit mit ihrer das ganze Leben des Kranken in Beschlag nehmenden Macht. Alle Versuche, dieses „Mehr" der Gesundheit als einen positiv gefüllten Zustand zu beschreiben, bergen demgegenüber die Gefahr fragwürdiger Idealisierungen und Befrachtungen des Gesundheitsbegriffs in sich, wie gerade die Definition der WHO zeigt. Es leuchtet ja auch ganz unmittelbar ein, dass Gesundheit negativ von der Krankheit her bestimmt werden muss und nicht umgekehrt die Krankheit von einer positiven Definition der Gesundheit her. Was uns dazu veranlasst, uns Gedanken über unsere Gesundheit zu machen, ist die Möglichkeit, krank werden zu können. Und nur über die Präsenzerfahrung von Krankheit, sei es eigener Krankheit oder der Krankheit anderer, erschließt sich uns, was es heißt und welchen unschätzbaren Wert es hat, gesund zu sein.

Was hat das alles mit Spiritualität zu tun? Die Hilfe, die der wissenschaftlich ausgebildete Arzt dem Kranken bieten kann, bezieht sich auf dessen Krankheit als einen somatischen oder psychischen Zustand. Im günstigen Fall kann er die Präsenz der Krankheit zum Verschwinden bringen, indem er die Krankheit heilt. Im ungünstigen Fall bleibt der Kranke dieser Präsenz bis zu seinem Tod ausgeliefert. Welche Hilfe aber gibt es in Bezug auf die seelische Not, die in der Präsenzerfahrung einer schweren Erkrankung liegen kann?

Vielleicht ist die Sicht früherer Zeiten und anderer Kulturen, die Krankheit als eine dämonische Macht begreift, die durch ihre Präsenz das Leben des Kranken in Beschlag nimmt und verdüstert, doch nicht ganz so primitiv, wie sie auf dem Hintergrund des wissenschaftlichen Weltbilds erscheint. Man muss sich hierzu das Wirklichkeitsverständnis näher vergegenwärtigen, in das diese Sicht der Krankheit eingebettet ist. Ich sagte, dass es nicht die wissenschaftlich objektivierte Welt der Tatsachen, sondern dass es die in ihrer Präsenz erlebte und erlittene Wirklichkeit ist, in der sich das menschliche Leben abspielt und in der sich sein Wohl und Wehe entscheidet. Diese Verfasstheit des menschlichen Lebens ist eine anthropologische Tatsache, die unabhängig ist von einer bestimmten Weltanschauung religiöser oder nichtreligiöser Art. Aber für die Religion ist diese Tatsache von zentraler Bedeutung. Religion ist ja nicht, wie dies oft verstanden wird, ein Glaube an irgendwelche metaphysischen Tatsachen. Sie ist vielmehr ein hochreflektierter Umgang mit Wirklichkeitspräsenz, also mit der Wirklichkeit, wie sie von Menschen erlebt und erlitten wird. Das Eigentümliche des religiösen Fragens und Denkens besteht darin, dass es sich, weil es hier Wirklichkeit gar nicht anders gibt als im Modus ihrer Präsenz, auch bei deren Erklärung gänzlich im Horizont von Wirklichkeitspräsenz bewegt, also die sinnenfällige Präsenz dessen, was in der Welt geschieht und erlebt wird, aus der Präsenz von etwas anderem zu verstehen sucht, das in dem sinnenfällig Präsenten gegenwärtig ist bzw. sich in diesem äußert. Am besten verdeutlicht man sich das Gemeinte am Kontrast zu einer wissenschaftlichen Kausalerklärung. Diese erklärt eine gegebene *Tatsache* aus einer anderen *Tatsache*, die hierfür ursächlich ist, so die Tatsache des Schmerzes aus der Tatsache einer organischen Dysfunktion. Im Fokus des religiösen Denkens steht demgegenüber nicht eine *Tatsache* des Schmerzes, wie sie durch ein konstatierendes Urteil formuliert wird („Der Patient hat Schmerzen"), sondern im Fokus steht die *Präsenz* des Schmerzes, wie der Patient sie hier und jetzt erleidet, und diese wird aus der Präsenz von etwas anderem erklärt, nämlich aus der Präsenz der Krankheit, vorgestellt als eine dämonische Macht, die vom Leben des Kranken Besitz ergriffen hat. Sinnenfällig präsent ist dabei nur der erlittene Schmerz. Die dämonische Macht hingegen als dasjenige, worin die Erklärung für die Präsenz des Schmerzes liegt, ist nur *im* Schmerz, *in den* Symptomen sinnenfällig präsent. Unabhängig davon ist ihre Präsenz den Sinnen entzogen, ist sie unsichtbar. Man kann sich hieran eine Eigentümlichkeit dieses Weltbilds verdeutlichen, nämlich dass hier die Wirklichkeit unterteilt ist in das, was *unmittelbar* sinnenfällig präsent ist, wie der Schmerz, und das, was *mittelbar* in der sinnenfälligen Präsenz der Phänomene präsent ist und was diese durch seine eigene Präsenz hervorruft, was aber selbst unsichtbar ist, wie die Krankheit als eine dämonische Macht.[2] Es ist diese Sphäre des in der sichtbaren Präsenz der Phänomene unsichtbar Präsenten und Wirkmächtigen, auf die sich das lateinische Wort ‚*spiritus*‘ (hebr. *ruach*, griech. *pneuma,* deutsch *Geist*) bezieht, aus dem das Wort ‚Spiritualität‘ abgeleitet ist. Es ist dabei kein Zufall, dass das Wort ‚*spiritus*‘ – und Entsprechendes gilt für die genannten Parallelausdrücke im Hebräischen und Griechischen – auch die Bedeutung ‚Hauch‘, ‚Atem‘ oder ‚Wind‘ hat. In dieser Bedeutungsnuance wird die Vorstellung von etwas Unsichtbarem, das in der sicht-

---

[2] In religiöser Sprache ausgedrückt geht es hier um die Unterscheidung zwischen der Sphäre des *Zeitlichen* und der Sphäre des *Ewigen.* Ewigkeit ist dabei kein quantitativer Begriff im Sinne von unbegrenzter Dauer. Vielmehr handelt es sich – im Sinne des griechischen Wortes ‚*Aion*‘ – um einen qualitativen Begriff, der sich auf eine Wirklichkeit bezieht, die durch ihre je und je kontingent sich ereignende Präsenz in der Zeit in die Sphäre des Zeitlichen hineinwirkt, ohne selbst der Zeit unterworfen zu sein. Vgl. hierzu den Artikel „Ewigkeit" in: Historisches Wörterbuch der Philosophie, Bd. 2, 838.

baren Welt präsent und wirkmächtig ist wie der Wind in der
Bewegung der Blätter eines Baumes, unmittelbar anschau-
lich. Das Wort ‚Spiritualität' bezieht sich hiernach auf eine
Tiefendimension der Wirklichkeit, die in der sinnenfälligen
Präsenz der Phänomene unsichtbar gegenwärtig ist.

Vielleicht klingt diese Bestimmung von Spiritualität auf
den ersten Blick befremdlich. Ihre Bedeutung wird jedoch
sofort klar, wenn man sie an Phänomenen überprüft, die
heute mit dem Wort ‚Spiritualität' verbunden werden. Für
den Dalai Lama z. B. sind es Güte, Freundlichkeit, Mitgefühl
und liebevolle Zuwendung, die den Kern dessen ausmachen,
was er als Spiritualität begreift. Ersichtlich haben diese Phänomene die soeben skizzierte Struktur. Güte ist das, was in
der sinnenfälligen Präsenz eines entsprechenden, eben güti-
gen Verhaltens präsent ist und erfahren wird. Abgesehen
davon ist sie der Erfahrung entzogen und unsichtbar.
Dasselbe gilt für Freundlichkeit, Mitgefühl oder Liebe. Die
christliche Tradition hat daher Güte, Freundlichkeit und
Liebe als Geist-Phänomene begriffen, wie man bei Paulus
im Galaterbrief nachlesen kann (Gal 5,25), d. h. als Phänomene, die, selbst unsichtbar, in die sichtbare Welt hinein-
wirken und im Zwischenmenschlichen präsent sind und in
denen Gottes Geist gegenwärtig ist.

In den paulinischen Schriften ist übrigens nirgends von
einer *Haltung* der Freundlichkeit oder einer *Haltung* der Liebe, sondern vom „*Geist* der Liebe" (2. Tim 1,7). Dies sei hier
deshalb angemerkt, weil in heutigen Texten über Spiritualität
derartige Phänomene häufig als Haltungen aufgefasst werden und überhaupt Spiritualität mit Haltungen in Verbindung gebracht wird. Es bedürfte einer eigenen Erörterung,
wie sich das, was das Wort ‚Haltung' ausdrückt, zu dem
verhält, was das Wort ‚Geist' bezeichnet. Es entspricht dem
heutigen, am Subjektivitätsparadigma orientierten Denken,

das, was in einem Verhalten als Güte oder Liebe in Erscheinung tritt, in das Innere der betreffenden Person zu projizieren und es als deren Haltung aufzufassen. Es ist dann die innere Haltung der Liebe, die sich nach außen in einem entsprechenden Verhalten manifestiert. In der Bibel hingegen spielt die Vorstellung von Haltungen oder Tugenden so gut wie keine Rolle. Stattdessen werden entsprechende Verhaltensweisen als Manifestationen von Geistpräsenz aufgefasst. Ein Beispiel hierfür ist die Besonnenheit, die bei Aristoteles und in der hellenistischen Kultur als eine der zentralen Tugenden galt und die bei Paulus zum „Geist der Besonnenheit" wird (2. Tim 1,7). Das, was das Wort ,Geist' bezeichnet, vermittelt sich dabei in der sichtbaren Welt in einem dynamischen Prozess wechselseitiger Ansteckung durch die beteiligten Menschen hindurch, wie dies im Phänomen der *Begeisterung* unmittelbar anschaulich ist. Die Menschen sind hier gewissermaßen nur das Medium, nicht der Ursprung, und daher kann diese Dynamik auch nicht auf die innere Haltung einzelner Individuen zurückgeführt werden. In diesem Sinne können auch wir Heutigen vom ,Geist einer Begegnung' sprechen oder von dem ,Geist', der in einer Gruppe von Menschen herrscht, meinen wir doch damit etwas, das im dynamischen Prozess der Interaktion der beteiligten Menschen präsent und wirkmächtig ist und das sich nicht auf individuelle Haltungen verrechnen lässt. Da sich die Rede von ,Haltungen' jedoch nun einmal etabliert hat, werde ich im Folgenden keinen trennscharfen Unterschied zwischen ,Geist' und ,Haltung' machen, sondern beide Ausdrücke verwenden.

Doch zurück zum Problem des Verständnisses von Krankheit. Ganz gewiss ist es so, dass in unserer durch die Aufklärung hindurchgegangenen Zivilisation eine Auffassung von Krankheit nicht mehr möglich ist, die diese aus der

Präsenz dämonischer Mächte erklärt, wenngleich man diese Auffassung in anderen Kulturen heute immer noch antrifft. Es gibt keinen Grund, dieser Auffassung nachzutrauern. Man denke nur an den Umgang mit psychisch Kranken in Ländern, in denen es diese Art von Geisterglauben immer noch gibt. Wir verdanken die Erfolge der modernen Medizin einem gänzlich anderen Denken, das Krankheit nicht von ihrer Präsenz her versteht, sondern als eine Tatsache begreift, die kausal aus anderen Tatsachen erklärt werden kann. Dementsprechend zielt die Behandlung von Krankheit auf die kausale Beeinflussung ihrer Ursachen oder doch zumindest ihrer Symptome.

Doch auch in der durch die Aufklärung entzauberten Welt, in der es keine Geistwesen und Dämonen mehr gibt, bleibt der Satz in Geltung, dass es nicht die wissenschaftlich objektivierte Welt der Tatsachen ist, sondern dass es die in ihrer Präsenz *erlebte* und *erlittene* Wirklichkeit ist, in der sich das menschliche Leben abspielt. Zu dieser Wirklichkeit gehört auch die Präsenz von Krankheit mit allem, was sie für das Leben des Kranken bedeutet. Und so bleibt auch für die Menschen der westlichen Kultur eine Einsicht aktuell, die für die mythische und religiöse Wirklichkeitsauffassung zentral ist, nämlich dass sich das menschliche Leben im ständigen Wechsel zwischen verschiedenen Präsenzräumen vollzieht[3]

---

[3] Man mag sich die mythische Gestalt dieser Wirklichkeitsauffassung am Ödipusmythos verdeutlichen: Der von den Erinnyen gehetzte Ödipus findet Zuflucht in einem heiligen Hain, der dem Gott Apoll geweiht ist. Da können die Rachegöttinnen nicht hinein, weil der Hain von der Präsenz des Apoll erfüllt ist, und so kann Ödipus hier Ruhe finden. Dieses Sich-Orientieren in Präsenzräumen findet man bis heute in tief religiös geprägten Kulturen mit ihren zahllosen Tempeln, die die Präsenz guter Wesenheiten verbürgen, welche die Präsenz böser Geister fernhalten.

– in jeder Begegnung mit einem Menschen treten wir in den Raum seiner Präsenz ein –, darunter solchen, die das Herz weit und licht machen, und solchen, die es eng und finster machen, wie dies bei einer schweren Erkrankung der Fall ist, und dass man folglich den kranken Menschen in einen anderen Präsenzraum bringen muss, der Entlastung bietet von dem Präsenz- und Erlebensdruck seiner Krankheit. Das kann der Präsenzraum des Heiligen sein, wie er durch religiöse Praktiken wie ein Gebet oder durch religiöse Riten erschlossen wird. Oder es kann auch einfach der Präsenz-raum, die *Atmosphäre*, oder eben: der *Geist* menschlicher Zuwendung, Fürsorge und Liebe sein, die einem Kranken entgegengebracht werden. Das ist nicht zuletzt der Grund-gedanke der Hospizbewegung: einen Präsenzraum zu schaf-fen, in dem Menschen, die dem Tod entgegengehen, Gebor-genheit finden können.

3. Zur Grundhaltung des ärztlichen Berufs

Ziel meiner bisherigen Ausführungen war es zu verdeut-lichen, dass und inwiefern Krankheit eine spirituelle Dimen-sion hat und was ‚Spiritualität‘ in diesem Kontext bedeutet. Meine abschließenden Überlegungen beziehen sich auf die Konsequenzen, die sich hieraus für die medizinische Praxis ergeben.

Wird Krankheit kausal begriffen und erklärt, wie dies in der heutigen Medizin weitgehend der Fall ist, dann steht das *Handeln* des Arztes oder des medizinischen Personals im Fokus der Aufmerksamkeit, das auf die kausale Beeinflus-sung der Ursachen oder Symptome der Krankheit zielt. In diesem Sinne denkt man, wenn von ‚medizinischer Praxis‘ die Rede ist, zuerst und vor allem an das ärztliche bzw.

medizinische Handeln. Doch ist dies ersichtlich ein verkürztes Verständnis von medizinischer Praxis. Auch das, was in der medizinischen Praxis geschieht, vollzieht sich in einem Präsenzraum, und zwar allein schon durch die Gegenwart der beteiligten Menschen, und so hängt auch hier Entscheidendes davon ab, *was* darin präsent ist, welche Haltung, welche Atmosphäre, welcher Geist.

Ich will den Punkt, auf den es mir bei der Unterscheidung zwischen ‚Handlung' einerseits und ‚Haltung' bzw. ‚Geist' andererseits ankommt, an einem Beispiel verdeutlichen, das von dem australischen Philosophen Christopher Cordner stammt. Dieser setzt sich in einem Aufsatz kritisch mit dem ethischen Denken seines Landsmanns, des Philosophen Peter Singer, auseinander, eines prominenten Vertreters des Utilitarismus, der in Deutschland vor allem durch seine Thesen zur Euthanasie an schwerstbehinderten Neugeborenen Aufsehen erregt hat. Der zentrale Punkt von Cordners Kritik bezieht sich darauf, dass Singer die Ethik auf die moralische Beurteilung von *Handlungen* als richtig oder falsch, geboten oder verboten reduziert und dabei die *Haltungen* und *Einstellungen* – Cordner spricht auch von dem ‚*spirit*', von dem Geist, in dem Menschen handeln – völlig ausblendet. Damit aber ignoriere er eine Dimension der Moral, der für das menschliche Zusammenleben fundamentale Bedeutung zukommt. Cordner illustriert dies am Beispiel einer Frau, deren schwerkranker Mann sie bittet, ihr ein tödliches Mittel zu besorgen, damit er seinem Leben ein Ende machen kann. Die Frau wird dadurch in einen tiefen Konflikt gestürzt. Sie besorgt das Mittel aus einer inneren Gewissheit heraus, dass sie dies für ihren Mann angesichts seiner verzweifelten Situation und inständigen Bitte tun muss. Und gleichzeitig hat sie das Gefühl, etwas Schreckliches zu tun, das ihr in ihrer Liebe zu ihrem Mann das

Äußerste abverlangt. Cordner fragt: Ist nicht diese innere Hemmung, dieser Konflikt ganz ebenso Manifestation der Liebe als der inneren Haltung und Einstellung dieser Frau zu ihrem Mann, wie es die Tatsache ist, dass sie seinem Verlangen folgt und ihm das Mittel besorgt? Wäre es nicht zutiefst irritierend, wenn die Frau hier keinen Konflikt empfinden und sich stattdessen nüchtern kalkulierend sagen würde: Es ist der inständige Wunsch meines Mannes; er ist urteilsfähig, sein Wunsch wohlerwogen und angesichts seiner verzweifelten Situation nachvollziehbar; für ihn ist es das Beste, wenn ich seinem Wunsch nachkomme und er aus dem Leben scheiden kann. Von einem utilitaristischen Standpunkt aus betrachtet, ist diese Überlegung zweifellos richtig. Doch würde nicht eine solche, von keinem inneren Konflikt belastete Erwägung auf Seiten der Frau Fragen aufwerfen bezüglich der Beziehung, in der sie zu ihrem Mann steht? Cordner kritisiert mit diesem Beispiel eine utilitaristische Denkweise, für die es nur Handlungen und Handlungsfolgen gibt, nicht aber die Haltung bzw. den Geist, in dem gehandelt wird. Dafür ist das utilitaristische Denken blind.

Diese Blindheit ist charakteristisch nicht nur für den Utilitarismus, sondern für weite Teile des heutigen ethischen Denkens.[4] Dabei ist es ein Leichtes, sich anhand geeigneter Beispiele zu vergegenwärtigen, dass es entscheidend die Haltungen oder Einstellungen sind, die unseren zwischenmenschlichen Umgang prägen. Das gilt auch für die Haltung bzw. Einstellung, mit der Ärztinnen und Ärzte, Pflegende und Betreuende ihren Patientinnen und Patienten begegnen. In der Schweiz erzählte mir die leitende Psychiaterin einer

---

[4] Vgl. zur Kritik dieser Reduktion der Ethik auf das Handeln *Johannes Fischer*, Die religiöse Dimension der Moral als Thema der Ethik, in: ThLZ 137/4 (April 2012), 387–406.

Einrichtung, die psychisch kranke Menschen betreut, von einem langjährig depressiven Patienten, der mit der Sterbehilfeorganisation EXIT Kontakt aufgenommen hatte, um sein Leben durch assistierten Suizid zu beenden. Alles war geregelt, die psychiatrischen Gutachten waren erstellt, die Angehörigen einbezogen, der Patient hatte sich in der Klinik verabschiedet und wurde von einer Mitarbeiterin von EXIT abgeholt. Und dann kam er zurück. Er hatte den letzten Schritt nicht über sich gebracht. Es war ein bewegender Empfang, mit dem er wieder in der Einrichtung begrüßt wurde, bei dem Mitarbeitende Tränen der Erleichterung und Freude in den Augen hatten. Das Eindrückliche an dieser Schilderung ist für mich ebendiese Reaktion, weil sich in ihr eine Einstellung der Betreuenden und Pflegenden zeigt, die darauf gerichtet ist, den ihnen anvertrauten psychisch kranken Menschen Hilfestellung zum Leben zu geben und sie nach Möglichkeit im Leben zu halten – was die Kehrseite hat, dass die Entscheidung eines Patienten zum assistierten Suizid Betroffenheit auslöst oder doch zumindest nicht gleichgültig lässt, sosehr diese Entscheidung auch zu respektieren ist. Diese Einstellung schafft eine Atmosphäre, wie sie gerade für die Betreuung psychisch kranker Menschen von kaum zu überschätzender Bedeutung ist. Man stelle sich zum Kontrast eine Einrichtung derselben Art vor, in der es diese Einstellung nicht gibt und stattdessen eine Haltung von der Art herrscht: Der Patient ist urteilsfähig; seine Entscheidung ist wohlerwogen und autonom und angesichts des langandauernden Leidenszustands des Patienten verständlich, nachvollziehbar und zu respektieren. Also geht dieser Suizid in Ordnung, und niemand muss sich darüber das Herz beschweren. Könnten wir uns wünschen, dass dies die Einstellung in Betreuungs- und Pflegeeinrichtungen für psychisch Kranke ist? Oder überhaupt in unseren Kliniken?

Was ich mit alledem verdeutlichen will: Unser menschlicher Umgang miteinander besteht nicht bloß in Handlungen. Wir nehmen in dem, was ein anderer tut, immer schon mehr wahr als nur die Handlung, nämlich die Haltung bzw. den Geist, der darin zwar unsichtbar, aber doch atmosphärisch spürbar gegenwärtig ist. In diesem Sinne habe ich im Blick auf das, womit Spiritualität es zu tun hat, von einer Tiefendimension der Wirklichkeit gesprochen, die in dem, was wir sinnenfällig vor Augen haben, verborgen präsent ist. Auch das Handeln des Arztes und überhaupt die medizinische Praxis haben eine solche Tiefendimension, die freilich in den Debatten, die über Medizin und medizinethische Fragen geführt werden, zumeist unbeachtet und ausgeblendet bleibt. Dafür ist gerade die Debatte über die Suizidbeihilfe ein Beispiel, die in der Regel als eine Debatte über das Handeln des Arztes geführt wird, darüber, ob der Arzt so etwas tun darf oder nicht.

Für mein Verständnis schließt die dem Leben verpflichtete Grundhaltung des Arztberufes nicht aus, dass es Grenzfälle ärztlicher Fürsorge geben kann, auch solche, bei denen ein Arzt einem Patienten beim Suizid behilflich ist. Solche Grenzfälle lassen sich nicht in Handlungsregeln einfangen und ausbuchstabieren, weil die Wirklichkeit viel zu komplex ist, als dass wir alle derartigen Fälle antizipieren könnten. Das gilt gerade und in besonderem Maße für die medizinische Praxis. Gehört es doch zu deren Wesen, dass sie immer am Einzelfall des konkreten Patienten orientiert ist, der in der Besonderheit seiner Situation aus dem Rahmen der Allgemeinheit geltender Regeln herausfallen kann. Finge man an, für die ärztliche Suizidbeihilfe Handlungsregeln aufzustellen, sei es in der Ethik oder im Recht, dann würde man aus dem Grenzfall einen Regelfall machen, und das würde die Medizin in ihrem ganzen Wesen verändern. Freilich: Wird der Arzt mit einem solchen Grenzfall konfrontiert, dann bedeutet dies allemal einen Konflikt in Anbetracht der dem Leben verpflichteten Grundhaltung seines Berufs. Das ist wie in dem Beispiel der Frau, die ihrem Mann beim Suizid beisteht und dabei in einen Konflikt gestürzt wird. Würde hier kein Konflikt mehr bestehen und die Suizidbeihilfe genauso selbstverständlich zur ärztlichen Tätigkeit gehören wie die Therapierung von Krankheiten, dann wäre dies das Ende des Arztberufs, wie wir ihn kennen.

Alle lediglich auf das ärztliche Handeln fokussierten Debatten darüber, ob Ärzte Suizidbeihilfe leisten dürfen oder ob sie es nicht dürfen, werden gegenstandslos, wenn man erkennt, dass es hier nicht primär um eine Frage des ärztlichen Handelns, sondern um eine Frage der Grundhaltung des ärztlichen Berufs geht. Könnte es nicht innerhalb der Ärzteschaft einen breiten Konsens geben über diese dem Leben verpflichtete Grundhaltung des ärztlichen Berufs, die sich freilich Grenzsituationen nicht verschließt, in die Menschen geraten können? Beruht nicht das enorme Vertrauenskapital, das der ärztliche Berufsstand wie kaum ein anderer genießt, neben seiner fachlichen Kompetenz entscheidend darauf, dass man ihn mit dieser Grundhaltung identifiziert?

Diese Grundhaltung ist etwas, das gehütet werden muss. Denn man kann sie nicht einfach per Beschluss wiederherstellen, wenn sie einmal abhandengekommen ist. Sie ist vielmehr etwas, das über Anschauung erlernt wird, d. h., das sich angehenden Ärztinnen und Ärzten dadurch mitteilt, dass sie sie an Personen wahrnehmen, die schon im ärztlichen Beruf stehen und die für sie Vorbildfunktion haben im Hinblick darauf, was es heißt, eine gute Ärztin oder ein guter Arzt zu sein. Man kann sich dieses Erlernen von Haltungen durch Anschauung an einem schönen Beispiel verdeutlichen, das von dem australischen Philosophen Raimond Gaita stammt.[5] Als junger Mensch arbeitete er in einer psychiatrischen Klinik, in der schwer psychotische Patienten behandelt wurden. Es gab dort Psychiater, die diesen Patienten in einer Weise begegneten, die den jungen Gaita abstieß und empörte. Es gab jedoch auch Psychiater, die er bewunderte, weil sie die Überzeugung vertraten, dass auch diese Patienten Menschenwürde haben und darin uns gleich sind. Eines Tages kam eine Nonne in die Klinik, und Gaita beobachtete, wie sie diesen Patienten begegnete. Die Art, wie sie mit ihnen sprach, ihre Mimik und Gestik, ihr ganzes Verhalten drückte aus und machte sichtbar, was es heißt, dass diese Menschen uns gleich sind. Im Vergleich dazu schien das Bekenntnis jener Psychiater zur Menschenwürde dieser Patienten eine bloß kognitive Überzeugung zu formulieren, ja, es schien einen Zug von Herablassung zu haben. Für Gaita macht dieses Beispiel deutlich, wie Liebe als etwas, das sich im Verhalten eines Menschen manifestiert, die Würde von Menschen *sichtbar machen* und *erschließen* kann. Die Würde dieser psychotischen und teilweise durch die medikamentöse Behandlung entstellten Patienten ist nicht direkt an ihnen wahrnehmbar, sondern sie wird sichtbar im Spiegel der Haltung, mit der die Nonne ihnen begegnet. Wer aber im Spiegel dieser Haltung sehend geworden ist für die Würde dieser Menschen, der wird ihnen mit derselben Haltung begegnen, wie es die Nonne tut. In dieser Weise überträgt sich die Haltung von einem Menschen auf den nächsten. Nicht anders, so meine ich, verhält es sich mit der Grundhaltung des ärztlichen Berufs. Auch sie wird in dieser

---

[5] *Raimond Gaita*, A Common Humanity. Thinking about Love, Truth and Justice, 2. Auflage, London/New York: Routledge, 2000, 17–19.

Weise über Anschauung erlernt von Vorbildern, die diese
Haltung verkörpern. Ich sprach davon, dass ‚Geist' im biblischen Verständnis vorgestellt wird wie ein Schwingungsfeld,
das sich über wechselseitige Ansteckung durch die beteiligten Menschen hindurch fortpflanzt. Vielleicht ist dies auch
ein passendes Bild für die Haltung oder den Geist, der das
ärztliche Handeln bestimmt. Ebendeshalb ist das ärztliche
Ethos etwas, das gehütet werden muss, damit die Kette
seiner Weitervermittlung nicht abreißt.

Ich komme zum Schluss. Ich bin ausgegangen von der
Frage, was Medizin mit Spiritualität zu tun hat. Das führte
zu der Frage, was Krankheit mit Spiritualität zu tun hat.
Meine These war, dass Krankheit nicht nur ein somatischer
oder psychischer Zustand ist, sondern etwas, das zumindest
bei schweren Erkrankungen im Leben von Menschen von
einer alles beherrschenden Präsenz sein kann. Dies verband
sich mit der zweiten, für meine Überlegungen zentralen
These, nämlich dass Spiritualität es mit Wirklichkeitspräsenz
zu tun hat, genauer: mit einer Tiefendimension der Wirklichkeit, die in der sinnenfälligen Präsenz der Phänomene
unsichtbar gegenwärtig ist. So begriffen, ist Spiritualität nicht
an eine religiöse Wirklichkeitsauffassung gebunden, sondern
etwas, das auch für eine profane Weltauffassung von zentraler Bedeutung ist. Hieraus ergaben sich Folgerungen für den
Umgang mit Krankheit, nämlich dass man Präsenzräume
schaffen muss, die für den Kranken Entlastung bieten vom
Präsenz- und Erlebensdruck seiner Krankheit. Und es
ergaben sich am Ende Überlegungen zur medizinischen
Praxis, nämlich dass auch diese eine spirituelle Dimension
hat in Gestalt der Einstellungen und Haltungen, die darin
verborgen gegenwärtig sind.

Um dies noch hinzuzufügen: Ich bin in meinem Vortrag
von einem Verständnis von Spiritualität ausgegangen, wie es

durch unsere religiöse, nämlich die christliche Tradition
vorgegeben ist. Leitend für dieses Verständnis ist der
Gegensatz von ‚Geist' (griech. *pneuma*) und ‚Fleisch' (griech.
sarx), wie er sich insbesondere bei Paulus findet. ‚Fleisch' hat
dabei zwei Bedeutungen. Einerseits steht der Ausdruck für
die Sphäre des Körperlichen, des Materiellen, und in dieser
Bedeutung hat er einen neutralen, nichtwertenden Sinn.
Andererseits steht er – in der Wendung *kata sarka* – für ein
Leben gemäß dem Fleisch, d. h. gemäß den sinnlichen Stre-
bungen und Begierden, und in dieser Bedeutung hat er einen
negativ wertenden Sinn. Dementsprechend findet sich auch
der Ausdruck ‚Geist' in zwei Bedeutungen, einerseits als
Bezeichnung der Sphäre des Unkörperlichen, d. h. nicht sinnenfällig Gegebenen, und in dieser Bedeutung kann von
Gott gesagt werden, dass er Geist ist. Andererseits steht
‚Geist' mit positiv wertender Konnotation für Gottes Geist
und in der Wendung *kata pneuma* für ein Leben gemäß
Gottes Geist. In diesen beiden Bedeutungen begegnet das
lateinische Wort ‚*spiritualitas*', auf das das Wort ‚Spiritualität'
zurückgeht, in der Alten Kirche. Und in diesen beiden
Bedeutungen habe ich das Wort ‚Spiritualität' verwendet,
einerseits als Bezeichnung einer Tiefendimension der Wirklichkeit, die nicht sinnenfällig, sondern verborgen präsent ist,
und andererseits positiv wertend konnotiert als Bezeichnung
von Haltungen bzw. Geistphänomenen wie Liebe, Güte,
Freundlichkeit usw., die für den zwischenmenschlichen
Umgang essenziell sind und die die religiöse Tradition mit
Gottes Geist in Verbindung gebracht hat.

Ich bin bewusst nicht auf die Vieldeutigkeit eingegangen,
die dem heutigen Gebrauch des Wortes ‚Spiritualität' anhaf-
tet. Es gibt unterschiedlichste Definitionsversuche und Defi-
nitionsvorschläge. Häufig wird das Wort mit existenziellen
Fragen oder mit der Sinnfrage in Verbindung gebracht, und

die Vorstellung ist dann, dass spirituelle Erfahrungen uns Antworten auf solche Fragen finden lassen. Ich will dazu nur so viel sagen: In tief religiös geprägten Kulturen sind spirituelle Erfahrungen das Alltäglichste und Selbstverständlichste von der Welt. Solche Kulturen verfügen ja über keine andere Form der Welterklärung als die Erklärung von Präsenz aus Präsenz. In unserer durch die Kausalerklärung von Tatsachen aus Tatsachen bestimmten Zivilisation haben wir demgegenüber Schwierigkeiten, die Dimension der Wirklichkeitspräsenz und das damit zusammenhängende Phänomen der Spiritualität überhaupt gedanklich und begrifflich zu fassen. In unserer Zivilisation wird diese Dimension in aller Regel in Krisenerfahrungen manifest und unübersehbar, wie ich dies am Beispiel einer schweren Erkrankung zu verdeutlichen versuchte. Hier liegt die Erklärung dafür, dass wir spirituelle Erfahrungen nicht als das Alltäglichste von der Welt, sondern als etwas Exzeptionelles, Besonderes begreifen, das mit existenziellen Fragen und Sinnkrisen in Zusammenhang steht. Ob dabei spirituelle Erfahrungen tatsächlich eine „Antwort" auf solche Fragen und Krisen geben oder ob das Hilfreiche und Heilsame solcher Erfahrungen nicht vielmehr darin besteht, dass die bedrängende Präsenz solcher Fragen und Krisen durch eine andere Präsenz verdrängt und zum Verschwinden gebracht wird, nämlich durch diejenige, die erfahren wird z. B. in Gestalt des Heiligen oder der Atmosphäre menschlicher Zuwendung, sei hier nur als eine Anregung für die weitere Diskussion notiert.[6]

---

[6] Zur Frage, ob Religion Antworten auf Sinnfragen bereitstellt oder nicht vielmehr ermöglicht, mit Sinnlosigkeit zu leben, vgl. *Johannes Fischer*, Krankheit und Sinn. Zur religiösen Wahrnehmung von Krankheit und ihren ethischen Implikationen, in: Ethik in der Medizin 23 (2011), 53–61.

Bioethik oder „Biomacht"?

Über intellektuelle Mythifizierung[1]

Die Bioethik sieht sich mancherlei Kritik ausgesetzt. In gewissen religiösen Kreisen ist bereits das Wort ‚Bioethik' negativ konnotiert, insofern damit die ethische Legitimation der Tötung menschlichen Lebens assoziiert wird. Alt ist die Kritik an der „Expertokratie", die sich im Namen der Bioethik etabliert habe und in einer kaum noch überschaubaren Zahl von Ethikkommissionen manifestiere. Nicht minder alt ist die skeptische Frage, ob es sich bei der Bioethik überhaupt noch um Ethik handelt oder nicht vielmehr um ein politisches Unterfangen in Gestalt der pragmatischen Suche nach rechtlich institutionalisierbaren Kompromissen in Anbetracht gesellschaftlich kontroverser moralischer Positionen. Das alles kann sich schließlich mit der Kritik verbinden, dass das, was unter ‚Bioethik' firmiert, eher der Beschaffung des gesellschaftlichen Legitimationsbedarfs für biotechnologische Entwicklungen als deren kritischer Hinterfragung dient.

Zu den radikalsten Anfragen an die Bioethik gehört jene, die die Darmstädter Philosophieprofessorin Petra Gehring in ihrem Buch „Was ist Biomacht? Vom zweifelhaften Mehrwert des Lebens"[2] vor ein paar Jahren vorgelegt hat. Gehring legt den Finger auf einen Sachverhalt, der sich

---

[1] Zuerst erschienen in: Bioethica Forum 5/3 (2012), 114–118.
[2] *Petra Gehring*, Was ist Biomacht? Vom zweifelhaften Mehrwert des Lebens, Frankfurt a. M.: Campus, 2006.

kaum bestreiten lässt, nämlich dass im bioethischen Diskurs
wie überhaupt in der angewandten Ethik in der Regel eine
strikte Trennung gemacht wird zwischen Fragen der Genesis
und Fragen der Geltung. Ethik hat es mit Letzteren zu tun.
Für die Frage, wie die Probleme entstanden sind, die die
Bioethik zu lösen sucht, und ob nicht im Lichte ihrer Genese bereits die Problemstellungen als fragwürdig erachtet
werden müssen, interessiert sie sich kaum.

Gefragt wird nicht mehr beispielsweise: „Was geschieht hier?",
„Wissen wir bereits, wo genau das Problem liegt?" oder gar:
„Woher kommt das Problem?". Ethik leistet keine analytische Be-
schreibungsarbeit. Sie überspringt wichtige Vorfragen. Sie reduziert
Probleme der Beschaffenheit und der Macht des Gegebenen auf
die Frage: „Was sollen wir tun?"[3]

Gehring unternimmt es in ihrem Buch, den genannten
Vorfragen nachzugehen und kritisch zu rekonstruieren, was
es denn ist, das uns jene „Probleme" beschert hat, die die
Bioethik meint beantworten zu sollen. Aus zwei Gründen
verdient Gehrings Kritik eine genauere Betrachtung. Zum
einen stellt sie einen Frontalangriff auf die Bioethik dar, zu
dem diese sich argumentativ verhalten muss. Nach meiner
Kenntnis ist dies bislang nicht geschehen. Zum anderen
repräsentiert sie eine bestimmte Form des intellektuellen
Diskurses, die man weit über den Bereich von Medizin und
Biotechnologie hinaus antrifft und die sich in ihrer Problematik exemplarisch an diesem Buch studieren lässt.

Wenn man es unternimmt, die Genese einer Konstellation von Problemen zu rekonstruieren, die die Gegenwart in
Beschlag nehmen, dann geht es um *Verstehen*. Im Blick auf
jene Probleme, die mit der heutigen Medizin und Biotechnologie in Zusammenhang stehen, geht es dann z. B. um

---

[3] AaO. 8.

folgende Fragen: Welche Bedeutung kommt hier dem Siegeszug der modernen Naturwissenschaften zu, und zwar nicht nur hinsichtlich der technologischen Innovationen in Medizin und Biotechnologie, sondern tiefer gehend noch für das Verständnis der Natur des Menschen, wie es z. B. in der Debatte um Embryonen, Stammzellen usw. im Fokus steht? Oder welche Bedeutung kommt jener im 19. Jahrhundert einsetzenden Entwicklung zu, die die Erhaltung bzw. Verlängerung menschlichen Lebens zu einer gesellschaftlichen, staatlich organisierten Aufgabe hat werden lassen und die auch das ethische Denken nachhaltig beeinflusst hat? Oder welche Bedeutung kommt dem institutionellen *setting* zu, das sich im Zuge dieser Entwicklungen herausgebildet hat, und zwar vor allem auf der Ebene des staatlichen Rechts, das die Rechte der Bürgerinnen und Bürger im Bereich von Gesundheit, Leben und Sterben festlegt sowie den Umfang der Schutzwürdigkeit menschlichen Lebens, aber auch den Umfang der Forschungsfreiheit und andere Dinge mehr? Es ist ein komplexes Bündel von Entwicklungen, das hier zusammenkommt und das die Dynamik hervorgebracht hat, der Medizin und Biotechnologie heute unterworfen sind.

Von alledem ist in Gehrings Buch die Rede, und zwar informiert und kundig. Und doch gibt es etwas an diesem Buch, das zutiefst irritierend ist. Kann man sich doch als Leser des Eindrucks nicht erwehren, dass hier die Differenz zwischen *Verstehen* und *Konstruktion* eingezogen wird, und zwar in durchaus programmatischer Absicht. Man mag sich den gemeinten Unterschied an der marxistischen Geschichtsschreibung verdeutlichen. Wenn man der unbeirrbaren Überzeugung ist, dass die Geschichte das Produkt einer Abfolge von Klassenkämpfen ist, dann wird man sie auch entsprechend konstruieren und alles bis hin zu den geistigen Hervorbringungen einer Epoche auf diese ihr vermeintlich innewohnende Dynamik zurückführen. Die Geschichtsforschung dient dann nicht dazu, diese Voraussetzung als eine *Hypothese* unvoreingenommen und kritisch zu überprüfen. Vielmehr werden geschichtliche Zusammenhänge nach der Maßgabe konstruiert, diese Voraussetzung zu bestätigen.

Dies ist der Eindruck, der sich auch in Bezug auf die zentrale These von Gehrings Buch aufdrängt. Danach sind die Entwicklungen und Probleme, mit denen wir in der heutigen Medizin und Biotechnologie konfrontiert sind, Manifestationen einer „Biomacht". Auch hierbei handelt es sich nicht um eine *Hypothese*, die unvoreingenommen und kritisch auf den Prüfstand gestellt wird. Vielmehr zielt die Darstellung der verschiedenen Kapitel des Buches darauf, Evidenz für diese These herzustellen, und dementsprechend werden die behandelten Sachverhalte und Zusammenhänge konstruiert. Den Ausdruck „Biomacht" übernimmt Gehring von Michel Foucault. Dieser verstand darunter eine Macht, die auf „die sorgfältige Verwaltung der Körper und die rechnerische Planung des Lebens"[4] gerichtet ist.

Am Leitfaden der Wissenschaften Ökonomie und Biologie entdeckt diese neue Machtform, dass das physische Leben der Individuen einer Gesellschaft eine nicht nur verwendbare, sondern eine *steigerbare* Ressource ist, die im Medium der Fruchtbarkeit und der biologischen Fortpflanzung verbessert und vermehrt werden kann. Anders gesagt: Die Biomacht entdeckt die Bevölkerungspolitik, die sozialhygienische Gattungsverbesserung, die genetische Qualität des Einzelnen und der Art. Sie erfindet den biologischen Mehrwert.[5]

---

[4] *Michel Foucault*, Der Wille zum Wissen. Sexualität und Wahrheit 1, Frankfurt a. M.: Suhrkamp, 1977, 166f.

[5] *Gehring*, aaO. 10.

Während Foucault den Begriff der „Biomacht" im Zusammenhang historischer Analysen einführt, will Gehring dessen Aktualität in der Beschreibung heutiger Phänomene und Diskurse aufzeigen. Dies ist der Zusammenhang für ihre radikale Kritik an der *Bioethik*. Ist diese doch nichts anderes als eine Facette des Wirkens dieser „Biomacht", insofern sie die Legitimation und öffentliche Akzeptanz für die medizinischen und biotechnologischen Entwicklungen beschafft, in denen sich jene Macht manifestiert.

Es ist nicht ganz leicht zu verstehen, was der Ausdruck „Biomacht" bezeichnet. Foucault folgend, unterscheidet Gehring zwischen „Biomacht" und „Biopolitik". Biopolitik manifestiert sich im *Handeln* von politischen *Akteuren*. „Biomacht" wird demgegenüber „nicht eigens ‚ausgeübt'. Sie kennt keine Machthaber – allenfalls Profiteure. Sie steckt nicht erst in den Handlungen, sondern bereits in der Wahrnehmung, in der Kommunikation, im erfahrbaren Sinn. In letzter Instanz sollten Machtprozesse daher strikt täterlos gedacht werden, sonst verkennt man ihre Wucht und wirklichkeitsbildende Kraft."[6] Wie soll man sich eine solche täterlose Macht vorstellen? Augenfällig ist hier die Strukturähnlichkeit zum mythischen Weltbild. Anders als bei der Vorstellung eines Schöpfergottes, der Macht *hat*, nämlich die Macht, von außerhalb der Welt durch sein *Handeln* die Geschicke der Welt zu lenken, *sind* die mythischen Götter Mächte, und zwar innerweltliche Mächte, die durch ihre *Präsenz* die Geschicke der Menschen bestimmen.[7] Alles ist von dieser Präsenz erfüllt, mit ihr behaftet und kontaminiert,

---

[6] AaO. 15.

[7] „Die Liebe ist Anwesenheit der Aphrodite, der Krieg Anwesenheit des Ares usf." *Kurt Hübner*, Die Wahrheit des Mythos, München: C. H. Beck, 1985, 128.

und zwar nicht nur die äußere Wirklichkeit wie der Krieg, der heilige Hain oder Quell, sondern auch die Gefühle und Gedanken der Menschen. Man kann sich bei der Lektüre von Gehrings Buch des Eindrucks nicht erwehren, dass auch die „Biomacht" von dieser alles durchdringenden Art ist und dass nicht nur Biotechnologien oder ökonomische Zusammenhänge von ihr gesteuert und mit ihr kontaminiert sind, sondern dass sie noch in den Begriffen und Unterscheidungen gegenwärtig ist, mit denen in der Medizin, den Biowissenschaften oder der Bioethik die Phänomene beschrieben werden, bis hinein in die Hoffnungen und Erwartungen, die die Menschen mit der Medizin verbinden. Der Unterschied zur mythischen Zeit besteht darin, dass für den mythischen Menschen die Präsenz der numinosen Mächte unmittelbare Erfahrung war, während die „Biomacht" aufgrund eines Verblendungszusammenhangs, unter dem die Gegenwart steht, erst durch die philosophische Analyse zu Bewusstsein gebracht werden muss. Dazu muss ihr Wirken in den Phänomenen und Diskursen aufgespürt und aufgewiesen werden, und ebendies macht sich Gehrings Buch zur Aufgabe. Es ist dadurch bis in seinen sprachlichen Stil hinein von einem entlarvenden Gestus bestimmt.

Wenn oben gesagt wurde, dass in Gehrings Buch die „Biomacht" nicht eine Hypothese ist, die einer unvoreingenommenen und kritischen Prüfung unterzogen wird, so fragt sich nach dem soeben Gesagten, ob sie das überhaupt sein kann. Müsste sie doch dazu als das *Explanans* unabhängig von dem *Explanandum* gegeben und feststellbar sein, so wie dies eine hypothetisch unterstellte Ursache im Verhältnis zu ihrer Wirkung ist. Aber das ist sie ersichtlich nicht, sondern sie ist nur in den medizinischen, biotechnologischen oder ökonomischen Phänomenen greifbar, in denen sie sich angeblich manifestiert und die *zugleich* mit ihr erklärt werden. Diese Figur ist charakteristisch für das mythische Denken.

Wie nun wird in Gehrings Buch diese „Biomacht" konkret aufgewiesen? Illustriert sei dies am letzten Kapitel des Buches, das die Überschrift trägt „Eigenes Lebensende von fremder Hand? Geschichte und Aktualität der Sterbehilfe-Paradoxie".[8] Konstruiert wird hier eine Paradoxie, die in der „Vorstellung eines ‚eigenen', gleichsam selbst gemachten Todes – gegeben jedoch von fremder Hand"[9] – bestehen soll. Diese angebliche Paradoxie löst sich allerdings schnell auf, wenn man bedenkt, dass in der Diskussion über die aktive Sterbehilfe die Rede vom „eigenen Tod" nicht einen „gleichsam selbst gemachten Tod" meint, was dann in Widerspruch stehen würde dazu, dass dieser durch „fremde Hand" erfolgt, sondern einen Tod auf *eigenes Verlangen*, der durch das *Handeln eines anderen* herbeigeführt wird. Hieran ist überhaupt nichts Paradoxes. Gehring konstruiert diese angebliche Paradoxie von „eigen" und „fremd" im Blick auf die zentrale These des Kapitels, wonach es in der heutigen Sterbehilfedebatte einen engen Zusammenhang – eine „verborgene Symmetrie"[10] – gibt zwischen der Forderung nach einem individuellen Recht auf den eigenen Tod und einer „populationsbezogenen Rationalität",[11] der zufolge

das Wir eines sozio-biologischen, erbbiologischen, sozialökonomischen Ganzen ... moralisch und auch im Sinne eines technischen Imperativs *verlangen* [darf], dass das individuelle Lebensende im Interesse aller bewertet und (unter allgemeinen Nutzengesichtspunkten) einer ebenfalls „freien" Regulation unterworfen wird.[12]

---

[8] *Gehring*, aaO. 203ff.
[9] AaO. 208.
[10] AaO. 212f.
[11] AaO. 213.
[12] Ebd.

Das Wort ‚fremd‘, wie es zunächst im Blick auf die „Sterbe-hilfe-Paradoxie" gebraucht worden ist, bezieht sich hier nun freilich nicht auf das *Handeln* anderer, sondern auf das „populationsbezogene" *Verlangen* anderer. Wie wird dieser Zusammenhang belegt? Angeführt werden drei Zitate von Georg Simmel, Ernst Haeckel und Adolf Jost, die sich im Sinne der Herstellung eines solchen Zusammenhangs inter-pretieren lassen.[13] Doch inwiefern lassen sich aus diesen his-torischen Texten Schlüsse in Bezug auf die heutige Sterbe-hilfediskussion ziehen? Hier sucht man vergeblich nach überzeugenden Belegen. Gehring räumt ein, dass es „keine historische Kontinuität zwischen Simmels *Moralwissenschaft*, Haeckels *Lebenswundern* und den Forderungen der liberalen Sterbehilfe"[14] seit den siebziger Jahren des vergangenen Jahrhunderts gibt. „Aber es gibt eine historische Kontinuität jener doppelgesichtigen Problemstellung einer ‚Macht zum Leben‘, die zugleich als Lebensvermehrungs- und Lebens-verbesserungsmacht antritt – und dafür über Leichen geht, nämlich ‚lebensunwertes Leben‘ wegrationalisiert."[15] Das heißt im Klartext: Auch wenn sich hier keine historischen Zusammenhänge *belegen* lassen, so ist es doch damals wie heute dieselbe „Macht zum Leben", d. h. „Biomacht", die alles in allem wirkt, und daher muss das, was sich in den Texten von Simmel und Haeckel findet, auch für die heutige Sterbehilfediskussion gelten.

Deutlicher ist Gehring in Bezug auf diese These in einem anderen Text geworden, den sie zusammen mit dem Sozial-wissenschaftler Ludger Fittkau verfasst hat. Im Juli 2003 erschien in der Süddeutschen Zeitung ein Artikel mit dem

---

[13] AaO. 214ff.
[14] AaO. 220.
[15] Ebd.

Titel „Stilles Töten in der Schweiz. Ärzte sollen Sterbehilfe leisten, um Kosten zu sparen".[16] Seine zentrale Aussage war, dass es einen „Strang im europäischen Sterbehilfediskurs" gibt, der in Holland und anderswo bislang noch latent geblieben ist, der sich aber jetzt in der Schweiz belegen lässt: die Begründung der Patiententötung und der Suizidbeihilfe als „neue ärztliche Dienstleistung" mit dem Argument der Rationierung angesichts der demographischen Entwicklung. Die Autoren bezogen sich auf den Richtlinienentwurf zur „Behandlung und Betreuung von älteren pflegebedürftigen Menschen" der Schweizerischen Akademie für medizinische Wissenschaften (SAMW), der im Juni 2003 in die öffentliche Vernehmlassung gegangen war. Diese Richtlinien, so Gehring und Fittkau, verpflichten „alle in Krankenhäusern, Pflegeheimen und Hospizen tätigen Ärzte des Landes, aktiv an der Vorbereitung zum ‚Suizid unter Beihilfe eines Dritten' mitzuwirken". Das Personal medizinischer Einrichtungen solle künftig mit professionellen Sterbehelfern zusammenarbeiten. Begründet werde das nicht mit dem Patientenwohl oder -willen, sondern mit der demographischen Entwicklung. Diese Schweizer Begründung für „Patiententötungen" sei „auf erschreckende und entlarvende Weise neu: Man errechnet den Pflegeengpass und trägt einfache Kostengründe vor".

Was stand tatsächlich in jenem Richtlinienentwurf?[17] In der Tat wurde darin auf die demographische Entwicklung Bezug genommen, und zwar in der Präambel, nämlich zum Zweck der Erläuterung des Sinnes und der Aufgabe dieser Richtlinien sowie des gesellschaftlichen Kontextes, in dem

---

[16] Süddeutsche Zeitung, 26. Juli 2003.
[17] Die Richtlinien der Schweizerischen Akademie der medizinischen Wissenschaften (SAMW) sind abrufbar unter www.samw.ch.

sie stehen. Es fand sich dort nicht der geringste Bezug zur
Suizidbeihilfe. Auf diese wurde in einer späteren Passage des
Richtlinienentwurfs Bezug genommen, und zwar nicht, weil
die SAMW von sich aus die Suizidbeihilfe propagiert, sondern weil es aufgrund der Schweizer Rechtslage unumgäng-
lich ist, dass sich derartige Richtlinien zu der Frage äußern,
wie sich Ärztinnen und Ärzte in Anbetracht von Suizid-
wünschen von Patienten verhalten sollen. Die entsprechende Passage lautete:

> Pflegebedürftige Personen stehen in einem besonderen Abhängig-
> keitsverhältnis zum Personal der Institution; dieses Verhältnis kann
> beim Personal zu Interessenskonflikten führen. Aus diesem Grund
> und aus Rücksicht auf die übrigen Bewohner der Institution soll
> das Personal einer Institution der Langzeitpflege nicht an der Vor-
> bereitung oder Durchführung eines Suizids mitwirken. Die Beglei-
> tung der Sterbewilligen bzw. die Anwesenheit beim Suizid ist dem
> Personal freigestellt. Es kann dazu jedoch nicht verpflichtet wer-
> den.

Das ist genau das Gegenteil dessen, was Gehring und Fittkau in ihrem Artikel behaupteten.[18] Im Präsidium der
SAMW hat man damals nur mit Kopfschütteln darauf
reagiert, wie Menschen, die eine akademische Ausbildung
genossen haben, so mit einem Text umgehen können.

Es geht hier nicht darum, solche Dinge moralisch zu
brandmarken, obgleich sie sicherlich auch eine ethische Dimension haben. Es geht vielmehr um diese Art des Zugriffs
auf die Wirklichkeit. Wenn es keinen Unterschied mehr gibt
zwischen ‚lesen‘ und ‚hineinlesen‘, zwischen ‚verstehen‘ und
‚konstruieren‘, dann wird die Welt zum Tollhaus, und man

---

[18] Vgl. hierzu *Johannes Fischer*, Die Schweizerische Akademie der
medizinischen Wissenschaften zur Suizidbeihilfe, in: Ethik in der
Medizin 16/2 (Mai 2004), 165–169.

sieht nur noch Gespenster. Man könnte andere Beispiele aus
Gehrings Buch anführen für diesen konstruierenden Charakter, so etwa das, was sie über Stammzellen, Embryonen
und den Status des vorgeburtlichen Lebens schreibt. Vielleicht ist man versucht einzuwenden, dass es zwischen Verstehen und Konstruieren gar keinen wirklichen Unterschied
gibt, insofern auch alles Verstehen ein *kreativer* Vorgang ist,
bei dem Zusammenhänge nicht einfach *festgestellt*, sondern
hergestellt werden. Gewiss ist Verstehen von dieser Art.[19]
Aber es unterscheidet sich von wildem Konstruieren dadurch, dass es an der zu verstehenden Sache *kontrolliert*
bleibt, sei dies ein Text oder seien dies empirische oder historische Fakten. Man trifft heute auf die verbreitete Auffassung, dass alle Wirklichkeit Konstruktion ist, selbst bis hin
zum Trauma der Überlebenden des Holocaust.[20] Diese Konstruktion erfolgt über gesellschaftliche Diskurse, und daher
muss man, um die Wirklichkeit zu verstehen, „Diskurs-
analyse" – auch dies ein Begriff von Foucault – betreiben.
Diese Analyse ist selbst ein Diskurs, in dem sich die
Konstruktion der Wirklichkeit *ad infinitum* fortsetzt. Es gibt
keinen Referenzpunkt, keine Kontrollinstanz in Gestalt von
etwas *zu Verstehendem* jenseits des Diskurses und seiner Kon-
struktionen, woran deren Triftigkeit und Wahrheit überprüft
werden könnten. Vielmehr ist der Diskurs sein eigener Referenzpunkt, und das Kriterium für die Vorzugswürdigkeit
einer Konstruktion gegenüber anderen liegt in ihrem Ver-
blüffungseffekt und dem Überbietungspotenzial, mit dem
sie andere Sichtweisen integrieren oder als Befangenheit und

---

[19] Vgl. dazu *Johannes Fischer*, Art. „Hermeneutik, VI. Ethisch",
RGG[4] 3, 1659.

[20] Vgl. dazu die Kritik von *Hans Joas*, Die Sakralität der Person.
Eine Genealogie der Menschenrechte, Berlin: Suhrkamp, 2011, 118ff.

Verblendung entlarven kann, so wie dies Gehring mit ihrer „Biomacht"-These in Bezug auf die Bioethik tut. Kurios hieran ist, dass Gehring zwar die in der Bioethik anzutreffende „Expertokratie" kritisiert, ihr Buch aber von einer sehr viel umfassenderen „Expertokratie" zeugt, nämlich derjenigen der Intellektuellen als den Mandarinen der Wirklichkeitskonstruktion. Die Ethik jedenfalls sollte sich diese Art von Diskursen verboten sein lassen. Denn um sich ethisch in der Welt orientieren zu können, muss man sie verstehen und darf sie nicht beliebig konstruieren.

Christian Geyer hat in seiner enthusiastischen Besprechung in der Frankfurter Allgemeinen Zeitung vom 8.5.2006 Gehrings Buch als „befreiend" charakterisiert. Ist es das? Spinnt es nicht vielmehr den Leser mythifizierend in eine Ohnmachtsposition ein, die nur die Alternative lässt zwischen Komplizenschaft mit der „Biomacht" – als Forscher, Mediziner, Bioethiker oder Patient, der die heutige Medizin in Anspruch nimmt – einerseits und „Ausstieg"[21] oder Verweigerung andererseits? Eine dritte Möglichkeit in Gestalt eines differenzierten, ethisch reflektierten Umgangs mit den heutigen medizinischen Möglichkeiten ist jedenfalls in Gehrings Buch nicht vorgesehen, sondern durch die „Biomacht"-These definitiv ausgeschlossen, und so zielt denn die Empfehlung am Ende des Buches auf Verweigerung:

Wenn Biomacht heute als Mitmach-Ökonomie organisiert ist und sich über biomedizinische, biorechtliche und anderswie biopolitische Alltagsangebote realisiert, so wäre es ein Schritt des Widerstandes, die angebotenen Profite zu verweigern und also den Angebotscharakter in Frage zu stellen.[22]

---

[21] *Gehring*, aaO. 226.
[22] Ebd.

Das betrifft z. B. eine medizinische Prognose: „Mache ich mir wirklich eine biomedizinische Prognose zu eigen? Interessiert mich die Prognose überhaupt?"[23] Man mag hier an Krebserkrankungen denken, bei denen nach statistischer Prognose eine Behandlung der Patientin oder dem Patienten noch viele Jahre des Lebens im Kreis der eigenen Familie bescheren könnte. Oder es betrifft eine Organtransplantation:

Wie will ich auch den Körper und das „Leben" der anderen wahrnehmen – etwa wenn die Transplantationsindustrie mir nahe bringt, mich für einen mir nahe stehenden oder auch unbekannten Menschen als den potentiellen „Spender" dessen zu interessieren, was ich als Ressource für meine eigene Lebensverlängerung „brauchen" soll?[24]

So mag man schreiben, solange man gesund ist. Anders dürften diejenigen darüber denken, die die Tatsache, dass sie noch leben, einer transplantierten Niere verdanken. Sie dürften größte Mühe mit dem Untertitel von Gehrings Buch haben: „Vom zweifelhaften Mehrwert des Lebens". Warum hätten sie auf eine Transplantation verzichten sollen? Wegen des mythifizierenden Konstrukts einer „Biomacht", die über alle von uns herrscht? Auch die Bereitschaft zu einer Organtransplantation wäre nach dieser Sicht Komplizenschaft mit dieser „Biomacht". Sollen wir uns in die Zeiten vor der staatlich organisierten Gesundheitspolitik und vor den – gewiss auch durch marktwirtschaftliche Anreize induzierten – Fortschritten der naturwissenschaftlichen Medizin zurücksehnen, als die Cholera und andere Seuchen die Menschen dahingerafft haben? Solche Fragen zu stellen, bedeutet nicht, dass man alle heutigen Entwicklungen im Bereich der

---

[23] Ebd.
[24] Ebd.

Medizin und Biotechnologie vorbehaltlos gutheißt. Im Gegenteil, diese Entwicklungen werfen gravierende *ethische* Fragen auf, nicht zuletzt, was das eklatante Ungleichgewicht zwischen dem Aufwand an Ressourcen für die Forschung und Therapierung vergleichsweise seltener Krankheiten in den westlichen Industrieländern und dem Einsatz von Ressourcen für die Bekämpfung von Massenkrankheiten und Seuchen in den Ländern der südlichen Hemisphäre betrifft. In Gehrings Konzept können dies jedoch keine ernstzunehmenden Fragen sein, da sie lediglich dazu führen, die Einflusssphäre der „Biomacht", oder in Foucaults Formulierung: „die sorgfältige Verwaltung der Körper und die rechnerische Planung des Lebens", auf die südliche Hemisphäre auszudehnen. Man kann sich des Eindrucks nicht erwehren, dass diese totalisierende Perspektive, die nur die Alternative zwischen Komplizenschaft und Verweigerung lässt, nicht frei von einem gewissen Zynismus ist. Um nicht missverstanden zu werden: Mit alledem soll nicht gesagt werden, dass die Frage nach dem Akzeptieren der eigenen Endlichkeit und dem Verzicht auf lebensverlängernde Maßnahmen im konkreten Fall nicht ihr großes Gewicht und ihre Berechtigung hat. Falsch wird es nur, wenn Menschen zur Antwort auf diese Frage durch das Konstrukt des Mythos einer „Biomacht" gedrängt werden, der es sich mit aller Konsequenz zu verweigern gilt.

Eine letzte Bemerkung: Es gibt nicht „die" Bioethik, wie Gehrings Buch dies suggeriert, schon gar nicht in der Form, dass Bioethik identisch ist mit der Herrschaft von angemaßten Experten, die an der Zivilgesellschaft vorbei in politisch eingesetzten Kommissionen abschließend dekretieren, was richtig oder falsch ist. Es soll nicht bestritten werden, dass es Ethikerinnen und Ethiker gibt, die ihren Job in dieser Weise verstehen. Doch diese Art von Expertokratie stößt in der

Ethik selbst auf vehemente Kritik.[25] Man kann die Arbeit derartiger Kommissionen auch ganz anders verstehen, nämlich so, dass diese nicht abschließend mit scheinbar wissenschaftlicher Objektivität über das Richtige oder Falsche entscheiden, sondern dass sie vielmehr mit Sachverstand Gründe *pro* und *contra* erwägen und in ihren Stellungnahmen öffentlich zu bedenken geben, um der Zivilgesellschaft und den politisch Verantwortlichen eine Grundlage für ihre Urteilsbildung und Entscheidungsfindung an die Hand zu geben. Viele, wenn nicht die meisten Bioethikerinnen und Bioethiker dürften ihre Aufgabe in dieser Weise verstehen. Das Bild, das Gehrings Buch von der Bioethik zeichnet, ist eine Karikatur.

---

[25] Vgl. dazu aktuell *Christoph Ammann*, Wider die ethische Expertokratie. Eine Polemik in ernsthafter Absicht, in: ders./Barbara Bleisch/ Anna Goppel (Hg.), Müssen Ethiker moralisch sein? Essays über Philosophie und Lebensführung, Frankfurt a. M.: Campus, 2010, 177–194.

Personenregister

Sachregister